Adolph Thomas

Geschichte der Pfarre St. Mauritius zu Köln

Adolph Thomas

Geschichte der Pfarre St. Mauritius zu Köln

ISBN/EAN: 9783743347113

Hergestellt in Europa, USA, Kanada, Australien, Japan

Cover: Foto ©ninafisch / pixelio.de

Manufactured and distributed by brebook publishing software (www.brebook.com)

Adolph Thomas

Geschichte der Pfarre St. Mauritius zu Köln

Geschichte
der
Pfarre St. Mauritius
zu
Köln.

Von

Adolph Thomas,
Definitor und Pfarrer von St. Mauritius.

Mit einer Abbildung der alten Abtei St. Pantaleon nach Stengelius.

Köln, 1878.
Druck und Commissions-Verlag von J. P. Bachem.

Vorwort.

Dieses Buch ist zunächst für meine Pfarrgenossen bestimmt, in deren Mitte ich so eben das 25. Jahr als Pfarrer verlebt habe. Ursprünglich sollte es nur ein kurzer Ueberblick über die Geschichte der Pfarre sein und als Festgabe für den Tag meiner Jubelfeier dienen. Allein, wie am Abende zuerst nur die hellern Sterne in's Auge fallen, bei geschärftem Blicke aber ein leuchtender Punkt nach dem andern aus dem Dunkel des Firmamentes hervortritt, so geschah es auch hier. Je näher ich an meine Aufgabe herantrat, desto zahlreicher tauchten aus dem Dunkel der Vergangenheit die Begebenheiten hervor, welche als Ursache oder Wirkung anderer Ereignisse sich geltend machten, und ich gestehe, daß es mir zu schwer wurde, sie unberücksichtigt zu lassen und dadurch der Vergessenheit preis zu geben. Es mag sein, daß unter dem Mitgetheilten sich Manches findet, was dem einen oder andern Leser unbedeutend und kaum der Erwähnung würdig erscheint. Ein solcher möge bedenken, daß die Pfarre mir zur zweiten Heimath geworden ist; und wer wüßte nicht aus eigener Erfahrung, wie theuer uns jede Erinnerung an die Heimath wird, und mit welcher Freude wir alles, auch das Unbedeutende, vernehmen, was uns von dorther nähere Kunde bringt.

Unsere Kinder lernen schon in der Elementarschule die Beschreibung weit entfernter Länder und die Geschichte längst verschwundener Völker und Staaten — aber was sich dort zugetragen, wo ihre Vorfahren gewandelt, wo ihre eigene Wiege gestanden, wo ihnen die höchsten Güter der Gnade und Erziehung zu Theil geworden — die Geschichte ihrer nächsten Umgebung ist ihnen meistens unbekannt und verschlossen. Wenn aber mit der genauern Kenntniß eines Gegenstandes und seiner Entwickelung aus der Vergangenheit in gleichem Maße auch das Interesse an demselben wächst, so ist gewiß der

Wunsch gerechtfertigt, es möchte in den Schulen mehr Bedacht auf die Kenntniß der engern Heimath und ihrer Geschichte genommen und dadurch das Gefühl der Pietät und der Anhänglichkeit an dieselbe kräftiger befördert werden. Allerdings setzt dieses voraus, daß das nöthige Material dazu vorhanden und zugänglich gemacht ist. Letzteres ist eine Arbeit, vor welcher Mancher zurückschreckt, weil er von vornherein an einem erfolgreichen Resultate verzweifelt. Allein in den meisten Fällen bedarf es nur eines muthigen Anfanges, und die Freude wächst mit jedem neuen Funde, und jeder neue Fund bringt wieder auf andere Fährten, die zu weitern Entdeckungen führen. Für unsere Pfarrgemeinde einen solchen Versuch zu machen, war der Zweck gegenwärtiger Schrift. Wenn sie dem Leser dieselbe Freude bereitet, welche der Verfasser bei der Sammlung und Bearbeitung des Stoffes in gesteigertem Maße empfunden hat, dann ist seine Mühe reichlich belohnt.

Köln, am 12. August, dem Feste der h. Clara, 1878.

Der Verfasser.

Inhalts-Verzeichniß.

　　　　　　　　　　　　　　　　　　　　　　　　Seite

Ueberficht 1

Erster Abschnitt.
Aelteste Zeit bis zur Erbauung der ersten Pfarrkirche.

Erstes Capitel. Die ersten Martyrer 287 n. Chr.
Auffindung der Leichname christlicher Martyrer auf dem Martinsfelde, 1847. — Ihre Todesart weist auf die Zeit des Kaisers Maximian zurück. — Wahrscheinlich gehörten sie der thebaischen Legion an — und zwar der Cohorte des h. Gereon 3

Zweites Capitel. Der h. Maurinus 670 n. Chr.
Entdeckung seiner Grabesstätte. — Wunderbare Heilung des Bischofs Volkmar. — Heimath des h. Maurinus und Zeit seines Lebens . . 7

Drittes Capitel. Die fränkische Zeit.
Die älteste Kirche in unserer Pfarre. — Verfall des kirchlichen Lebens zu jener Zeit. — Der h. Gallus findet noch einen Götzenhain in der Nähe der Stadt. — Der h. Bonifacius und sein Verhältniß zu Köln 9

Viertes Capitel. Der h. Reinoldus ca. 800 n. Chr.
Die Legende vom h. Reinoldus. — Sein Tod im Laach. — Die Auffindung seines h. Leibes und dessen Uebertragung nach Dortmund. — Kapelle und Kloster des h. Reinoldus an seiner Marterstelle . . 13

Fünftes Capitel. Die karolingische Zeit und die Normannen.
Erste verbürgte Nachricht von einer Kirche des h. Pantaleon zu Köln 867 n. Chr. — Privilegien des Erzbischofs Gunthar. — Verwüstung der Stadt durch die Normannen 882 n. Chr. 20

Sechstes Capitel. Erzbischof Bruno und seine Nachfolger.

Bruno wird Erzbischof von Köln, 953 n. Chr. — hält seinen Einzug von St. Pantaleon aus, — gründet daselbst die Benedictiner-Abtei — wählt in derselben seine letzte Ruhestätte. — Sein Testament. — Seine Nachfolger vollenden den Bau. — Die Reliquien des h. Pantaleon. Aebte: Christianus (955—1001). — Helias (1021—1042), seine Strenge. — Aaron (1042—1052), Beförderer der Kirchen-Musik. — Hemericus (1052—1066). — Humbert (1066 bis 1082). — Hermann (1082—1121). — Rudolph (1121—1123). — Gerhard (1123—1147). — Der h. Bernardus in Köln und Brauweiler 24

Zweiter Abschnitt.
Vom Bau der ersten Pfarrkirche bis zum Ausgange des Mittelalters.

Erstes Capitel. Kloster und Seelsorge.

Bedenken gegen die Ausübung der Seelsorge durch Klostergeistliche. — Everhard von Brauweiler und Rupertus von Deutz über diese Frage. — Entscheidungen der Päpste Urban I. und Urban II. (1186). — Verlegung der Volksseelsorge aus den Klöstern in besondere Pfarrkirchen   36

Zweites Capitel. Die neue Pfarrkirche und das Kloster St. Mauritius.

Hermann von Stave erbaut die neue Kirche und das Kloster 1140. — Streitigkeiten zwischen ihm und dem Abte von St. Pantaleon über das Patronat. — Erzbischof Arnold I. schlichtet den Streit und ordnet das Verhältniß zwischen Abt, Kirche und Kloster durch Urkunde v. J. 1144. — Er beruft in das neue Kloster Benedictinerinnen von Nonnenwerth. — Güterbesitz des Klosters 38

Drittes Capitel. Das Kloster Weiher.

Stiftung des Klosters durch Richmodis, 1198 (Seite 45). — Seine Bedrängniß im Kriege zwischen Otto IV. und Philipp von Hohenstaufen, 1205, — es wird zuerst von Erzbischof Heinrich von Virneburg, 1327, und später von Erzbischof Dietrich von Mörs, 1443, reformirt und bald darauf im burgundischen Kriege, 1447, zerstört. — Seine Lage 46

Inhalts-Verzeichniß.

Viertes Capitel. Der h. Mauritius und seine Verehrung.

Der h. Mauritius, Anführer der thebaischen Legion — zieht mit dem Kaiser Maximian gegen die Bagauden, — verweigert seine Theilnahme an dem heidnischen Opferfeste, — stirbt deshalb mit seinen Soldaten den christlichen Heldentod bei Agaunum, dem jetzigen St. Moritz in der Schweiz. — Seine Verehrung in Savoyen, — in Deutschland besonders durch Kaiser Otto I. verbreitet 53

Fünftes Capitel. Die neue Stadtmauer.

Die alten Vorstädte. — Die villa St. Pantaleonis lag noch außerhalb der Stadtmauer. — Abt Wichmann (1165—1169). — Die neue große Ringmauer umschließt die Abtei St. Pantaleon, sowie Kirche und Kloster St. Mauritius. — Die Zeit ihres Baues. — Alter Gebrauch bei der ehemaligen Gottestracht 59

Sechstes Capitel. Die Pfarre und ihre Bewohner.

Grenzen. — Bevölkerung. — Der Duffesbach. — Gerichtsbarkeit (Feuertod der Katarer 1163). — Bauerbank (Hayen oder Hygen). — Weinbau 63

Siebentes Capitel. Die Incorporation der Pfarre.

Abt Theodorich beantragt die Incorporation in das Kloster St. Pantaleon, — sie wird vollzogen im Jahre 1346. — An die Stelle der Pfarrer treten vicarii perpetui, lebenslängliche Pfarrverwalter aus dem Weltklerus, — später Klostergeistliche, welche auf den Wink des Abtes abberufen werden können, — zuletzt wird es dem Abte freigestellt, Kloster- und Weltgeistliche anzustellen und nach Belieben abzuberufen, 1470. — Das Concil von Trient hemmt diesen Mißbrauch . 84

Achtes Capitel. Die Pfarrer und ihre Zeit.

Gerhard von Rendal († 1205). Conrad († 1234).
Aebte von St. Pantaleon: Waldaverus (1196—1200). Heinrich v. Werden (1200—1220). Heinrich von Kamp (1220—1225). Simon (1225—1230). Stiftung des Klosters zu den weißen Frauen. — Das wunderbare Crucifix. — Heinrich (1230—1242). — Hermann Graf von Kessel (1242—1255) 92
Heinrich (1243—1245). Arnoldus (1264—1270). Wilhelm Robin (1301). Albertus Magnus und Thomas von Aquin in Köln, — Conrad von Hochstaden legt den Grundstein zum Dom, 1248. — Kampf der Overstolzen mit den Weisen an der Ulrepforte 1268. — Die Erzbischöfe Conrad und Engelbert II. von Herzog Wil-

helm von Jülich zu Niedeggen gefangen gehalten. — Schlacht bei Worringen 1288. — Interdict 1291.

Aebte: Embrico (1255—1283), Blüthe des Klosters. Gottfried von Bell (1284—1313) 97

Johannes von Bachem (1319—1332). Hermann von Seger(?). Streitigkeiten zwischen den Pfarrern und Ordensgeistlichen in Betreff der Ausspendung des Bußsacramentes. — Verletzung der Immunität des Klosters St. Pantaleon. — Henkin vom Thurm hingerichtet.

Aebte: Theodorich (1313 - 1337). Emundus von Cusin (1337 bis 1344). Conrad von Berga (1344—1363). Verfall des Klosters — Heidenricus (1363—1373). Hilger von Wichterich (1373 bis 1391) 103

Sigwin ca. 1378. Heinrich von Medebach ca. 1387. Arnestus 1402. Heinrich von Bergheim (1408—1427).

Universität in Köln gegründet 1388. — Große Dürre. — Schreckliches Gewitter 1401. — Ein heftiger Sturm richtet großen Schaden an den Kirchen der Stadt an, 1334.

Aebte: Heinrich Muell (1391—1401). Hermann Zeuwelghin (1401—1419). Johannes von Cusin (1419—1425). Wilhelm von Jülich (1425—1426). Ludwig von Olmersheim (1426—1446). Streit um die Abtswürde. Johannes Forst (1446—1452) reformirt das Kloster 106

Andreas (1456—1464). — Heinrich Gesselen (1464 bis 1483) Cellerar von St. Pantaleon. — Giso Utemwerth (1483 bis 1486?).

Aebte: Joseph Beet (1452—1459) resignirt. Johannes Schunde, Prior des Carthäuserklosters, von Papst Pius II. als Abt von St. Pantaleon berufen (1459—1464). Gottfried von Lechenich (1464 bis 1481). Das Kloster in tiefem Verfall; der Abt zwei Mal abgesetzt. Schwere Zeiten für die Pfarre im burgundischen Kriege . 109

Neuntes Capitel. Das Kloster Weidenbach.

Gründung des Klosters. — Die regulirten Chorherren des heiligen Augustinus. — Thomas von Kempen. — Kaiser Friedrich III. erhebt die Klosterherren zu Köln zu kaiserlichen Kaplänen 1475. — Legende 115

Zehntes Capitel. Die Bursfelder Congregation.

Verfall des Benedictiner-Ordens. — Das Concil von Constanz bringt auf dessen Erneuerung. — Johannes, Abt von Bursfeld, reformirt sein Kloster und stiftet die Bursfelder Congregation. — Johannes Rode, Abt von St. Matthias in Trier, und dessen Nachfolger, Johannes

Forst, schließen sich ihm an. — Letzterer wird von Erzbischof Dietrich nach St. Pantaleon in Köln berufen 1446, und bewirkt auch den Anschluß dieser Abtei an die Bursfelder Congregation. — Das Kloster St. Mauritius folgt im Jahre 1488.

Dritter Abschnitt.
Vom Ausgange des Mittelalters bis zur neuen Pfarr-Organisation.

Erstes Capitel. Die Pfarre St. Mauritius und das Kloster St. Pantaleon.
Wahl und Einführung des Pfarrers. Expositus. Competenz des Pfarrers. — Innere Einrichtung des Klosters: Abt, Prior, Subprior, Cellerarius. Die übrigen Klosterämter 123

Zweites Capitel. Die Reformation.
Ein Geistlicher von St. Mauritius fällt vom Glauben ab, — es ist aber nicht der Pfarrer, wie Crombach angibt — sondern der Hülfsprediger. Auch ein Mönch von St. Pantaleon wird Apostat. Traurige Zustände im dortigen Kloster 132

Drittes Capitel. Der Rinckenhof.
Das Geschlecht der Rincken. Ihr Ansehen. Johann Rinck wird von dem Kaiser Maximilian in den Ritterstand erhoben und baut den Rinckenhof; errichtet das Kloster zum Lämmchen 1514. Peter Rinck baut den Kreuzgang im Carthäuser-Kloster. Hermann Rinck, Wohlthäter der Kreuzbrüder. — Anna von Sachsen, Wittwe Wilhelm's von Oranien, wohnt im Rinckenhof. Ihr Verhältniß zu Dr. Johannes Rubens, dem Vater von Peter Paul Rubens. — Die Rincken treten zum Protestantismus über. — Wilhelm von Fürstenberg am Rinckenhofe verhaftet 1674 136

Viertes Capitel. Die Pfarrer vom Jahre 1486 bis 1802.
Johannes Luninck (1486—1502). Seine ersten Jahre im Kloster. Er wird Pfarrer von St. Mauritius — und 1502 zum Abt gewählt.
Aebte: Wilhelm von Boichholz (1481—1487). Andreas Küchler (1487—1502) 144
Johannes Glessen (1502—1530) abgesetzt, wendet sich nach Rom und erhält seine Stelle wieder.
Aebte: Johannes Luninck (1502—1514). Johannes Euskirchen (1514—1538) 146

	Seite
Benedict Keſſel (1530—1538) erweitert die Pfarrkirche, wird Abt Gisbert Greidthauſen (1538—1539). Gerhard von Köln (1539—1545). Adrian von Soeſt (1545—1548). Johann von Süchteln (1548—1554).	147
Abt: Benedict Keſſel (1538—1556). . . . . Michael Geiſt (1554—1564). Gottfried von Borcken (1565—1572).	148
Abt: Heinrich Mülhem (1556—1572). Verfall der Kloſterzucht . Nicolaus Thaler (1572—1604).	149
Aebte: Gottfried Borcken (1572—1597), ſtellt Zucht und Ordnung wieder her. Gottfried Hültz (1597—1606), alt und ſchwach, ſeiner Stelle nicht gewachſen. Traurige Zuſtände im Kloſter . . . . Severin Bindenberg (1604—1623). Johann Lullius (1623—1625). Theodor Pfingſthorn (1625—1636).	151
Abt: Heinrich Spickernagel (1606—1641) beginnt die Reihe der großen Aebte; errichtet ein Seminar für die Ordensgeiſtlichen; erlangt von Papſt Urban VIII. die Inful, 1626; läßt die Abteikirche wölben und einen neuen Thurm errichten; wird Präſes der Bursfelder Congregation	151
Placidus Browerus (1636—1641), wird Abt (1641—1646) .	152
Aegidius Romanus (1641—1646), erweitert die Kirche St. Mauritius, errichtet in derſelben einen neuen Marmoraltar, wird zum Abte gewählt 1646; baut das weiße Haus, ſchmückt die Kirche von St. Pantaleon mit neuem Giebel und zwei Seitenthürmchen, gewährt dem flüchtigen Churfürſten Max Heinrich Aufnahme im Kloſter, ſtirbt 1684	155
Pantaleon Immendorf (1646—1667). — Peſt in Köln . .	158
Martinus Ververs (1667—1669). Johannes Brauweiler (1669—1683)	162
Anſelmus Krott (1683—1713). Nicolaus Jülich hingerichtet 1686.	
Aebte: Reinoldus Greuter (1684—1687). Conrad Kochem (1687 bis 1717)	163
Everhard Schallenberg (1713—1729) wird nach Reinoldus Bahnen (1717—1729) zum Abte gewählt, errichtet neue Grabmäler für den h. Bruno und die Kaiſerin Theophania, erbaut eine neue Kanzel und einen neuen Hochaltar. Mißhelligkeiten im Kloſter. Er ſtirbt in Badorf 1756	166
Anſelmus Benölgen (1729—1745). Caspar Aldenbrück (1745—1754). Quirinus Kleu (1755—1766) wird zum Abt gewählt.	

Abt: Johannes Felten (1756—1766) führt den Hauptthurm von St. Pantaleon höher auf, ohne ihn jedoch zu vollenden 168
Bruno Schmitz (1766—1775).
Abt: Quirinus Klew (1766—1776) vollendet den Hauptthurm bis zur Spitze 169
Leonard Cosmas Klew (1775—1809).
Aebte: Aemilius Elberz (1776—1798) erbaut den Neuenhof in der Sülz. Französische Revolution. Das Kloster Lazareth. Die ersten Republikaner in Köln, 1794. — Hermann Joseph Braun 1798—1802) letzter Abt. Aufhebung der Klöster 170

Fünftes Capitel. Die Kapläne von St. Mauritius.

Anfangs aus dem Weltklerus; seit Aegidius Romanus aus dem Kloster genommen 173

Sechstes Capitel. Das Kloster St. Mauritius.

Seine Vorsteherinnen. Sophia von Stommeln (1412—1449). Helena von Lülsdorf (1464—1497) schließt sich der Bursfelder Congregation an, 1488. Aufhebung des Klosters 1802. 178

Siebentes Capitel. Das Kloster der Carmeliterinnen zur Schnurgasse.

Gründung desselben 1635. Erste Vorsteherin Theresia von Jesus. — Königin Maria von Medici. — Das Bild der h. Mutter Gottes vom Frieden. — Papst Alexander VII. 184

Achtes Capitel. Aus dem kirchlichen Leben.

1. Die feierlichen Gottestrachten. 2. Das vierzigstündige Gebet. 3. Besondere Feste 188

Vierter Abschnitt.

Von der neuen Pfarr=Organisation bis zur Gegenwart.

Erstes Capitel. Die neue Pfarre St. Mauritius.

Ihre Grenzen. — Verlust und Zuwachs. — Die neu gewonnenen Straßen und ihre Namen. — Das Crucifix unter dem Schaafenthore. — Der Marsilstein 196

Zweites Capitel. Die Alexianer und das Mauritiuskloster.

Die Alexianer. — Sie lassen sich zuerst auf dem Kirchhof von St. Mauritius nieder, — später in der Fleischmengergasse, — darauf in der Lungengasse. Ihre Reformation unter Erzbischof Rupert 1469. Sie werden von Papst Sixtus IV. als religiöser Orden anerkannt 1472. — Vereinbarung mit dem Pfarrer von St. Aposteln 1518. — Die Pest im Jahre 1665. — Das neue Statut vom Jahre 1826. — Die Brüder kaufen 1829 das ehemalige Nonnenkloster von St. Mauritius 204

Drittes Capitel. Die Pfarrer von St. Mauritius seit 1802.

Cosmas Kleu (1775—1809) 212
Johann Heinrich Balthasar Kemmling (1809—1815) 213
Johann Anton Lützenkirchen (1815—1845). Sein Charakter. — Fruchtlose Verhandlungen mit der Stadt in Betreff der neuen Schule, mit dem Alexianerkloster in Betreff der Thurmhalle oder Krypta, mit der Regierung in Betreff der Reparatur der alten Kirche. — Abbruch des alten Kirchthurmes. — Durchbruch der alten Mauer und Verlängerung der Bobstraße. — Bau der neuen Kaplanei und Küster-Wohnung 213

Matthias Wilhelm Stoff (1846—1852). Seine Wirksamkeit. — Plan zu einer neuen Kirche. — Neues Pfarrhaus. — Zweite Kaplanstelle. — Neue Küsterwohnung. — Versetzung nach Aachen 1852. — Festpredigt bei der Feier der Grundsteinlegung zur neuen Kirche 1861. — Stoff stirbt bald darauf am 18. Juni 1861 221

Peter Adolph Thomas, seit 1853 Pfarrer. — Franz Heinrich Nicolaus Franck schenkt 80,000 Thaler zum Bau der neuen Kirche 1856. — Schwierigkeiten wegen des Abbruches der alten Kirche. — Der erste Spatenstich. — Fest der Grundsteinlegung, 1861. — Einweihung der neuen Kirche 1865. — Vollendung des Thurmes 1868 225

Viertes Kapitel. Die Capläne von St. Mauritius seit 1802.

Fünftes Capitel. Schluß 245

Zusätze und Verbesserungen.

Zu Seite 130: In Betreff der Zahl der Capitelsmitglieder heißt es in den Kloster-Annalen: „Folgende Regel ist stets heilig zu halten. Außer dem Abte gibt es noch sieben Numerar-Capitulare, der Prior, der Subprior und die fünf folgenden ältesten Mitglieder des Conventes. Das darauffolgende achte Mitglied ist Supernumerar; es hat zwar keinen Anspruch auf die Rechte eines Capitulars, pflegt aber doch in der Capitelsversammlung gegenwärtig zu sein und empfängt auch den achten Theil der Präsenzgelder."

Seite   84, Zeile   7 von oben lies: auf d e m statt auf d a s Eigenthum.
  „   106,   „   13 „   „   „   C o n r a d statt G o t t f r i e d.
  „   178,   „   2 „ unten „ f o l g t e n statt f o l g t e.
  „   182,   „   6 „ oben „ 1330 statt 1230.
  „   202,   „   8 „ unten „ s e i n e m statt s e i n e n.
  „   223,   „   14 „   „   „ v o r d e r e n statt v o r d e r e r.
  „   244,   „   13 „   „   „ e h e m a l s statt j e t z t (Vicar in Esch-
                                                           weiler).

Geschichte der Pfarre St. Mauritius
in Köln.

Uebersicht.

Die Pfarre St. Mauritius in Köln besteht in ihrer heutigen Umgrenzung erst seit dem Jahre 1802. In Folge der französischen Revolution hatten die kirchlichen Verhältnisse der Stadt so große Veränderungen erlitten, daß eine neue Eintheilung ihrer Pfarrbezirke dringendes Bedürfniß wurde.

Unsere Pfarre erhielt dadurch eine neue Gestalt. Bis dahin lag dieselbe ganz außerhalb der alten Römermauer und erstreckte sich vom Laach bis zur Pfarre St. Severin, von welcher sie durch die Schnurgasse getrennt war. Der ganze Distrikt, welcher jetzt die Pfarre St. Pantaleon bildet, gehörte also mit Ausnahme weniger Straßen zur frühern Pfarre St. Mauritius und wurde erst durch die neue Organisation von dieser abgetrennt und zu einer eigenen Pfarre erhoben. Für diesen Verlust im Süden erhielt St. Mauritius im Norden die Schaafenstraße und die Hahnenstraße zur Hälfte, im Osten die volkreiche Thieboldsgasse mit ihrer Umgebung bis zur Peterstraße und dem kleinen Griechenmarkte.

Aber auch in den frühern Jahrhunderten hatte die Pfarre schon mehrfache Wandlungen erfahren. Bis zum Jahre 1140 besaß sie keine eigene Pfarrkirche. Gottesdienst und Seelsorge lagen ganz in den Händen der Klostergeistlichen der Abtei St. Pantaleon. In dem genannten Jahre erbaute ein Edler aus Köln, Hermann von Stave, die Kirche und das Kloster St. Mauritius, und in Folge einer Vereinbarung mit dem Abte von St. Pantaleon im Jahre 1144 wurde nun das neue Gotteshaus zur Pfarrkirche erhoben. Von da an erhielt die Gemeinde den Namen ihres jetzigen Patrons und überhaupt den Charakter einer für sich bestehenden Pfarre.

Doch blieb sie in vielen Beziehungen noch abhängig von der alten Mutterkirche. Die Abtei behielt das Patronat und der Abt besaß in Folge dessen das Recht, den Pfarrer und die Hülfsgeistlichen von St. Mauritius anzustellen. Später wurde das Patronat in eine förmliche Incorporation umgewandelt, und die Pfarre kam in eine noch größere Abhängigkeit vom Kloster St. Pantaleon. Auch die Art und Weise ihrer Besetzung wurde im Laufe der Zeit zu wiederholten Malen gewechselt. Erst mit dem Ausgange des Mittelalters, nachdem die Klostergemeinde selbst vorher eine durchgreifende Reform erfahren hatte, gestaltete sich das Verhältniß zwischen Abtei und Pfarre zu einer festen und bleibenden Norm. Von da an finden wir auch die Pfarrer von St. Mauritius in ununterbrochener Reihenfolge verzeichnet, während von den frühern viele gar nicht und die übrigen fast nur dem Namen nach bekannt geblieben sind.

Mit Rücksicht auf diese Umstände theilen wir die Geschichte unserer Pfarre in vier Abschnitte:

1. Die älteste Zeit bis zur Erbauung der ersten Pfarrkirche, 1140 n. Chr.
2. Von 1140 bis zum Ausgange des Mittelalters, 1486.
3. Von 1486 bis zur neuen Organisation im Jahre 1802.
4. Vom Jahre 1802 bis zur Gegenwart.

Erster Abschnitt.
Aelteste Zeit bis zur Erbauung der ersten Pfarrkirche.

Erstes Capitel.
Die ersten Martyrer, 287 n. Chr.

Als die alte Stadt Köln ihre wachsende Bevölkerung nicht mehr im Bereiche der ursprünglichen Römermauer zu fassen vermochte, bildete sich rings um dieselbe ein Kranz von Vororten mit mehrern Klöstern und Kirchen in ihrer Mitte, aus denen später, nachdem die Stadt sich aus dem Schutt der normannischen Verwüstung wieder erhoben hatte, jene herrlichen Kloster- und Stiftskirchen hervorgingen, durch welche Köln bis auf den heutigen Tag, was kirchliche Baukunst betrifft, von keiner andern Stadt übertroffen wird. Diese Kirchen waren nicht bloß für den Chordienst der Klostergeistlichen und Stiftsherren bestimmt, sie dienten zugleich für die Seelsorge der angrenzenden Bewohner und vertraten insofern die Stelle der jetzigen Pfarrkirchen.

Unter ihnen nahm das Benedictinerstift St. Pantaleon eine hervorragende Stelle ein. Es erhob sich vor der südwestlichen Ecke der alten Stadt auf einer Anhöhe, welche die ganze Umgebung beherrschte und dem Kloster „das Ansehen eines festen Schlosses" gab Der weite Bezirk vom Perlengraben und der Schnurgasse bis zum Laach und landeinwärts bis nach Kriel stand unter der Jurisdiction und Seelsorge dieser reichen und angesehenen Abtei. Den Grund zu ihrem weitläufigen und stattlichen Gebäude legte der Erzbischof Bruno, Bruder des Kaisers Otto I., im Jahre 964. Aber

Jahrhunderte vorher war diese Stelle und ihre Umgebung schon der Schauplatz kirchlichen Lebens und christlichen Heldenmuthes gewesen.

Die ersten blutigen Spuren davon reichen zurück bis in die Zeiten des römischen Kaisers Diocletian und seines grausamen Mitregenten Maximian. Im Jahre 1847 fand man in der Nähe des Waisenhauses, auf dem sogen. Martinsfelde, die Ueberreste von 67 menschlichen Leibern, darunter 19 Schädel, welche an der Schläfe mit schweren eisernen Nägeln durchbohrt waren. Nach den Acten der heiligen Martyrer wurden gerade zur Zeit und in dem Gebiete des Maximian viele Christen auf diese qualvolle Art getödtet. Damals lebte in Trier, der Hauptstadt des belgischen Galliens, der Statthalter Rictiovarus, ein eben so blutdürstiger Feind der Christen wie sein Herr Maximian. Die Geschichte berichtet von ihm, daß er die heiligen Victorinus und Fuscianus mit glühenden Nägeln an den Schläfen durchbohren ließ. Dasselbe geschah dem h. Quintinus, in der Stadt St. Quentin, die von ihm den Namen trägt. Auch in Trier wurden auf dem Blutacker bei St. Paulin Schädel mit Nägeln durchbohrt gefunden.

Es unterliegt deshalb wohl kaum einem Zweifel, daß die auf dem Martinsfelde ausgegrabenen Gebeine christlichen Martyrern aus der Zeit der Verfolgung des Kaisers Maximian angehörten. Dies wird noch mehr bestätigt durch die an derselben Stelle zugleich aufgefundenen römischen Gefäße, von denen eines die Inschrift AVETE, ein anderes in lateinischen Buchstaben die griechischen Worte PIE SESES trug, das heißt: Trinke und lebe! ein üblicher Trinkspruch, der sich öfters auch in den Gräbern christlicher Martyrer findet und hier seine höhere, mystische Bedeutung aus jenen Stellen der heiligen Schrift gewinnt, in denen die ewige Glückseligkeit unter dem Bilde eines **Stromes der Wonne**, oder **des lebendigen Wassers**, und **des neuen Weines im Reiche des Vaters** dargestellt wird. Aehnliche Inschriften finden sich in den Katakomben; ebenso gibt es dort solche, auf denen lateinische Wörter mit griechischen, oder, wie hier, griechische

Wörter mit lateinischen Buchstaben geschrieben sind. Selbst die Vermischung beider Sprachen in einer und derselben Inschrift ist in jener Zeit nicht selten.[1]

Wer waren denn jene heiligen Blutzeugen, deren Gebeine länger als 15 Jahrhunderte im Schooße der Erde geruht hatten, und bei welcher Gelegenheit fanden sie den Martertod? Die Art der Hinrichtung weiset auf die Zeit Maximian's hin; die Zahl der aufgefundenen Leiber läßt auf eine Massenhinrichtung schließen. Noch deutlichern Fingerzeig aber gibt der besondere Umstand, daß unter den aufgefundenen Schädeln sich solche befanden, welche nach einer genauen anatomischen Untersuchung der ägyptisch-äthiopischen Race angehörten. Hierdurch ward die Vermuthung nahe gelegt, jene Opfer barbarischer Grausamkeit möchten Angehörige derjenigen Abtheilung der thebaischen Legion gewesen sein, welche unter ihrem Führer, dem h. Gereon, zur Zeit des Kaisers Maximian, im Jahre 287 hier in Köln für das Bekenntniß ihres christlichen Glaubens die Palme des Martyriums erlangte.[2]

Gregor von Tours berichtet, bei der Stadt Köln habe eine Basilika gestanden, die wegen ihrer prachtvollen Ausstattung „die goldene" genannt wurde. An dieser Stelle solle ein Theil der thebaischen Legion, Gereon mit fünfzig seiner Soldaten, den Martertod gefunden haben, und ihre Leiber seien in einem Brunnen, der mitten in der Kirche sich befinde, begraben worden.

Nach andern Geschichtschreibern betrug die Anzahl der in Köln Getödteten 318 oder 330; man mochte es deshalb für rathsam halten, die Hinrichtung in getrennten Abtheilungen und an verschiedenen Stellen vorzunehmen. So fand man im Jahre 1863 auch in der Pfarre St. Severin eine Reihe nebeneinander liegender Skelette, mit Schädeln, die an der linken Seite mit Nägeln durchbohrt waren und der äthiopischen Race angehörten. Auch noch eine andere Stelle,

---

[1] Kraus, Roma sotterranca, S. 395 u. 449.
[2] Zur Geschichte der thebaischen Legion, von Prof. Dr. Braun. Bonn 1855. Friedrich, Kirchengeschichte Deutschlands. I. 131 ff.

das ehemalige Kloster Mechtern vor der Stadt (ad ss. martyres extra muros), nimmt ebenfalls den Ruhm in Anspruch, durch das Blut der christlichen Glaubenshelden geweiht und geheiligt zu sein. Der Kirche St. Gereon wird demnach der Vorzug bleiben, daß dort der Führer der Cohorte, der h. Gereon, mit einem Theile seiner Soldaten den Tod und die letzte Ruhestätte fand, während an den andern Stellen die übrigen Soldaten mit dem Trosse entweder durch das Schwert oder vermittels Durchbohrung des Schädels hingerichtet wurden. Den Pfarrgenossen von St. Mauritius aber muß der Boden ihres alten Pfarrbezirks um so ehrwürdiger und theurer erscheinen, da die Bluttaufe, die er empfing, von den Kampfgenossen des h. Mauritius herrührt, der an der Spitze der ganzen Legion stand, wovon die Cohorte des h. Gereon nur eine Abtheilung bildete, und welcher bei Agaunum in der Schweiz durch seinen eigenen Martertod auch seine Soldaten zu gleichem Heldenmuthe entflammte.

Die Hypothese des Prof. Dr. Braun, welcher die aufgefundenen Leichname der thebaischen Legion zuweist, ist nicht ohne Widerspruch geblieben. Schon gleich nach dem Erscheinen seiner oben angeführten Schrift erhob ein Recensent derselben in den Jahrbüchern des Historischen Vereins für den Niederrhein (2. Heft, S. 325) mancherlei Bedenken dagegen. Ein Theil derselben hat bereits seine Erledigung in unserer Annahme gefunden, daß die Hinrichtung der christlichen Soldaten und ihrer Angehörigen in getrennten Abtheilungen und an verschiedenen Orten vorgenommen worden sei. In diesem Falle bleibt nämlich die uralte kölnische Tradition, welche nicht bloß St. Gereon, sondern auch noch das ehemalige Kloster Mechtern als Marterstätte bezeichnet, unangetastet; zugleich wird, für unsern Gegenstand wenigstens, die Erörterung der Frage überflüssig, wo das Marsfeld oder der Exercirplatz der römischen Soldaten gelegen habe, ob, wie Dr. Braun meint, im sogen. Martinsfelde, oder, wie Prof. Wallraf glaubt, an St. Gereon.

Wenn aber der Recensent auch den historischen Charakter des Rictiovarus in Zweifel zieht, so können wir ihm bis dahin nicht folgen; indessen bliebe auch dann noch der Kern der Frage unangefochten, denn der Name des Wütherichs ist gleichgültig, da das Factum der grausamen Todesart und die bis zur Herrschaft der Römer zurückweisende Zeit desselben durch die Funde selbst unwiderleglich constatirt ist. So lange also kein anderes Ereigniß in der ältesten Kirchengeschichte Köln's nachgewiesen wird, welches mit größerm Rechte die Leiber der heiligen Martyrer für sich in Anspruch nimmt, glauben wir uns in der Hauptsache mit der Beweisführung des Dr. Braun beruhigen zu dürfen.

Ueber die thebaische Legion wird das Nähere bei dem Leben des h. Mauritius, im zweiten Abschnitte, mitgetheilt werden.

Zweites Capitel.
Der heilige Maurinus (670 n. Chr.).

Auch das zweitälteste Zeugniß der Geschichte über das kirchliche Leben in diesem Theile der Stadt trägt die blutigen Spuren des Martyriums. Auf der Stelle, wo Erzbischof Bruno das Kloster St. Pantaleon zu bauen gedachte, stand ein altes, baufälliges Gotteshaus von so geringem Umfange, daß der gleichzeitige Schriftsteller Stephanus dasselbe nur als Oratorium bezeichnete. Es war den drei christlichen Aerzten und Martyrern, dem h. Pantaleon und den heiligen Cosmas und Damian, geweiht. Unter Volkmar, dem Nachfolger Bruno's, im Jahre 966, stürzte es vollends zusammen, und als man den Schutt wegräumte und zu der neuen, größern Klosterkirche die Fundamente ausgrub, fand man tief in der Erde einen steinernen Sarg mit der Aufschrift: „Hier ruhen die Gebeine des Abtes Maurinus, guten Andenkens, welcher in dem Vorhofe der Kirche den Martertod erlitt am 10. Juni."

Der oben genannte Stephanus, Mitglied des Klosters und wahrscheinlich Augenzeuge der Auffindung, erzählt in seinem Berichte, der offenbar noch unter den lebhaften Eindrücken des freudigen Ereignisses niedergeschrieben ist, daß der Sarg in Gegenwart des Erzbischofs eröffnet worden und daß an den heiligen Ueberresten noch deutlich die Spuren eines gewaltsamen Todes zu erkennen gewesen seien.[1]) Volkmar selbst erfuhr die wunderbare Wirkung der Fürbitte des heiligen Martyrers; denn durch die Auflegung seiner Reliquien wurde er sofort von einem heftigen Augenleiden befreit, das ihm sonst die Feier des heiligen Osterfestes unmöglich gemacht hätte.

Nach dem Kalendarium des Klosters wurde das Fest des h. Maurinus alljährlich am 10. Juni als ein Fest ersten Ranges gefeiert. Noch jetzt werden die Gebeine des Heiligen in einem kostbaren Schreine aufbewahrt und in der Kirche zur Schnurgasse, wohin sie im Jahre 1820 aus ihrer alten Ruhestätte, der Pantaleonskirche, übertragen wurden, dem Volke zur Verehrung ausgestellt.

Wir wissen nichts Näheres über die Lebensgeschichte des heiligen Maurinus und über die Umstände seines Todes. Trithcim, in seiner Chronica Hirsaug. zum Jahre 961 sagt nur: „Jener heilige Maurinus war von Nation ein Scholte; aus Liebe zu Christus verließ er sein Vaterland und verkündigte zur Zeit Dagobert's, des großen Königs der Franken, den Heiden das Evangelium, mit noch zwei andern Mönchen, seinen Schülern, welche beide zugleich in Sachsen gemartert wurden." Stengelius setzt in seiner Monasteriologie den Tod des h. Maurinus in das Jahr 670, ohne jedoch die Quelle anzuführen, aus welcher diese Angabe geschöpft ist. König Dagobert I., welcher das fränkische Reich vorübergehend unter Einem Scepter vereinigte, regierte von 622—638, wo er starb. Der heilige Maurinus hätte also noch 32 Jahre nach ihm gelebt, und wenigstens ein Alter von 60 Jahren erreicht.

Das Vaterland des Heiligen, sowie seine Bezeichnung als Abt machen es wahrscheinlich, daß er, wie so viele seiner Heimathsge-

---

[1]) Bollaud. acta Sanctorum ad 10. Juni.

nossen, aus einem schottischen Kloster nach Deutschland und zuletzt an den Rhein gekommen; daß die Kirche, deren Vorhof der Schauplatz seines glorreichen Todes war, mit einer Niederlassung seines Ordens in Verbindung gestanden und er selbst der Vorsteher dieses Klosters gewesen sei. In diesem Falle hätte der h. Maurinus schon vor dem Ende des siebenten Jahrhunderts den ersten Keim in die Erde gelegt und mit seinem Blute begossen, aus dem drei Jahrhunderte später die berühmte Benedictiner-Abtei St. Pantaleon hervorgehen sollte.

Drittes Capitel.
Die fränkische Zeit.

Wie der Grabstein des h. Maurinus zeigt, bestand zu Lebzeiten desselben, also um die Mitte des siebenten Jahrhunderts, schon eine Kirche mit einer Vorhalle an der Stelle der jetzigen Pantaleonskirche. Ohne Zweifel diente sie für die religiösen Bedürfnisse der nach dieser Seite hin vor der Stadt ansässigen Landbewohner, wie die (nach einer freilich sehr unsichern Tradition um die gleiche Zeit erbaute) Kirche St. Jakob für die Seelsorge der Schiffer, Weinbauern und Gärtner im Süden der Stadt bestimmt war.

Ueber die weitere Gestaltung des kirchlichen Lebens im Gebiete unserer Pfarre bis zur Zeit Karl's des Großen fehlen uns genauere Nachrichten. Die noch ungedruckte Kloster-Chronik von St. Pantaleon bemerkt nur im Allgemeinen, „daß nach uralten Manuscripten lange vor Bruno's Zeit hier ein Kloster gestanden, daß aber über dessen Gründung eben so wenig wie über das Leben der Mönche etwas Sicheres mitgetheilt werden könne. Nur so viel lasse sich aus gewissen Anzeichen schließen, daß diese Stätte sich keineswegs durch Glanz und Würde ausgezeichnet habe; dieselbe müsse vielmehr unbedeutend und unbeachtet gewesen und durch Mangel an Lebensmitteln sowie durch die geringe Zahl der Diener Gottes daselbst allmälig sehr herabgesunken sein."

Möglich wäre es, daß das hier erwähnte alte Kloster noch bis in die Zeit des h. Maurinus zurückreichte; unsere oben ausgesprochene Vermuthung, die Kirche, in deren Vorhalle der Heilige erschlagen wurde, habe mit einer Ordens-Niederlassung in Verbindung gestanden, fände dann in der Notiz der Kloster-Chronik ihre Bestätigung. Wie dem aber auch sein möge, der klägliche Zustand und der allmälige Verfall des alten Klosters erklärt sich hinreichend aus den traurigen Zeitverhältnissen während der Herrschaft des merovingischen Königsgeschlechtes.

Die unaufhörlichen, blutigen Kämpfe unter den Nachkommen Clodwig's und die wiederholten Theilungen des Reiches hatten das Land in Parteien zerrissen, das Ansehen der Dynastie geschwächt, die Bande der Ordnung gelockert. Unter den Großen herrschte Rohheit und Sittenlosigkeit, unter dem Volke Unwissenheit und Verwilderung. Selbst der Klerus blieb nicht unberührt von dem allgemeinen Verderbniß. Ein großer Theil desselben, zu sehr in die politischen Kämpfe hineingezogen, war seinem Berufe entfremdet. Dies scheint besonders für Köln zu gelten. Wenigstens klagt der h. Bonifacius, daß die Geistlichkeit dieser Stadt so wenig zur Bekehrung der benachbarten Heiden gethan habe.

Sogar bis in die unmittelbare Nähe der Stadt hatten sich die Ueberreste des heidnischen Aberglaubens erhalten. So erzählt uns Gregor von Tours, daß der h. Gallus, damals noch Diakon, später Bischof von Clermont († c. 553 n. Chr.), mit dem König Theoderich I. (511—534) nach Köln gekommen sei und in der Nähe der Stadt zu seinem Schrecken einen Götzenhain gefunden habe, in welchem das Bild eines Abgottes aufgestellt war; außerdem sah er die Stätte zu Opferfesten und schwelgerischen Mahlzeiten ausgeschmückt; Abbilder von menschlichen Gliedmaßen hingen umher, welche von Kranken zur Wiederherstellung ihrer Gesundheit als Weihegeschenke den Göttern dargebracht waren. Mit Hülfe eines andern Klerikers zündete der Diakon den Götzenhain an, der aufsteigende Rauch ruft die Heiden herbei, der Frevel an ihrem Heiligthum erfüllt sie mit Wuth, mit gezücktem

Schwerte verfolgen sie den Diakon und seinen Begleiter bis zum Könige, und nur dessen gütiges Zureden vermag sie zu besänftigen.¹) Sollte nicht der h. Maurinus bei einer ähnlichen Veranlassung das Opfer seines Eifers geworden sein?

Wenn übrigens das kirchliche Leben in der damaligen trüben Zeit gerade in Köln besonders gelitten hatte, so darf uns das nicht wundern. Längere Zeit hindurch war unsere Stadt die Residenz der austrasischen Königsfamilie und dadurch mehr als andere Städte dem verderblichen Einflusse des Hoflebens ausgesetzt; zudem bildete sie wegen ihrer Lage und ihrer politischen Bedeutung wiederholt die Zielscheibe des Angriffes für die kämpfenden Parteien. Zu diesen innern Wirren kam noch das Andringen der heidnischen Volksstämme im Norden und Osten des Rheines. Zwei Mal schwebte Köln in Gefahr, von den mächtigen Friesen unter Radbod überfallen zu werden. Das eine Mal gelang es Plectrudis, der Gemahlin Pipin's von Heristal, die hier ihren Wittwensitz aufgeschlagen, den Feind durch Geschenke zum Abzug zu bewegen; das andere Mal bedurfte es der tapfern Gegenwehr des Karl Martell, der ebenfalls eine Zeit lang in Köln sich aufhielt, um die Barbaren zurückzutreiben.

Der enge Rahmen unserer Aufgabe gestattet uns nicht, das Gemälde der damaligen Zeit weiter auszuführen. Doch sei bemerkt, daß, wie überall ein Gegensatz den andern weckt, auch damals der sittliche Verfall auf der einen Seite heroische Tugenden auf der andern hervorrief. Eine große Menge von Heiligen stammt aus jener Zeit. Wir weisen nur hin auf die Kölner Bischöfe, den heil. Ebregisil (c. 580—600) unter der Königin Brunhilde, den h. Cunibert (c. 623—663), welcher dem König Dagobert I. als Rathgeber zur Seite stand und dessen Sohn Sigibert III. zu einem Heiligen erzog, und den h. Agilolf (c. 713—717), welcher von Karl Martell als Friedensstifter zu den aufständischen Franken gesandt und von

---

¹) Greg. Turon. vitae patr. c. VI, n. 2.

diesen in den Ardennen erschlagen wurde. — Viele Klöster wurden gegründet und zahlreiche Glaubensboten durchzogen die Wälder Germaniens, um unsere Vorfahren der Religion des Kreuzes zu gewinnen, unter ihnen der h. Bonifacius, der Apostel der Deutschen.

Sein besonderes Verhältniß zu Köln bildet einen zu bedeutsamen Zug in der Kirchengeschichte dieser Stadt, als daß wir nicht in Kürze desselben gedenken sollten.

Bonifacius war, wie der h. Wilibrord, der h. Suitbert und Andere, aus England gekommen, um zunächst den noch nicht bekehrten deutschen Völkerschaften das Evangelium zu verkündigen; aber er fand auch diesseits des Rheines, im Lande der christlichen Franken, Religion und Sitten in traurigem Zustande. Es galt, auch hier das geistige Leben wieder zu wecken und besonders der Kirche eine festgegliederte Organisation zu geben. Papst Gregor III. hatte ihm, zum Lohne für die wunderbaren Erfolge seiner Thätigkeit, im Jahre 732 das erzbischöfliche Pallium übersandt, ohne ihm jedoch einen festen bischöflichen Sitz zu bestimmen. Da starb der Bischof Reginfried von Köln im Jahre 744.

Bonifacius erkannte, daß keine Stadt seinen Zwecken so gelegen sei, wie Köln — in der Mitte zwischen den bereits bekehrten Hessen und den Friesen, auf deren Bekehrung er es jetzt besonders abgesehen hatte. Er bat deshalb den Papst Zacharias, Köln zur Metropole erheben und ihm als beständigen Sitz anweisen zu wollen. Seine Bitte wurde von den fränkischen Fürsten unterstützt und der Papst willigte mit Freuden ein. Wahrscheinlich aber fürchtete man zu Köln die Strenge des heiligen Oberhirten; es scheinen sogar schismatische Bestrebungen sich kund gegeben zu haben. Wenigstens deutete der Papst in seinem Briefe an Bonifacius vom October 745 darauf hin. Er schreibt:

„Aus deinen Mittheilungen geht hervor, daß sämmtliche Fürsten der Franken eine Stadt ausgewählt haben, welche sowohl den Grenzen der Heiden, als auch jenen Theilen der deutschen Völkerschaften nahe liegt, wo du bereits das Evangelium gepredigt hast, damit du dort den Metropolitansitz für immer aufschlagen und von da aus die übrigen Bischöfe auf dem rechten Wege leiten mögest, und daß auch deine Nachfolger denselben rechtmäßig für ewige Zeiten inne haben sollen. Mit freudigem Herzen habe ich diesen Beschluß aufgenommen und darin einen Fingerzeig Gottes erkannt. Wenn aber einige falsche Priester und Schismatiker solches zu verhindern trachten, so wird der Herr ihr Beginnen vereiteln und das zu erhalten und zu befestigen wissen, was mit den Anordnungen der Väter übereinstimmend ist befunden worden. — Was nun jene Stadt betrifft, welche früher Agrippina, jetzt Köln genannt wird, so haben wir auf Ansuchen der Franken, und kraft unserer Autorität, dieselbe auf deinen Namen als Metropole bestätigt und dir diese Metropolitankirche für alle Zeiten überwiesen." — Ep. 70.

Trotzdem wurde die ganze Sache vereitelt; die Intriguen der Gegenpartei wußten die Ausführung der päpstlichen Anordnung zu hintertreiben. Bonifacius siedelte nach Mainz über und diese Stadt erhielt von da ab das Primat über Deutschland.

Viertes Capitel.

Der heilige Reinoldus.

Unter Karl dem Großen begann eine bessere Zeit für Staat und Kirche; denn der Kaiser war nicht bloß ein großer Fürst, sondern auch ein treuer Sohn der katholischen Kirche. Er setzte auf den bischöflichen Stuhl von Köln seinen Freund und Rathgeber, den frommen Hildebold, welcher vom Jahre 785—819 der Kirche vorstand und unter welchem Köln zum Erzbisthum erhoben wurde. Dieser baute den ersten Dom zu Ehren des Apostelfürsten Petrus. Die Legende bringt mit diesem Bau den h. Reinold in Verbindung, welcher durch seine letzten Lebensjahre und ganz besonders durch seinen glorreichen Tod der Pfarre St. Mauritius angehört.

Leider ist das Leben dieses Heiligen so sehr von der Sage umsponnen, daß es schwerlich gelingen wird, bei dem Mangel an verbürgten Nachrichten, den wahren geschichtlichen Kern aus seiner Umhüllung herauszuschälen. Wir besitzen mehrere Legenden des h. Reinoldus. Eine der weitläufigsten und ältesten reicht bis an den Anfang des 13. Jahrhunderts hinauf. Sie ist rhythmisch abgefaßt und gibt Zeugniß von dem Geschmacke jener Zeit, welche sich in spielender Häufung gleichklingender Wörter gefiel.[1]) Wir fügen zum Beweise nur die erste einleitende Strophe hier an:

Deus, lux lucens, oriens,	O Gott, du Aufgang, strahlend Licht,
Lux vivens, nunquam moriens,	Du lebest und erlischest nicht;
Tu crucis, lucis, ducis lux,	Du führst des Kreuzes lichten Weg,
Tu montis, pontis, fontis dux,	Zeigst über Berg und Quell' den Steg,
Rector humanitatis.	Der Menschheit sich'rer Leiter.
Tu es creator entium,	Du bist der Schöpfer aller Welt,
Illuminator gentium,	Der alle Völker stets erhellt;
Tu tege, lege, rege nos,	Du schütze, ordne, leite uns,
Praecinge, tinge, pinge, quos	Umgürte, weihe, salbe uns,
Unasti cum beatis.	Als deine würd'gen Streiter.

Fast sämmtliche Legenden lassen den h. Reinold aus dem Geschlechte Karl's des Großen herstammen; einige halten ihn für den Sohn Haimons, des Herzogs von Dordogne, dessen Gemahlin Aya eine Schwester Pipin's, des Vaters Karl's des Großen, war. Reinold galt als einer der stärksten und tapfersten Ritter seiner Zeit, sein Schwert war der Schrecken seiner Feinde. An den Thaten des Helden nahm rühmlichen Antheil sein gewaltiges Streitroß, Bayard, das seines Gleichen nicht fand im ganzen Lande. Nachdem er den Ruhm und die Freuden der Welt in reichem Maße gekostet hatte, faßte er den Entschluß, auf alles zu verzichten und den Rest des Lebens in Buße und Entsagung dem Dienste Gottes zu weihen. Er verließ sein Schloß Montauban (mons albanus) in Spanien, seine

---

[1]) Abgedruckt in den Annalen des Historischen Vereins für den Niederrhein. Heft 30.

Gemahlin Claritia und seine Kinder und zog sich fern von ihnen in eine stille Einöde zurück. Hier wurde er drei Jahre hindurch von einem heiligen Einsiedler im geistlichen Leben unterwiesen und geübt; dann ging er nach Köln in das Kloster St. Pantaleon. Niemand kannte den frommen Mönch, der seine vornehme Herkunft unter dem Gewande der tiefsten Demuth verbarg. Doch Gott verherrlichte ihn und wirkte auf sein Gebet viele Wunder an Kranken und Preßhaften; selbst die Pest mußte fliehen vor der Kraft seiner Fürbitte.

Um diese Zeit war es, wo Erzbischof Hildebold den Bau des neuen Domes begann und von allen Seiten geschickte Arbeiter herbeirief. Damals blühten Wissenschaft und Kunst fast nur in den Klöstern; wir dürfen uns deshalb nicht wundern, wenn wir auch den Klosterbruder Reinoldus am Dome beschäftigt finden. Bald wurde er als Aufseher über die Maurer und Steinmetzen gesetzt. Die Strenge, womit er die Zucht unter den Bauleuten aufrecht hielt, und die Gewissenhaftigkeit, womit er ihre Arbeit überwachte, rief Neid und grimmigen Haß gegen ihn wach. Die Arbeiter bildeten ein Complot und sannen darauf, wie sie den strengen und lästigen Aufseher beseitigen könnten. Die Gelegenheit dazu war leicht geboten. Reinoldus wandelte oft zur Zeit der Nacht um die Stadt an den Kirchen vorbei, um zu beten, während die Andern sich dem Schlafe überließen. An einer einsamen Stelle, in der Nähe des Laach, wo die alten Stadtgräben noch nicht ausgefüllt waren und einen tiefen Pfuhl bildeten (daher der Name Laach, von lacus) fielen die Mörder über den Heiligen her und erschlugen ihn mit ihrem Werkzeug; dann versenkten sie den Leichnam in den Pfuhl.

Lange suchte man vergebens nach dem Verschwundenen; da führte Gott auf wunderbare Weise zur Entdeckung des heiligen Leichnams. Eine langjährige, hoffnungslose Kranke sah im Traume einen Mann in hellem Glanze, der zu ihr sprach: „Gehe hin zu dem Wasser, in welchem der h. Reinoldus liegt, den die Steinmetzen getödtet haben; dort wirst du Genesung finden." Und er zeigte ihr den Ort. Am andern Morgen ließ sie sich dort hin tragen, und man fand den

Leichnam des Heiligen auf der Oberfläche des Wassers; er trug einen Gürtel, auf dem die Worte gestickt waren: „Reinoldus, Herzog von Montauban". Die Frau wurde auf die Fürbitte des Heiligen gesund und begleitete seinen Leichnam, welcher auf ihrer eigenen Bahre getragen wurde, unter großer Freude des Volkes bis zu seinem Kloster. Das Fest der Auffindung des h. Martyrers wurde am 3. September gefeiert.

Nach langer Zeit geschah es, daß die Bewohner der Stadt Dortmund den Erzbischof von Köln baten, er möge ihnen die Gebeine eines Heiligen für ihre neue Kirche übergeben. Dieser berieth sich mit seinen Geistlichen und bewilligte ihnen, auf besondern Wink Gottes, den Leib des h. Reinoldus. Unter Jubelgesang begleitete das Volk den kostbaren Schrein, welcher die heilige Reliquie umschloß, noch drei Meilen weit von der Stadt; dort wurde er den Abgesandten von Dortmund übergeben.

So weit die Legende [1]). Wir haben sie nur in ihren Grundzügen mitgetheilt und nur das Gemeinsame der verschiedenen Sagen hervorgehoben. Die historischen Nachrichten über den h. Reinoldus sind sehr dürftig und reichen in der Zeit nicht weit zurück.

Die Kloster-Chronik von St. Pantaleon meldet nur, daß Reinoldus nach seiner Bekehrung in das Kloster gekommen und Cellerarius oder Verwalter in demselben geworden sei. Sie beruft sich dabei auf eine alte Tradition und auf die Aufzeichnungen des Subpriors Florentius von Schnecken, nach welchem das Martyrium

---

[1]) Eigenthümlich ist, daß zur Zeit Karl's des Großen auch noch ein anderer Held in der Kölner Klostergeschichte genannt wird. „Das von den Sachsen zerstörte Schottenkloster St. Martin wurde wieder aufgebaut durch Otger, Herzog von Dänemark, unter Beihülfe Kaiser Karl's des Großen." (Chron. S. Martini.) Otger, oder Ogier, ein fränkischer Markgraf, aus dem die Sage später einen Herzog von Dänemark machte, hat mit dem h. Reinoldus das gemein, daß auch er wegen seiner Tapferkeit Gegenstand der Volkspoesie geworden; daß er zuletzt die Welt, die er mit seinem Namen erfüllt hatte, verließ und als Mönch in das Kloster des h. Faro in Meaux eintrat, wo man im vorigen Jahrhundert noch sein Grabmal zeigte.

des Heiligen um das Jahr 800 n. Chr., und zwar am 14. Mai, und die Auffindung seines Leichnams am 3. September stattgefunden habe. Florentius, Subprior und zuletzt Präses im Kloster St. Pantalcon, lebte zur Zeit des Abtes und frühern Pfarrers von St. Mauritius, Luninck († 1514). Er schrieb das Leben des h. Martinus, des h. Anno, Erzbischofs von Köln, des h. Cunibertus, die Passion des h. Reinoldus u. A.[1])

Auch Gelenius (1645) gesteht, daß die Dichtungen der Alten dem Leben des h. Reinoldus vielfach den Stempel des Märchenhaften aufgedrückt hätten; er bemerkt aber zugleich, „**daß die wahre Geschichte desselben sowohl in seiner, wie in andern alten Bibliotheken sich vorfinde**". Leider beschränkt er seine Mittheilungen auf die allgemeinen Angaben, „daß Reinoldus von vornehmer Herkunft gewesen, aber den Glanz und die Reichthümer der Welt verschmäht und in das alte Kloster St. Pantaleon sich zurückgezogen habe. Nachdem er hier ein heiliges, an frommen Werken und Wundern reiches Leben geführt, habe der Abt des Klosters ihn zum Aufseher über die Steinmetzen gesetzt, und diese hätten den Heiligen aus Haß und Neid auf seiner nächtlichen Römerfahrt in der Nähe des alten Janusthores im Laach erschlagen und seinen Leichnam in einen nahen Pfuhl (»Rinkenpool«) geworfen."[2])

Stengelius (1663) ergänzt die Angaben des Gelenius insoweit, als er genauer anführt, daß der h. Reinoldus ein Verwandter Karl's des Großen gewesen, daß er bei dem Bau der Pantaleonskirche (also nicht des Domes) von den Werkleuten erschlagen und in den nahen Stadtgraben geworfen, und daß sein Leib später vom Erzbischof Anno der Stadt Dortmund zum Geschenk gemacht worden sei.

---

[1]) Kloster-Chronik, S. 403. Wie es scheint, ist von diesen Schriften nichts auf die Gegenwart gekommen.

[2]) De admir. magnitud. S. 576. Auf Seite 659 nennt er ihn Pfalzgraf (comes Palatinus).

Diese Uebertragung des heiligen Leibes geschah im Jahre 1057. „In jener Zeit versetzte der Erzbischof Anno II. die durch den Einfall der Normannen verarmten Kanonichen von Dortmund an die neu gestiftete Kirche St. Maria ad gradus zu Köln. Zum Troste über diesen Verlust schenkte er den trauernden Bewohnern von Dortmund den Leib des h. Reinold und weihte auch die Hauptkirche der Stadt unter dem Titel dieses Heiligen ein."[1])

Im Jahre 1685 ging Dortmund bis auf wenige Familien zur lutherischen Confession über und die schöne Reinolduskirche kam in die Hände der Protestanten. Wo die Reliquien des Heiligen geblieben sind, wissen wir nicht; doch bemerkt Gelenius an der angeführten Stelle, daß der Schädel des h. Martyrers, in silberner Herme eingeschlossen, noch zu seiner Zeit vom dortigen Magistrate, obgleich derselbe lutherisch sei, in Ehren aufbewahrt werde.

An der Stelle, wo der h. Reinoldus den Tod fand, wurde später zu seiner Verehrung eine Kapelle gebaut. Sie lag an der Ecke, wo der Mauritiussteinweg und der Marsilstein sich begegnen. Erwähnt wird dieselbe schon in einer Urkunde vom Jahre 1205, worin der Pfarrer Gerhard von St. Mauritius seiner Nichte Aleidis von Rendal, Nonne (inclusa) an der Kapelle des h. Renaldus, welcher Ort in dem Territorium von St. Pantaleon liege, ein jährliches Einkommen auf Lebenszeit zuweiset[2]), ferner in einer Urkunde aus dem Jahre 1233, worin das Kloster Marienthal der Kirche St. Aposteln den jährlichen Zins von drei Solidi, haftend auf einem Hause bei der Kapelle des h. Reinoldus, verkauft[3]). Daß zu derselben Zeit auch bereits ein eigener Kaplan an dieser Kapelle fungirte, sehen wir aus einer Urkunde aus den Jahren 1235—1258, wonach Bruno Buntbart 18 Kaplänen der Stadt, unter ihnen auch dem Kaplan von St. Reinold, einen Erbzins von sechs Solidi auswarf, mit der Bestimmung, daß sie zwei Mal im Jahre, an den Festen

---

[1]) Forst, Beiträge zur vaterländischen Geschichte. ‚Köln. Zeitung' 1817, Beilage 23. — [2]) Urk. in der Bibliothek der kath. Gymnasien zu Köln. — [3]) Ennen und Eckertz, Urk. II, 139.

Mariä Verkündigung und Mariä Geburt, in der Kapelle des h. Mathias zur Feier einer heiligen Messe sich versammeln mußten. Jeder empfing dafür zwei Denare; kam er nicht, so wurde sein Antheil den Armen gegeben.[1]

Wahrscheinlich war die Kapelle des h. Reinold gleich anfangs mit einem Kloster verbunden; wenigstens bestand ein solches, wie wir gesehen, schon im Jahre 1205. Gelenius berichtet, daß der Dechant des Stiftes Aposteln, Johannes von Stommeln, in den Jahren 1415 bis 1420 die alte, baufällige Kapelle und das Reclusorium des h. Reinold wieder restaurirt habe; daß aber damals nur vier gottgeweihte Frauen, in grauem Habit, nach der Regel des Carmeliter-Ordens daselbst gelebt hätten. Bald darauf, im Jahre 1447, sah eine edle Matrone, Margaretha von Waldeck, bisher Stiftsdame in St. Maria im Capitol, sich auf Eingebung Gottes berufen, das Kloster zu reformiren und unter die Regel des h. Augustinus zu stellen. Sie verließ das Stift St. Maria und trat als erste Oberin in St. Reinold ein. Bald sammelte sich um sie eine größere Schaar von Jungfrauen. Zur Hebung der neuen Genossenschaft verlieh der Cardinal Johannes vom h. Kreuz im Jahre 1449 mehrere Ablässe. Dasselbe geschah im Jahre 1452 durch den Cardinal Nicolaus von Cusa und durch den päpstlichen Cardinal-Legaten Raimund im Jahre 1502. Die Nonnen standen unter dem Abte von St. Pantaleon, als erzbischöflichem Kloster-Commissar, und beschäftigten sich, außer ihren Ordensverrichtungen, noch mit Seidenweberei.[2]

Aus einer Urkunde im Pfarr-Archiv von St. Mauritius geht hervor, daß das Kloster St. Reinold im Jahre 1564 ein ihm gegenüber gelegenes kleines Haus an die Familienstiftung Hutsch in der Weise übertrug, daß der zeitige Beneficiat das Gebrauchsrecht (dominium utile) an demselben besitzen und das Kloster aus den Revenüen der Stiftung eine jährliche Rente von sieben Goldgulden

---

[1] Ennen und Eckertz, Urk. II, 404.
[2] Gelen. l. c. S. 576 und Winheim, sacrar. Agripp. S. 200.

beziehen solle. Im Jahre 1794 verzichtete die Oberin des Klosters, A. C. Offermans, auf das Eigenthum dieses Häuschens und auf die jährliche Rente zu Gunsten des damaligen Klostervicars Cornelius Blum, welcher es später, behufs einer Stiftung, als Kaplanie oder Küsterwohnung der Pfarrkirche von St. Mauritius vermachte, die bis dahin beides entbehrt hatte.

Die genannte A. C. Offermans war die letzte Vorsteherin. Wie so viele andere Klöster, fiel auch das von St. Reinold als Opfer der französischen Revolution und wurde im Jahre 1804 mit der Kapelle abgebrochen.

Die Verehrung des h. Reinoldus ging seit dieser Zeit in die Pfarrkirche St. Mauritius über und sein Fest wird jährlich am Sonntage nach dem 7. Januar feierlich begangen.

Fünftes Capitel.
Die karolingische Zeit und die Normannen.

Die dunkeln Spuren von der Existenz einer Kirche und eines Klosters St. Pantaleon, welche bereits in der fränkischen Zeit und in der Geschichte des h. Reinoldus uns begegneten, treten immer deutlicher in der karolingischen Zeit hervor. So berichtet uns die Kloster-Chronik, „daß unter Kaiser Ludwig und seinem Sohne Lothar, um das Jahr 840, eine Kirche, dem h. Pantaleon und den heiligen Cosmas und Damian geweiht, bestanden habe". Noch bestimmter schreibt Stengelius: „Die Kirche zum h. Martyrer Pantaleon, in herrlicher Lage, groß und prachtvoll, einem Schlosse ähnlich, mit Mauern umgeben, auf einer Anhöhe erbaut, bestand zwar schon unter dem Kaiser Ludwig I. und seinem Sohne Lothar; aber zur Abtei wurde sie von Erzbischof Bruno gegründet"[1]).

Es war also ein Versehen, wenn Pfarrer Schaffrath[2]) und nach ihm von Mering[3]) aus der oben erwähnten Notiz der Kloster-Chronik

---

[1]) Monasteriologie, II. St. Pantaleon. — [2]) Kölner Domblatt 1842, Nr. 18. — [3]) Gesch. der Kölner Kirchen und Klöster. I. 378.

den Schluß zogen, daß Kirche und Kloster von St. Pantaleon erst im Jahre 840 erbaut worden seien; wie es denn auch eine Verwechselung ist, wenn von Mering die Schilderung des Stengelius auf die karolingische Kirche bezieht, da sie offenbar nur auf die später erbaute große und schöne Abteikirche angewandt werden kann.

Die erste historisch sicher verbürgte Nachricht über die Kirche St. Pantaleon rührt aus dem Jahre 867 (nach Ennen). In einer Urkunde, wodurch König Lothar mehrere Verfügungen bestätigt, welche der Erzbischof Gunthar zu Gunsten verschiedener Klöster gemacht hatte, wird ausdrücklich einer Kirche des h. Pantaleon und zugleich eines Hospitals erwähnt, das zur Aufnahme von Armen errichtet worden sei[1]).

Zu bemerken ist, daß in der Urkunde Lothar's bei allen übrigen Betheiligten die Bezeichnung „Kloster" (monasterium) hinzugefügt ist; so bei St. Gereon, St. Severin, St. Cunibert, St Ursula,

---

[1]) Die Lage dieses ältesten Hospitals, das in der Geschichte der Stadt vorkommt, ist ungewiß. Viele verlegen es in die Nähe von St. Pantaleon. Ennen scheint es für dasselbe zu halten, wovon Erzbischof Friedrich I. in der Urkunde vom Jahre 1116 spricht und läßt es an der Stelle gestanden haben, wo Bruno im 10. Jahrhundert die Abtei St. Pantaleon errichtete. (Gesch. der Stadt Köln I, 702.) Allein in dieser Urkunde wird gesagt: „Abt Hermann von St. Pantaleon († 1121) habe eine Kirche zu Ehren des heiligen Stephanus gebaut, neben dem Hospitale der Armen, und der Erzbischof habe dieselbe eingeweiht." Hiernach bestand also das Hospital neben St. Stephan (nicht zu verwechseln mit St. Stephan an der Hochpforte) noch im Anfange des 12. Jahrhunderts. — Liest man die Urkunde Lothar's, wie Gelenius und Würdtwein sie anführen, „. . . necnon et ecclesia s. Pantaleonis, quae ad thesaurum et luminaria ejusdem matris ecclesiae (Metropolitanae), pertinere dinoscitur, sed et hospitale inibi ad pauperum receptionem constructum etc.", so scheint allerdings das Wort inibi auf die Nähe von St. Pantaleon bezogen werden zu müssen. Ennen und Eckertz (Urk. 1, 477) lesen aber dignoscuntur, und dann bezieht sich dies Wort nicht bloß auf St. Pantaleon, sondern auf die ganze Reihe von Klöstern, welche in der Urkunde vor der Kirche St. Pantaleon aufgezählt werden; dann aber würde auch das hospitale inibi constructum richtiger in die Nähe der unmittelbar vorher genannten Mutter- oder Domkirche zu verlegen sein.

St. Cassius und Florentius (in Bonn) und St. Victor (in Xanten), während bei St. Pantaleon nur „die Kirche" genannt wird, (necnon et ecclesia s. Pantaleonis). Hieraus darf aber nicht geschlossen werden, daß damals kein Kloster bei dieser Kirche bestanden habe. Gemäß der Urkunde sollten die Begünstigungen „den Kanonichen der Domkirche und der übrigen Klöster in und außer der Stadt, welche zum bischöflichen Stuhle und zur Kirche des h. Petrus gehörten," zu Theil werden. Hätte es nun bei der Kirche St. Pantaleon keine Kloster-Genossenschaft gegeben, wie hätte sie dann eine Stelle in der Urkunde einnehmen können? Wahrscheinlich war das Kloster, im Vergleich mit den übrigen, von geringer Bedeutung und wurde deshalb nicht besonders erwähnt.

Welche Privilegien Erzbischof Gunthar den aufgezählten Klöstern zugedacht hatte, sehen wir aus der Synode, welche im Jahre 873, bei Gelegenheit der Einweihung der Basilika des h. Petrus (Dom), unter dem Erzbischof Willibert hierselbst gefeiert wurde. Diese Synode bestätigte nämlich unter Anderm auch die von Gunthar getroffene Einrichtung, wonach die zur Domkirche gehörigen Nebenklöster (Collegiatstifter) nicht mehr, wie früher, ihre Quoten aus dem allgemeinen Kirchenfonds beziehen, sondern fortan ihre eigenen Güter und ihre eigene Verwaltung haben, auch ihre Obern selbst wählen sollten.[1]

Wenige Jahre nach dieser Synode traf eines der traurigsten Ereignisse ein, welches die Geschichte unserer Stadt zu verzeichnen hat, es war der Einfall der wilden Normannen. Gleichwie, der Sage gemäß, die Hunnen, nachdem sie auf der Ebene von Chalons geschlagen waren, auf ihrem Rückzuge den Rhein heimsuchten, Köln verwüsteten und ihre barbarische Wuth in dem Blute der h. Ursula und ihrer jungfräulichen Heerschaar sättigten,[2] so wälzte sich auch das Heer der Normannen, nachdem Ludwig III., der tapfere König von Neustrien,

---

[1] Hefele, Concilien-Geschichte, IV, 492.
[2] Kessel, Die h. Ursula. S. 115 ff.

sie im Jahre 881 in der Picardie auf's Haupt geschlagen, wie ein verheerender Strom durch Belgien dem Rheine zu. Lüttich, Maestricht und Tongern wurden verbrannt, Aachen verwüstet und der Dom Karl's des Großen zum Pferdestalle benutzt, die reiche Abtei Prüm geplündert und zuletzt auch Köln und Bonn in Trümmerhaufen verwandelt (882 n. Chr.).

„Wer vermöchte mit trockenen Augen die Leiden unseres Volkes aufzuzählen?" so klagten die ostfränkischen Bischöfe auf der Synode zu Mainz im Jahre 888. — „Sehet hin und betrachtet, was für berühmte und herrliche Bauwerke der Diener Gottes sind zerstört und verbrannt und gänzlich zu Grunde gerichtet, die Altäre umgestürzt und zerschlagen, der kostbarste Schmuck der Kirchen Gottes geraubt oder vom Feuer verzehrt, Bischöfe und Priester und geistliche Personen von jeglichem Range entweder verstümmelt oder durch grausame Marter dem Tode überliefert, jedes Alter und jedes Geschlecht durch Feuer und Schwert hingemordet. Vor den Gefahren der Verfolgung zitternd, schweifen die Bewohner der Klöster umher; von allem Troste verlassen, setzen sie auf ihren Irrfahrten ihr Gelübde der Gefahr aus und wissen ohne Hirt nicht, was sie thun und wohin sie sich wenden sollen."

Wie vollständig das Werk der Zerstörung in Köln war, entnehmen wir aus einem Briefe des Papstes Stephan VI. an den Erzbischof Heriman I. aus dem Jahre 891, also beinahe zehn Jahre nach der Katastrophe. Der Papst beklagt die unglückliche, „ausgebrannte Stadt, die auf Anstiften des Feindes des Menschengeschlechtes mit ihren Kirchen und Klöstern ein Raub der Flammen geworden, so daß dieselben bis auf den Namen zerstört seien". Er sendet Reliquien und gewährt eine Reihe von Privilegien, um dadurch den Wiederaufbau zu fördern.[1]

Es war natürlich, daß diejenigen Gebäude, welche außerhalb der festen römischen Stadtmauer lagen, also den barbarischen Horden schutzlos preisgegeben waren, auch am meisten zu leiden hatten.

---

[1] Ennen und Eckertz, Urkunden I, 456.

Darum darf es uns nicht wundern, wenn Erzbischof Bruno beim Antritte seiner Regierung, 953, von der alten Kirche St. Pantaleon fast nur noch Trümmer vorfand und das Kloster in einem Zustande war, daß er sich, wie Gelenius sagt, über die Ruinen desselben erbarmte.

Sechstes Capitel.
Erzbischof Bruno und die neue Abtei.

Für St. Pantaleon beginnt eine neue Periode mit dem großen und heiligen Erzbischof Bruno (953—965). Er war Bruder des Kaisers Otto I., welcher ihm später das Herzogthum Lothringen anvertraute. Als jüngster Sohn des Königs Heinrich des Finklers, wurde er zum geistlichen Stande bestimmt und führte unter der Leitung seiner vortrefflichen Mutter Mathildis von Jugend an ein heiliges Leben. Nach dem Tode Wikfried's, 953, bestieg er den erzbischöflichen Stuhl von Köln; vorher war er Abt von Lorsch und Corvey gewesen. Er nahm den thätigsten Antheil an der Regierung des Reiches; dies hinderte ihn aber nicht, einer der ausgezeichnetsten Kirchenfürsten seiner Zeit zu sein.

Wie es scheint, war es von Anfang an sein Lieblingsgedanke, an der Stelle des alten St. Pantaleonsklosters ein neues zu errichten, das seines fürstlichen Stifters würdig sei. Da er selbst bis dahin so blühenden Ordenshäusern vorgestanden, so mochte der Anblick des zerfallenen Klosters seine Seele mit Trauer erfüllt und jenen Gedanken in ihm wach gerufen haben. Hiermit hängt wohl zusammen, daß sein Freund Hadamar, Abt von Fulda, den er zur Ordnung seiner Angelegenheiten nach Rom gesandt hatte, mit dem Pallium zugleich Reliquien des h. Pantaleon mitbrachte, und daß der Erzbischof gerade diese alte, ehrwürdige Stätte auswählte, um hier das Pallium in Empfang zu nehmen und, mit demselben geschmückt, von hier aus seinen feierlichen Einzug in die Stadt zu halten.

Ruotger, sein Zeitgenosse und Biograph, erzählt: „Bei seiner Ankunft eilte ihm froh die ganze Stadt entgegen; das Volk strömte von allen Seiten mit Jubel herbei. An jener alten Stelle der Vorstadt, wo, vernachlässigt und dem Einsturze nahe, die Kirche des h. Martyrers Pantaleon stand, war der Ort der Versammlung. Hier wurden auch die mitgebrachten kostbaren Geschenke zuerst niedergelegt." Er fügt die wehmüthige Bemerkung hinzu: „Ach, wie bald nachher, und zwar an derselben Stelle, sollte dieser Festzug in einen Trauerzug sich verwandeln und der Freudengesang in Klagelieder umgestimmt werden!" So lebhaft trat ihm bei der Erinnerung an jenen festlichen Einzug das Leichenbegängniß des großen Oberhirten und seine feierliche Bestattung in St. Pantaleon vor die Seele.[1])

Ruotger bezeichnet die Stelle, wo Bruno das neue Kloster errichten wollte, als einsam und fern von dem lästigen Geräusche der Stadt (in loco secretiori et ab urbanae inquietudinis molestia remotiori) und deshalb für eine Klostergenossenschaft geeignet.[2])

---

[1]) Vita Brunonis cap. 27 u. 28.
[2]) Zwanzig Jahre später schenkte Erzbischof Evergerus durch Urkunde vom Jahre 989 dem Stifte St. Martin nebst mehrern auswärtigen Besitzungen auch „in der Stadt Köln jegliche Fleischbank und die freien (Haus- oder Stand-) Plätze von der Kornpforte (an der Malzmühle, Ennen, Gesch. der Stadt Köln. II, 197) bis zur Westmauer der Stadt," (in urbe Coloniensi macellum omne et areas a porta frumenti usque ad occidentalem murum civitatis). Der Verfasser der Aufsätze über die ersten Aebte von St. Martin (Belletristische Beilage zu den „Kölnischen Blättern' 1861 Nr. 58) läßt diese Plätze auf dem Mühlen-, Blau-, und Gerberbach bis zum Griechenthor gelegen sein, von wo die westliche (Römer-) Stadtmauer ihren Anfang nahm. Offenbar ist diese Ausdehnung zu weit gegriffen; denn wenn auch die Mühlen- und Blaubach, weil zur südlichen Vorstadt Oursberg gehörig, damals schon als in der Stadt gelegen bezeichnet werden können, so darf dies doch nicht vom Roth-

Ehe der Erzbischof Bruno den Bau des neuen Klosters begann, ließ er eine Anzahl Benedictinermönche aus der Abtei Corvey kommen, damit unter ihrer Leitung das Ganze eingerichtet und vollendet werde. Unter ihnen wählte er den Christianus, „welcher in dem Gesetze des Herrn, wie es sich diesem Orden geziemt, auf's genaueste bekannt war," zum ersten Abte, und schrieb ihm: „Ut sis, quod vocaris, cura; gentilitati ne degeneres, id serio triumpha; ut non sicut prius antiquetur, sed de virtute in virtutem ut eatur, nava!" („Sei bemüht, das zu sein, was dein Name bedeutet [ein Christ], und kämpfe, daß du nicht zum Heidenthum wieder entartest. Das sei dein Streben, daß nicht, wie früher, Verfall eintrete, sondern daß von Tugend zu Tugend fortgeschritten werde.") Wahrscheinlich sollten die letzten Worte auf die traurigen Zustände des früheren Klosters hinweisen.

Im Jahre 956 brach in Köln die Pest aus. Dies, so wie die vielen Regierungsgeschäfte des Erzbischofs mögen den Anfang des Baues verzögert haben. Erst im Mai 964 wurde der Grund gelegt. In der Stiftungsurkunde ertheilt Bruno (mit Bewilligung des Kaisers Otto I., seines Bruders) dem Kloster geistliche und weltliche Immunität, und den Mönchen das Recht, nach dem Tode des Abtes ihren neuen Vorsteher sich selbst zu wählen. Dagegen wurde der Abt verpflichtet, den Nachfolgern Bruno's, wenn sie über die Alpen zögen, einen kräftigen, aber ungesattelten Braunen (spa-

---

gerberbach gesagt werden. Dieser lag mit dem ganzen Klosterviertel St. Pantaleon noch lange Zeit später **außerhalb der Stadt**, wie aus einer Urkunde aus dem Jahre 1154 (Ennen und Eckertz, I, 542) unzweideutig hervorgeht. Auch würde das Geräusch einer Fleischerhalle und anderer Buden auf dem Gerberbach wenig übereinstimmen mit dem stillen und von dem Verkehre abgelegenen Orte, wie Ruotger die Umgegend von St. Pantaleon bezeichnete. Entweder lagen jene Fleischhallen und Buden innerhalb der alten Römermauer, also auf dem innern Stadtwalle, oder wir müssen der Meinung Ennen's beistimmen, welcher in den Worten der Schenkungs-Urkunde Everger's einen Schreibfehler vermuthet, und den geschenkten Plätzen eine ganz andere, viel entsprechendere Lage anweiset (Gesch. der Stadt Köln, I, 644).

dicem nudum), innerhalb des Landes aber einen Wagen ohne Gespann zu stellen.¹)

Leider sollte Bruno die Vollendung seines Werkes nicht erleben. Schon im darauffolgenden Jahre, am 11. October 965, starb er zu Rheims, auf einer Reise, welche er zur Beilegung von Zwistigkeiten in der ihm verwandten französischen Königsfamilie unternommen hatte. Sein Leichnam wurde in den Dom gebracht, dann aber, seinem ausdrücklichen Wunsche gemäß, in dem Oratorium von St. Pantaleon beigesetzt, bis er später, nach Vollendung der neuen Abteikirche, im Chore derselben seine bleibende Ruhestätte fand.

In seinem Testamente hatte Bruno ganz besonders St. Pantaleon bedacht. Er schenkte dorthin den größten Theil seines Gold- und Silberwerkes, mehrere Güter und Landhäuser, und bestimmte ferner noch 100 Pfund Silber für den Bau des Klosters und 300 für den Bau der Kirche. Außerdem sollte ein Hospital für alte Männer („Jerichomium" = γηροκομεῖον) an geeignetem Orte, nach dem Gutdünken des Abtes, nicht weit vom Kloster errichtet werden, für welches der Testator sein Gut zu Deutz, Leresfeld in Sachsen und was der ehemalige Propst zu Bonn, Gerhardus, an der Mosel besessen hatte, bestimmte.²) Schon früher soll er die Steine der abgebrochenen constantinischen Rheinbrücke und des festen Schlosses zu Deutz als Baumatrial für Kloster und Kirche St. Pantaleon angewiesen haben.

Mit Recht verehrt die Abtei von St. Pantaleon den Erzbischof Bruno als ihren Stifter; denn wenn auch schon vor ihm ein Kloster und eine Kirche unter demselben Namen dort bestanden, so waren doch beide im Laufe der Zeit so sehr in Verfall gerathen, daß sein Werk den Namen einer neuen Schöpfung verdient.

Bruno's Nachfolger setzten das kaum begonnene Werk fort. Unter Volkmar wurden, wie oben schon bemerkt, bei den Grundar-

---

¹) Lacomblet, I, S. 62.
²) Ennen und Eckertz, I, S. 466.

beiten die Gebeine des h. Maurinus aufgefunden. Erzbischof Gero (969—976), den Kaiser Otto I. mit glänzendem Gefolge an den Hof von Constantinopel gesandt hatte, um die Braut seines Sohnes Otto II., die griechische Prinzessin Theophania, abzuholen, „erbat sich vom dortigen Kaiser, mit Ablehnung aller andern Geschenke, den Leib des h. Pantaleon, den er von Nicomedien nach Köln überbrachte. In seiner Begleitung befand sich auch ein Verwandter von ihm, der Burgherr von Commercy; diesem schenkte er, auf dessen inständiges Bitten, den Arm des h. Pantaleon. Nachdem diese h. Reliquie anfangs in der Schloßkirche von Commercy aufbewahrt worden, gelangte sie später, nach Zerstörung der Burg, in das Benedictinerkloster St. Viton in Verdun." [1])

Auffallend ist, daß von der Uebertragung, sowie von dem spätern Verbleib einer so kostbaren Reliquie, wie der Leib des Hauptpatrons der Kirche St. Pantaleon, weder in der Kloster-Chronik noch bei Gelenius und Winheim die Rede ist, obgleich dort, wie hier, die Reliquien des Stiftes mit großer Genauigkeit aufgezählt sind. Gelenius [2]) bemerkt ausdrücklich, daß das Kloster vier Mal Reliquien seines h. Patrons erhalten habe: zuerst bei dem Bau der allerältesten Kirche, weil zu jener Zeit überhaupt keine Kirche auf den Namen eines Heiligen ohne dessen Reliquien consecrirt worden sei; zum zweiten Male von dem Abte Hadamar, als er im Jahre 954 mit dem Pallium für Bruno aus Rom zurückkehrte; zum dritten Male aus dem Benedictinerkloster des h. Viton zu Verdun in Lothringen, und zuletzt im Jahre 1208, wo der Ritter Heinrich von Ulmen das Haupt des h. Pantaleon aus Constantinopel gebracht und dem Kloster geschenkt habe. [3])

Die neue Abteikirche fand ihre Vollendung im Jahre 980 und wurde von dem Erzbischof Warinus selbst feierlich eingeweiht. Die kaiserliche Familie wandte dem Werke Bruno's ihre besondere

---

[1]) Chronicon Hugonis Flav. lib. II, 8. (Pertz VIII, 374.)
[2]) De adm. magn., S. 370 V.
[3]) Ennen und Eckertz, II, 33.

Gunst zu. Auf ihre Vermittelung verlieh Papst Benedict VII. schon 977 den Aebten von St. Pantaleon „das bis dahin noch keinem zugestandene Privilegium, die Dalmatik und die Sandalen zu tragen und so mit seiner Erlaubniß einer bischöflichen Ehre für alle Zeiten sich zu erfreuen"[1]). Theophania hielt ihren Hof in der Nähe der Abtei, und von ihrem griechischen Gefolge sollen die benachbarten Straßen den Namen „Griechenmarkt" (forum Graecorum), sowie das dortige Stadtthor den Namen „Griechenpforte" erhalten haben. Nach ihrem Tode, 991, wurden ihre Ueberreste neben Bruno im Chore der St. Pantaleonskirche zur Erde bestattet.

Der erste Abt von St. Pantaleon, **Christianus**, starb am Feste seines Ordensstifters, des h. Benedictus, am 21. März 1001, nachdem er zehn Jahre hindurch dem alten und 36 Jahre dem neuen Kloster vorgestanden hatte. Unter seinen Nachfolgern zeichnete sich Abt **Helias** (1021—1042), ein Schotte, aus durch sein heiligmäßiges Leben und durch seine große Strenge in der Handhabung der klösterlichen Zucht. Er war bereits 18 Jahre Abt in Groß St. Martin gewesen, als ihm auch noch die Leitung von St. Pantaleon übertragen wurde. In welchem Ansehen er stand, erkennen wir daraus, daß der h. Erzbischof Heribert ihn an sein Krankenbett berief, und aus seinen Händen die heiligen Sterbesacramente empfangen wollte.

Einen Beweis seiner Strenge erfuhr ein Klosterbruder von St. Pantaleon, welcher, ohne Vorwissen des Abtes, mit Aufwand vieler Mühe und Zeit und nicht ohne erhebliche Kosten ein schönes Missale abgeschrieben hatte. Allerdings hatte er, gegen die Regel des Ordens, seine Arbeit dem Obern verheimlicht, aber nur in der Absicht, um ihn später desto freudiger überraschen zu können. Als er nun endlich das vollendete Werk in die Hände des Abtes niederlegte, bewunderte dieser zuerst die herrliche Arbeit; dann aber verwies er dem Bruder seine eigenmächtige Benutzung der Zeit und die Untreue

---

[1]) Ennen und Eckertz, Urk. I, S. 468.

gegen den klösterlichen Gehorsam und warf in Gegenwart der ganzen Klostergemeinde das prachtvolle Missale in's Feuer, indem er den Verlust eines noch so kostbaren Kunstwerkes geringer achtete, als wenn die gewissenhafte Befolgung der Ordensregel unter irgend einem Vorwande sollte beeinträchtigt werden.

Unter Helias brach im Jahre 1033 im Kloster zu Königsdorf die Pest aus. Dieses Kloster soll von Karl dem Großen gestiftet und von dem Erzbischof Bruno mit Nonnen aus der alten Kirche St. Matthäus, die auf dem Stadtgraben bei St. Andreas stand, besetzt worden sein. Sämmtliche Schwestern wurden von der Seuche hinweggerafft und da das Kloster damals noch unter dem Abte von St. Pantaleon stand, schickte Helias mit Erlaubniß des Erzbischofs zwölf Brüder aus seinem Kloster nach Königsdorf, und das ehemalige Nonnenkloster wurde auf diese Weise in ein Mannskloster umgewandelt. Diese Umänderung dauerte jedoch nicht lange, denn Erzbischof Friedrich II. rief die Brüder im Jahre 1158 wieder ab und übergab das Kloster, wie früher, den Benedictinerinnen. Später kam dasselbe unter die Abtei Brauweiler. Helias starb am 12. April 1042 im Rufe der Heiligkeit.

Ihm folgte Aaron (1042—1052), ebenfalls ein Schotte, aus dem Kloster St. Martin. Er war ein großer Kenner und eifriger Förderer des Kirchengesanges und schrieb mehrere Werke über diesen Gegenstand, von denen eines: „Ueber den Nutzen des Gesanges und über die Weise zu singen und zu psalliren," in der Bibliothek des Klosters von St. Martin bis zu dessen Auflösung aufbewahrt wurde. Papst Leo IX. schenkte dem kunstsinnigen Abte zur Anerkennung seiner Verdienste um die Hebung dieses Zweiges der kirchlichen Liturgie das von ihm selbst componirte Officium (cantus nocturnalis) des h. Papstes Gregor des Großen, woraus mißverständlich geschlossen wurde, der gregorianische Kirchengesang sei durch den Abt Aaron zuerst in Köln eingeführt worden.[1]

---

[1] Trithem, Chron. Hirs. ad an. 1055. Vgl. Aebte von St. Martin in „Köln. Blätter', Belletr. Beilage, 1861, S. 277.

Der Nachfolger Aaron's, Abt Hemericus oder Henricus (1052—1066), war der Sohn des mächtigen Grafen Sicco und bekleidete eine Zeit lang die doppelte Würde eines Abtes der beiden Klöster von St. Pantaleon und M.=Gladbach. Letzteres übertrug er jedoch später seinem Neffen, dem h. Wolphelmus, welcher von Seiten seines Vaters, Frumoldus, aus dem ripuarischen Grafenge= schlechte von Niel (oder Neil) und von Seiten seiner Mutter, Eveza, aus dem Geschlechte des Grafen Sicco herstammte[1]), als Domherr zu Köln sich eben so sehr durch Gelehrsamkeit, wie durch Fröm= migkeit und Demuth auszeichnete und der Liebling des Volkes geworden war. Um dem Zudrange des letztern zu entfliehen, hatte er sich heimlich in das Kloster St. Maximin in Trier zurückgezogen, wurde aber von Erzbischof Hermann II. auf in= ständiges Verlangen der Bürger wieder nach Köln zurückgerufen, wo er zu seinem Oheim in das Kloster St. Pantaleon eintrat. Allein er sehnte sich nach größerer Einsamkeit und wurde des= halb nicht lange darauf als Abt nach Gladbach gesandt. Später berief Erzbischof Anno II. ihn nach Siegburg und zuletzt nach Brau= weiler, wo er 1091 am 22. April verschied. Wolphelmus trat gegen Berengar von Tours auf in einem Briefe an seinen Nachfol= ger, Abt Meginhard in Gladbach, worin er die von jenem behaup= teten Irrlehren in Betreff des allerheiligsten Altarssacramentes einer scharfen Widerlegung unterzog. Er wird als Heiliger verehrt und sein Andenken an seinem Todestage begangen.

Auf Henricus folgte Humbert als Abt von St. Pantaleon (1066—1082). Unter ihm ordnete Anno, nach dem Muster der Abtei Siegburg, eine Reform des Klosters an. Ob die Disciplin in demselben nachgelassen hatte, oder ob die bisherige dem heiligen Oberhirten nicht strenge genug erschien, wird nicht mitgetheilt. Die Kloster=Chronik berichtet, „daß der Erzbischof eine bis dahin unge= wohnte, viel strengere Ordnung eingeführt, auch mehrere neue

---

[1]) Dr. Eckertz, Die Benedictiner=Abtei M.=Gladbach. S. 120.

Religiosen aus andern Klöstern hierher berufen, dadurch aber die Gemüther der benachbarten Bürger so sehr erbittert habe, daß dieselben beinahe Hand an die neue Genossenschaft gelegt hätten." Forst bemerkt in seinen bereits angeführten Beiträgen, daß damals auch dem Abte von St. Pantaleon das von Papst Benedict verliehene Privilegium, Dalmatik und Sandalen zu tragen, abgenommen worden sei. Die Kloster-Chronik schweigt hierüber.

Der neunte Abt von St. Pantaleon war Hermannus, Graf von Zutphen (1082—1121), auch humilis, der Demüthige, genannt, Bruder der seligen Irmgardis. Forst irrt, wenn er dieselbe auch Irmtrudis nennt. Letztere war eine Verwandte der Erstern und ruht in der Kirche zu Rees.¹) Irmgardis war eine große Wohlthäterin der Abtei St. Pantaleon. Sie schenkte ihr die bedeutenden Güter, welche sie in Süchteln besaß, und brachte dadurch diese Pfarrei selbst unter das Patronat des Klosters. Außerdem baute sie die vom Blitz getroffene und abgebrannte Kirche zu Rees aus ihren Mitteln wieder auf. Unserer Domkirche brachte sie aus Rom, wohin sie drei Mal gepilgert war, eine kostbare Reliquie, das Haupt des h. Papstes Sylvester, und überwies ihr die Städte Rees und Calkar zum Geschenke. Sie starb in Köln bei der Hachtpforte und ruht in dem Agneten-Chörchen der Domkirche, vor dem berühmten Dombilde.²)

Ihre reichen Gaben setzten den Abt Hermann in den Stand, an der Südseite der Pantaleonskirche eine neue Kapelle zu Ehren des heiligen Kreuzes und der heiligen zwölf Apostel zu bauen, welche im Jahre 1094 von Erzbischof Hermann III. eingeweiht wurde. Auch ließ er für dieselbe einen prachtvollen kupfernen, reich vergoldeten Kronleuchter anfertigen, dessen Umfang sich aus der Inschrift,

---

¹) Irmgardis erat filia comitis Zutphaniae, cognata sanctae Irmtrudis, quae quiescit in ecclesia Ressensi, in sarcophago, ubi ad primam pulsatur. Annal. des Historischen Vereins für den Niederrhein. 2. Jahrgang. S. 257.

²) Geleu. de adm. magn. S. 236.

die ihn schmückte, ermessen läßt.¹) Leider ist dieses Werk mittelalterlicher Kunst in dem Sturme der französischen Revolution zu Grunde gegangen.

Aus einer Urkunde des Erzbischofs Friedrich I. aus dem Jahre 1116 sehen wir, daß der Abt Hermann ebenfalls der Nothleidenden gedachte. Dort heißt es: „daß er neben dem Armen-Hospitale eine Kirche zu Ehren des h. Stephanus erbaut und derselben sein Landgut Brockendorf (villam quandam brocontorph) mit allen Einkünften desselben für den täglichen Bedarf von zwölf Armen übergeben habe"²). Das Gut brocontorph oder Brockendorf liegt bei Bergheim in der Pfarre Pfaffendorf; die Lage des erwähnten Armen-Hospitals mit der Kirche St. Stephan ist nicht näher bekannt. Letztere war nicht die Kapelle St. Stephan an der Hochstraße, der Sternengasse gegenüber, wenn anders die Inschrift, nach welcher diese schon 1009 eingeweiht wurde, das richtige Datum bewahrt hat.

Hermann starb am 29. December 1121. Seine Stelle blieb neun Monate unbesetzt. Der am 6. September 1122 erwählte Rudolphus war früher Abt von St. Trond (bei Lüttich) gewesen, aber in den Streitigkeiten zwischen Kaiser Heinrich V. und Papst Calixt II., dem er anhing, aus seinem Kloster vertrieben worden

---

¹) Mit Auslassung einiger Verse, deren Sinn ohnedem schwer verständlich ist, lautet diese schöne Inschrift:

  Surgit in excelsis urbs inclyta, visio pacis,
  Sorte locos justa Christus disponit in illa,
  Ipsaque pulchra fide, dives spe, fortis amore,
  Sicut sponsa viro Coelesti jungitur agno.
  Hinc stabiles muri, lapides ejus pretiosi,
  Structurae ratio loquitur praesentis et ordo,
  Haec est illa, fide quam fundavere prophetae,
  Quae per Apostolicas pandit sua moenia gemmas
  Hierusalem structam sanctis in montibus urbem;
  Hinc superaptantur vigiles, urbemque tuentur.
  Has inter gemmas Herimannus fulgeat abbas,
  Hoc opus ecclesiae qui mira condidit arte. . . .

²) Ennen und Eckertz, Urk. I, 489.

und hatte gastliche Aufnahme in St. Pantaleon gefunden. Nachdem 1122 das Concordat zu Worms zu Stande gekommen, kehrte er auf den Wunsch des neuen Bischofs von Lüttich in seine frühere Stelle zurück, und in St. Pantaleon wurde Gerhardus (1123—1147) wegen Uneinigkeit der Brüder vom Erzbischofe zum Abte ernannt. (Vergl. S. 39.)

Unter ihm kam der große Abt von Clairvaux, der h. Bernhard, nach Köln, um auch hier durch seine flammende Beredtsamkeit das Volk zum Kreuzzuge zu begeistern. Er predigte in der Domkirche. Die Kloster-Chronik von Brauweiler gedenkt dieses Aufenthaltes mit folgenden Worten: „Er glänzte auf seiner Reise durch zahllose Wunder, die er wirkte, indem er Kranke und sonstige Preßhafte, Taube, Stumme und Lahme heilte. Unter dem größten Andrange des Volkes kam er von Köln nach Brauweiler in unser Kloster, und auch auf diesem Wege sollten die Wunder nicht fehlen; denn er heilte in Gegenwart des Volkes von Köln zwei Taube, noch ehe er unser Dorf erreicht hatte. Abt Aemilius ging ihm entgegen und empfing ihn in Begleitung aller Klosterbrüder mit großer Ehrfurcht. Sobald er in unsere Kirche eingetreten war, warf er sich vor dem Hochaltar auf die Knie nieder, erhob seine Hände zum Himmel und grüßte mit tiefster Andacht unsern Patron, den h. Nicolaus, und verweilte eine Zeit lang in dem inbrünstigsten Gebete. Dann hielt er eine Ansprache an die Brüder. Es heißt auch ganz bestimmt, daß er in unserer Kirche die h. Messe gelesen habe, nur weiß man nicht, an welchem Altare; man glaubt jedoch, es sei am Altare des heiligen Evangelisten Johannes gewesen, nachdem er vorher noch durch sein Gebet von dem allmächtigen Gott einem Blinden das Augenlicht und einem Tauben das Gehör wieder erlangt hatte". [1]

Ein anderes Ereigniß unter dem Abte Gerhardus war für unsere Pfarrgemeinde von entscheidender Wichtigkeit. Um das Jahr 1140

---

[1] Chron. Brunwylr., abgedruckt in den Annalen des Histor. Vereins für den Niederrhein, Heft 17, S. 143.

wurde für den Pfarrsprengel die erste Pfarrkirche unter dem Titel des h. Mauritius gebaut, der Pfarrgottesdienst aus dem Kloster St. Pantaleon in die neue Kirche verlegt und die Seelsorge einem besondern Pfarrer übertragen. Die Abtei hörte zwar jetzt auf, der eigentliche Mittelpunkt des kirchlichen Lebens für die Gemeinde zu sein; allein wir werden doch in den folgenden Abschnitten immer wieder derselben gedenken, da ihre Geschichte mit der der Pfarrei in der engsten Beziehung geblieben ist.

Zweiter Abschnitt.

Von dem Bau der ersten Pfarrkirche bis zum Ausgange des Mittelalters.
(1140—1486.)

Erstes Capitel.
Kloster und Seelsorge.

Es konnte nicht ausbleiben, daß in den Klöstern, welche zugleich mit der äußern Seelsorge beschäftigt waren, allerlei Uebelstände eintraten, die mit der Bestimmung des Klosterlebens sich nicht vereinigen ließen. Abgesehen davon, daß bei zunehmender Bevölkerung der Dienst für die Pfarre oft störend in den Chordienst der Mönche eingreifen oder umgekehrt jener durch diesen beengt werden mußte, der tägliche Verkehr mit der Welt brachte auch manchen Ordensgeistlichen in Gefahr, seinem klösterlichen Berufe entfremdet zu werden. Außerdem waren hier und da schon bedauerliche Reibungen zwischen dem Weltklerus und den Klostergeistlichen vorgekommen und die wirklichen oder vermeintlichen Uebergriffe der letztern hatten zu mancherlei Klagen Veranlassung gegeben. Es wurden deshalb, besonders im zwölften Jahrhundert, von verschiedenen Seiten her Bedenken gegen die Volksseelsorge der Klöster erhoben.

So fühlte Abt Everhardus von Brauweiler (1107 bis 1120), welcher mehrere Pfarreien mit Klostergeistlichen zu besetzen hatte, in seinem Gewissen sich darüber beunruhigt, „ob auch das Amt des Seelsorgers, zu predigen, zu taufen, die h. Communion auszuspenden und Beicht zu hören, mit dem Charakter eines Mönches sich vereinigen lasse, da doch der Name monachus so viel bedeute, wie solitarius (einsam, abgesondert)." Er schrieb deshalb an Rupertus, Abt von Deutz († 1135), einen der ehrwürdigsten und gelehrtesten Männer seiner Zeit, und bat ihn um Aufklärung. Rupertus antwortete ihm, „daß jeder Mönch, welcher zugleich Kleriker, d. h. Priester sei, mit dieser Würde auch den Beruf und den Auftrag empfangen habe, dem Volke das Wort Gottes zu verkündigen und die heiligen Geheimnisse auszuspenden, und daß sein (des Everhardus) Bedenken darum unbegründet sei" [1]. Allein Rupertus war ein Heiliger und die Gefahren der Welt mochten spurlos an seiner Seele vorübergegangen sein. Anders stand die Sache bei denjenigen, die weniger befestigt waren. Deshalb sehen wir denn auch die kirchliche Gesetzgebung immer mehr sich dahin neigen, daß die praktische Seelsorge den Klöstern entzogen und den Händen besonderer Priester anvertraut wurde, welche in allen geistlichen Angelegenheiten unmittelbar dem Diöcesanbischof unterworfen waren, wenn auch ihre äußere Stellung von dem Kloster abhängig blieb.

So hatten sich bis dahin die Aebte des Privilegs erfreut, in denjenigen Kirchen, welche unter ihrer Gerichtsbarkeit standen, aus eigener Gewalt die mit der Seelsorge betrauten Geistlichen anzustellen oder zu investiren [2]. Urban II. (1088—1098) aber bestimmte: „In denjenigen Pfarrkirchen, welche von Klöstern besetzt werden, dürfen diese keinen Priester ohne den Rath des Bischofs anstellen, sondern der Bischof soll in Uebereinstimmung mit dem Abte die Seelsorge einem Geistlichen übertragen und letzterer über seine geistliche Amtsführung dem Bischof Rechenschaft ablegen, in den zeitlichen Angelegenheiten aber seinem Abte in schuldigem Gehorsam unterworfen bleiben" [3]. Endlich erließ Urban III. im Jahre 1186 ein Decret, wonach „in keiner Klosterkirche die Seelsorge für das

---

[1] Chronic. Brunwylr., in den Annalen des Vereins für Geschichte des Niederrheins. Heft 17, S. 137.
[2] C. 1. CXVI, qu. 2.
[3] C. 6. CXVI, qu. 2. — Vergl. Hefele, Conciliengeschichte V, 201.

Volk durch einen Mönch mehr ausgeübt, sondern hierzu ein eigener Geistlicher (capellanus) von dem Bischofe nach Anhörung der Mönche angestellt werden solle, so zwar, daß lediglich von dem Gutdünken des Bischofs sowohl dessen Ordination, als auch dessen Absetzung, überhaupt das ganze Verhalten seines Lebens abhange"[1]).

Mit dieser veränderten Stellung der Klostergeistlichen zur praktischen Seelsorge mag es zusammenhangen, daß im Laufe der Zeit in der Nähe der großen Kloster- und Stiftskirchen besondere, meistens jedoch viel kleinere Gotteshäuser entstanden, in welche der Pfarrgottesdienst und die Ausspendung der h. Sacramente für das Volk verlegt wurde und welche auch den betreffenden Pfarrbezirken ihren Namen gegeben haben. So war St. Brigida fest an die Klosterkirche St. Martin, und die Kirche Maria im Pesch (in pasculo) fest an den Dom gebaut. Die Pfarrkirche St. Christophorus lag unmittelbar bei St. Gereon, ebenso St. Paulus bei der Stiftskirche St. Andreas, St. Peter bei der Stiftskirche St. Cäcilia und St. Jacob dicht neben dem Stifte St. Georg. — St. Pantaleon hatte schon um diese Zeit den Gottesdienst und die Seelsorge für das Volk aus seiner Klosterkirche in die neu gebaute Kirche St. Mauritius verlegt.

Zweites Capitel.
Die neue Pfarrkirche und das Kloster St. Mauritius, 1140.

Es war ein Edler aus Köln, Hermann von Stave, welcher um das Jahr 1140 das Kloster und die Kirche St. Mauritius erbauen ließ. Seine Gemahlin hieß Ida[2]). Beide fanden in dem Klosterumgange ihre letzte Ruhestätte. Consecrirt wurde die neue Kirche von dem Erzbischof Arnold I. von Randerode (1137—1151).

---

[1]) C. 1. X, de capellis monachorum III, 37.
[2]) Lacomblet I. 289.

Als dieselbe im Jahre 1860 niedergelegt und die Altäre in ihr abgebrochen wurden, fand sich das große Wachssiegel des Erzbischofs noch ganz unverletzt auf den bleiernen Kapseln, in welchen die Altarreliquien eingeschlossen waren. Das Geschlecht der Staven (vom Stabe, de baculo), dessen Wohnsitz noch jetzt unter dem Namen „Stavenhof" an der Weidengasse bezeichnet ist, wird in der Geschichte der Stadt öfter genannt. Zwei Verwandte des Stifters, Sophia von Stave und später Blitza von Stave, waren Vorsteherinnen des von ihm gegründeten Klosters. Ein anderer, Hermann von Stave, fand im Jahre 1396 einen schrecklichen Tod; er wurde in einem Auflaufe der Bürger ergriffen, enthauptet und geviertheilt.[1]

Was die nähere Veranlassung des Baues gewesen, wissen wir nicht. Damals herrschte ein Zerwürfniß im Kloster St. Pantaleon. Als der Abt Rudolphus im Jahre 1123 von dem Bischofe zu Lüttich als Vorsteher in sein früheres Kloster St. Trond zurückgerufen worden war, konnten die Brüder von Pantaleon sich über die Wahl seines Nachfolgers nicht einigen. Der Erzbischof Friedrich sah sich deshalb veranlaßt, gegen ihren Willen einen Fremden, den oben bereits genannten Gerhardus, zum Abte des Klosters zu ernennen, und die widerstrebenden Brüder aus der Klostergenossenschaft auszuschließen. Gerhard blieb Abt bis zum Jahre 1147, wo er, von Alter gebeugt, sein Amt niederlegte und bald darauf starb. Die Klosterchronik sagt von ihm, „daß er in seinem Wandel rein, tugendhaft und fromm, aber in der Leitung des Klosters weniger glücklich gewesen sei". — Vielleicht haben diese Wirren in Verbindung mit dem allgemeinen Zuge der damaligen Zeit dazu beigetragen, den Entschluß zum Bau einer eigenen Kirche für die weit ausgedehnte Pfarrgemeinde in dem edeln Stifter wach zu rufen.

Der Umstand, daß Kirche und Kloster auf dem Grund und Boden der Abtei Pantaleon errichtet waren, gab Veranlassung zu

---

[1] Chronik der Stadt, abgedruckt in den Annalen des Histor. Vereins für den Niederrhein. Heft 17, S. 58.

einer Streitfrage zwischen dem Abte Gerhard und dem Erbauer. Wir besitzen noch die Urkunde, wodurch Erzbischof Arnold I. diesen Handel schlichtete. Sie ist datirt vom Jahre 1144. Zeugen sind der Bischof Werner von Münster, der Dompropst Arnold, der Dechant Walter, die Pröpste Bruno von Xanten, Gerhard von Bonn, Tiepold von St. Severin, Volcoldus von St. Cunibert, Thiedrich von St. Aposteln, Berengar von St. Andreas; die Aebte Rudolph von Deutz, Cuno von Siegburg, Wilhelm von St. Martin, und Aemilius von Brauweiler; außerdem Otto Graf von Rhineck und mehrere andere Laien.

Gemäß dieser Urkunde behauptete Hermann, der Abt habe ihm Grund und Boden frei und ohne alle Bedingung überlassen; dagegen machte der Abt geltend, daß er solches weder gethan habe, noch auch habe thun können ohne Erlaubniß der Conventualen, ohne Zustimmung der Kirche und ohne Ausstellung einer öffentlichen Urkunde. Nachdem der Erzbischof sich mit „den Senatoren seiner Kirche" berathen, entschied er:

1. In Betreff des Klosters, „daß die Ordensschwestern, welche er von Nonnenwerth hierher berufen, in der Besorgung ihrer äußern Angelegenheiten sich selbst überlassen und frei sein sollten, so daß sie weder bei Mangel noch bei Ueberfluß irgendwie auf den Abt angewiesen seien; daß sie aber in der Seelsorge und in der Beobachtung der Ordensregel nach dem Erzbischofe an zweiter Stelle dem Abte zu gehorchen hätten. Die Mutter oder geistliche Vorsteherin soll von den Schwestern frei gewählt, aber nicht Aebtissin, sondern nur Priorin genannt werden. Zur Besorgung ihres Gottesdienstes mußten die Klosterfrauen zwei Ordensgeistliche aus dem Kloster St. Pantaleon annehmen, denen aber der Abt den nöthigen Unterhalt zu gewähren hatte."

2. In Betreff der Kirche wurde festgesetzt, „daß dieselbe als Pfarrkirche (ecclesia parochialis) der Kirche St. Pantaleon zugehörig (pertinens) sei; daß der Abt deshalb das Recht, welches er bis dahin gehabt, auch fürderhin besitzen sollte, so namentlich das

Recht der Investitur oder Anstellung des Pfarrers, so wie der Immunität (Freiheit von Abgaben, Steuern und andern Lasten). Dagegen sollte der vom Abte investirte Pfarrer ebenfalls, wie bisheran, das Recht haben, zu taufen, zu begraben, das Wort Gottes zu verkündigen, von der Communion auszuschließen, auf der Synode zu erscheinen und ebenso den ihm überwiesenen Zehnten in Empfang zu nehmen."

3. Da ferner die Kirche zugleich für den Gottesdienst des Klosters bestimmt war, so „solle alles, was auf dem Pfarraltar als Opfer oder Geschenk niedergelegt würde, dem Pfarrer angehören, was aber auf den übrigen Altären geopfert würde, den Klosterschwestern zu ihrem eigenen Gebrauche zufallen".

4. Außerdem überließ der Abt den Schwestern, „als besondere Gunstbezeugung, die Benutzung von 25 Morgen Land und noch einiger Parzellen, welche in der Nähe der Kirche an der Stadtmauer gelegen waren und zu Pantaleon gehörten, aber unter Vorbehalt des Eigenthumsrechtes und unter der Bedingung, daß, wenn in einem Punkte das bestehende Rechtsverhältniß verletzt oder das oben näher angeführte Uebereinkommen nicht gehalten würde, das zugestandene Benutzungsrecht wieder an seinen Herrn (die Kirche St. Pantaleon) zurückfalle, ohne daß irgend einem Andern, außer dem Abte und seinen Officialen, ein weiterer Rechts-Anspruch zustehen solle." [1])

Die Wichtigkeit dieser Urkunde springt in die Augen; sie ist gewissermaßen die Errichtungs-Urkunde der Pfarre St. Mauritius und bildet deshalb einen besondern Abschnitt in deren Geschichte. Von jetzt ab erscheint die Pfarre immer nur unter dem Namen des heiligen Mauritius. In räumlicher Beziehung fand eine Veränderung nicht statt. Der ganze Bezirk, über welchen das Kloster Pantaleon bis dahin die Seelsorge ausgeübt hatte, bildete jetzt die Pfarre St. Mauritius.

---

[1]) Ennen und Eckertz, Urk. Bd. I, S. 517.

Die neue Pfarrkirche war eine dreischiffige Pfeilerbasilika, klein, aber mit schönen Verhältnissen, in einfachem, romanischem Stile gebaut. Für die Geschichte der mittelalterlichen Baukunst hatte sie ein besonderes Interesse, weil sie nach der Aeußerung des Conservators Herrn von Quast die erste sicher datirte Kirche war, deren Mittelschiff von Anfang an auf Ueberwölbung angelegt wurde. Im Laufe der Zeit erfuhr sie mehrfache Erweiterungen, weshalb deren nähere Beschreibung einem spätern Capitel vorbehalten bleibt.

Das Nonnenkloster, welches Hermann von Stave zugleich mit der Kirche erbaute, lag nicht an der Stelle des jetzigen, erst im Jahre 1735 errichteten Alexianer-Klostergebäudes, sondern weiter von der Straße zurück; es lehnte sich an die südwestliche Seite der Kirche an und umschloß mit seinen Hofräumen und Oeconomiegebäuden den Hauptthurm derselben, so daß ein westliches Portal der Kirche nicht vorhanden war. Der Garten des Klosters zog sich an der alten Taubengasse vorbei und stieß an die weitläufigen Besitzungen des Wolfer-Hofes. Mit der Kirche stand das Kloster in unmittelbarer Verbindung, indem der untere Kreuzgang desselben in die Thurmhalle und die obern Gänge auf die weit vorgebaute Orgeltribüne führten, welche den Nonnen zum Chorgebete diente. Wie aus der oben angeführten Urkunde hervorgeht, besaß das Kloster seinen eigenen Gottesdienst und auch seinen eigenen Altar. Letzterer stand in der Chorabside der Kirche, während der Pfarraltar in der Mitte derselben, da, wo das Langschiff anfing, errichtet war.

Erzbischof Arnold übergab das Kloster den Benedictinerinnen, welche er aus dem Kloster Nonnenwerth berufen hatte. Letzteres war im Jahre 1120 durch Erzbischof Friedrich I. (1099 bis 1131) auf Anrathen des Abtes Cuno von Siegburg neu gegründet worden, weil es damals fast kein Frauenkloster in der Erzdiöcese gab, wo man die strengen Ordensregeln beobachtete.[1]

---

[1] Lacomblet I. 197. Floß, Annalen des niederrhein. histor. Vereins. Heft 19, S. 81 sqq.

Mit den Schwestern kam auch dieselbe Ordensregel aus Nonnenwerth nach Köln. Als erste Oberin wurde Alverade gewählt. Sie war die Tochter der Eheleute Heribert und Richeza, welche bei der Gründung des Klosters Nonnenwerth an der Dotirung desselben sich besonders reichlich betheiligt hatten. Wie dieses Kloster dem Abte der Benedictiner-Abtei Siegburg untergeben war, so wurde das neue Kloster St. Mauritius unter den Abt von St. Pantaleon gestellt. Wahrscheinlich um dieses untergeordnete Verhältniß den Nonnen stets vor Augen zu halten, sollten ihre Vorsteherinnen nicht Aebtissinnen, sondern nur Priorinnen genannt werden. Indessen wurde dieser Name nicht immer strenge festgehalten. In spätern Urkunden begegnen dieselben uns auch unter dem Namen **magistra** oder **Frawe** (Frau) und das Priorat erscheint dann als die zweite Rangstufe in der Klosterhierarchie. So heißt es in einer Urkunde vom Jahre 1584: Wir Anna Schall von Pell, **Frawe**, Anna von Ehren, **Priorissa**, Cathrin von Mullem, **Kelnersche** (Kellnerin), Brigida Kessels, **Scheiffmeistersche** (Schaffnerin), vor sammtliche Closterjuufferen ad s. Mauritium." (Urk. im Pfarrarchiv.) — Das Kloster gelangte schon in den ersten Zeiten zu einem bedeutenden Güterbesitze. Abt Wolbero von St. Pantaleon schenkte 1152 „den Schwestern von St. Mauritius acht Morgen Land, neben Sülz gelegen, um daraus beliebigen Nutzen zu ziehen; nur sollten sie jährlich ein Jahrgedächtniß für ihn halten." [1]

Im Jahre 1157 beurkundet Erzbischof Friedrich II., „daß die Nonnen der Kirche St. Mauritius, welche letztere in der Vorstadt von Köln errichtet ist, in der Villa **Marsdorp** drei Mansen für 130 Mark rechtmäßig erworben haben und zwar mit ungeschmälerter Benutzung der Wald- und Weidegerechtigkeit, so wie mit dem Herrenhause, den übrigen Gebäuden und dem Fischweiher, überhaupt mit allem, was bisheran mit jenen Mansen verbunden war" [2].

---

[1] Lacomblet I, 256.
[2] Lacomblet I, 271.

Besonders wichtig ist die Urkunde des Erzbischofes Reinald vom 8. August 1166, weil in derselben eine ganze Reihe von Gütern unseres Klosters aufgezählt, ihr rechtmäßiger Besitz anerkannt und bestätigt und jeder Eingriff in denselben mit schwerer Strafe bedroht wird. Hiernach besaß das Kloster:

1. einen Hof in **Hüningen** bei Rondorf („curtem in hoingen"), wozu sechs Mansen Land, jeder einzelne 60 Morgen groß, gehörten; er wurde von Karl von Hoingen für 190 Mark Silber gekauft;
2. einen Hof in **Meschenich** („Meshingin") von Frau Gertrude zu 48 Mark für 90 Morgen, welche damals zum Gute gehörten, gekauft. Später wurde dieses Gut durch weitere Ankäufe noch vergrößert;
3. einzelne Besitzungen in **Rath** („Rothe"), von Rüzela de mosa zugebracht „zur Vergebung ihrer eigenen und ihres Mannes Sünden";
4. einen Hof in **Junkersdorf** („Guntersdorp"), „theilweise herrührend von dem Stifter des Klosters, Herimannus, und seiner Gemahlin Ida";
5. einige Besitzungen in **Remagen** („Rimage"), durch Kauf erworben;
6. zwei Mansen **„in der Ortschaft neben dem Kloster"** (in pago juxta claustrum), von denen der eine 10 Solidi Zins an St. Pantaleon zu entrichten hatte und der andere, vom Stifter Herimannus herkommend, jährlich sechs Solidi an eine Kapelle bei St. Peter zahlte;
7. endlich 15 Morgen in **Lich**, und 45 Morgen in **Embt** („Embe").[1]

Wie lange Alverade dem Kloster vorstand, wissen wir nicht. Nach ihr erscheint **Blithildis als magistra** in einer vom Erz-

---

[1] Vergl. Lacomblet I, 289.

bischof Adolph I. ausgestellten Urkunde aus dem Jahre 1198¹).
Laut dieser Urkunde verkauft dieselbe mit Zustimmung des Abtes von
St. Pantaleon der Richmodis, Wittwe des im Kreuzzuge gefallenen
Kölner Ritters Gerhard, zum Preise von 50 Mark zwei Stücke
Land, das eine von 15, das andere von 13 Morgen. Beide lagen
an der Stelle, welche gewöhnlich „am Weiher" (ad piscinam)
genannt wurde. Das erstere gehörte als zinspflichtig zu dem Frohn-
hofe der Abtei St. Pantaleon in Sülz (ad curtem in Sulpze),
befand sich aber gegen eine jährliche Abgabe im Besitze des Nonnenklosters von St. Mauritius. Außerdem haftete auf demselben
der Zehnte zu Gunsten der Pfarrkirche St. Mauritius. Letztere
wurde entschädigt durch eine Rente von 18 Denaren, zahlbar in
dem „Backhause" (in domo pistoria), welches neben „den Juden",
in der Straße „Stezzene" (Steffen), in der Pfarrei St. Laurentius,
gelegen war.

Das angekaufte Terrain schenkte Richmodis an das Nonnenkloster „am Weiher", welches sie nach dem Tode ihres Mannes „zu
Ehren der allzeit reinen Jungfrau Maria" dort erbaut hatte, und
vermachte ihm außerdem ihre ganze Hinterlassenschaft, darunter auch
ihr Wohnhaus, welches dem alten erzbischöflichen Palaste gegenüber
am Hof lag und später der „Brabanter Hof" genannt wurde.

Blithildis starb um das Jahr 1200. Die Geschichte ihrer
nächsten Nachfolger ist in Dunkel gehüllt, von vielen nur der Name
bekannt. Wir werden das Verzeichniß derselben, um den Ereignissen
nicht vorzugreifen, am Schlusse eines spätern Abschnittes folgen lassen.
Dagegen sei es gestattet, die kurze, aber bewegte Geschichte des Klosters „Weiher", das in so naher Beziehung zu unserm Pfarrbezirk
stand, an dieser Stelle einzuschalten.

---

¹) Ennen und Eckertz, Urkunden Bd. I, S. 610.

Drittes Capitel.

Das Kloster Weiher.

Die Nähe der Stadt war für das Kloster Weiher verhängnißvoll. Schon im Jahre 1205, also kaum sieben Jahre nach seiner Gründung, sahen die Schwestern sich genöthigt, ihre Zellen zu verlassen und zu Köln, in ihrem Hause am Hof, eine Zufluchtsstätte zu suchen. Es war im Kriege der beiden deutschen Gegenkönige Philipp des Hohenstaufen und Otto IV. des Welfen. Letzterer fand in der Stadt Köln eine treue Anhängerin, während Erzbischof Adolph von Altena sich allmälig auf die Seite Philipp's herüberziehen ließ. Dieser belagerte die Stadt im Sept. 1205, konnte aber gegen die tapfere Vertheidigung derselben, die Otto selbst leitete, nichts ausrichten und mußte nach fünf Tagen vergeblicher Anstrengung abziehen. Die Stadt war gerettet, aber die Umgebung verwüstet. Nach Forst wurde auch das Kloster Weiher zerstört, aber schon 1208 wieder aufgebaut. Aus welcher Quelle er diese Notiz genommen, ist mir nicht bekannt. Indessen stellte König Philipp am 19. Mai 1208 in Aachen eine Urkunde aus, worin er der Kirche des Klosters Weiher außerhalb der Mauern der Stadt Köln mit ihren Gütern und Mancipien seinen besondern königlichen Schutz zusichert und denjenigen mit dem Zorne Gottes und seiner eigenen Ungnade bedroht, welcher sich an dem Eigenthum dieser Kirche vergreifen oder die Gott dienenden Personen daselbst belästigen würde"[1].

In dieser Urkunde ist zwar von einer Zerstörung des Klosters keine Rede; allein es scheint doch aus derselben hervorzugehen, daß Kloster und Schwestern in den vorangegangenen Kriegswirren sehr vieles hatten leiden müssen.

Daß man auch für die Zukunft trotz des kaiserlichen Schutzbriefes auf ähnliche Schicksale gefaßt war, beweist die Urkunde, durch welche

---

[1] Ennen und Eckertz, Urk. II, 32.

die Klosterfrauen ihr genanntes Haus am Hof im Jahre 1235 dem Herzog Heinrich von Brabant gegen einen Erbzins von sechs kölnischen Solidis, welche zur Hälfte am Osterfeste, zur andern Hälfte am Feste des h. Gereon abgelegt werden mußten, überließen. In dieser Urkunde behielten sie sich vor, daß, „wenn die Klosterschwestern von Weiher entweder wegen Brand, was Gott verhüten möge, oder wegen Gefahr anziehender Kriegsheere ihr Kloster verlassen müßten, sie in dem besagten Hause, ohne irgend eine Vergütung, so lange verweilen dürften, bis sie sicher und bequem in das Kloster wieder zurückkehren könnten" [1]).

In dem Streite zwischen dem Erzbischof Engelbert II. von Falkenburg (1261—1274) und den Bürgern der Stadt Köln versammelten sich die früher von diesen ausgewiesenen Patrizier in dem Kloster Weiher, um mit den erzbischöflichen Abgesandten in Verhandlung zu treten, wurden aber durch die Boten der Bürger bestimmt, den alten Zwist zu vergessen und sich mit ihnen zum gemeinsamen Kampfe gegen den Erzbischof, „welcher die städtischen Freiheiten zu unterdrücken suche", zu verbünden [2]).

Ueberhaupt scheint man in den Fehden der Stadt das Kloster Weiher gern als Ort der Verhandlungen gewählt zu haben. So fertigte auch Erzbischof Wilhelm von Gennep (1349—1362) im Jahre 1350 hierselbst eine Urkunde aus, worin er dem acht Tage vorher mit der Stadt abgeschlossenen Vertrage in Betreff der städtischen Freiheiten nachträgliche Erklärungen hinzufügte.

Als König Ruprecht von der Pfalz im Jahre 1401 (5. Jan.) mit seiner ganzen Familie zur Krönung nach Köln kam, nahm er im Brabanter Hof, dem ehemaligen Besitze des Klosters, sein Absteigequartier. „Am folgenden Morgen ritt er mit der Königin aus der Stadt, um in dem benachbarten Weiherkloster die h. Messe zu

---

[1]) Ennen und Eckertz, Url. II, 155.
[2]) Ennen, Geschichte der Stadt Köln, II, 164.

hören. Nach beendigtem Gottesdienste hielten Beide ihren feierlichen Einzug durch das Weierthor nach altherkömmlicher Weise." [1]

Nach einer Handschrift des Klosters Weier aus der Mitte des fünfzehnten Jahrhunderts, welche Lacomblet in seinen Urkunden (I, 395) mittheilt, gehörte das Kloster zuerst dem Orden des h. Augustinus an, wurde aber bald nachher durch den Erzbischof von Köln dem damals blühenden Prämonstratenser-Orden überwiesen und die geistliche Leitung der Schwestern dem Abte des Prämonstratenserklosters Knechtsteden übertragen, welcher zu diesem Zwecke eine lange Zeit hindurch den einen oder andern seiner Ordensgeistlichen dem Kloster Weier als Rector vorsetzte. Allein die Mönche von Knechtsteden mischten sich bald auch in die Verwaltung der zeitlichen Güter des Klosters und nahmen dessen Gastfreundschaft so sehr in Anspruch, daß durch die vermehrten Ausgaben das Vermögen desselben in eine bedenkliche Lage gebracht wurde. Auch das geistliche Leben wurde vernachlässigt, die Disciplin nicht mehr beobachtet und der gute Ruf des Klosters schwand immer mehr unter dem Volke.

Erzbischof Heinrich von Virneburg sah sich deshalb veranlaßt, im Jahre 1327, am Mittwoch nach Kreuzerfindung, persönlich im Kloster zu erscheinen und die fernere Leitung der Schwestern den Herren von Knechtsteden zu entziehen. Er stellte sie zuerst unter die Obsorge des Stiftsdechanten von Bonn; später standen sie abwechselnd unter andern weltlichen Prälaten. Das Kloster blühte wieder auf, Zucht und Ordnung kehrten zurück; allein die Nonnen wollten sich doch nicht zur Annahme der strengen Ordensregel und zur völligen Entsagung alles persönlichen Eigenthums entschließen. Am Ende eines jeden Jahres wurden die Präbenden und die Einkünfte des Klosters unter die vorhandenen Schwestern vertheilt; außerdem bezogen sie noch persönliches Einkommen und verfügten darüber nach eigenem Belieben.

---

[1] Ennen, Gesch. der Stadt Köln, III, 139, wo die weitern Feierlichkeiten beschrieben sind.

So blieb es bis zum Jahre 1443. Da führte Erzbischof Dietrich von Mörs, welcher bald darauf auch das Kloster St. Pantaleon reformirte, „eine strenge Clausur unter den Schwestern ein, ließ die Fenster des Sprechzimmers vergittern und mit einem Vorhange bedecken, so daß jeder Anblick von Innen und Außen dadurch unmöglich gemacht war, ordnete gemeinschaftlichen Klostertisch an und gleiche, von einem und demselben Meister verfertigte Ordenskleider, verpflichtete die Nonnen zum vollständigen Verzicht auf persönliches Eigenthum und zum vollkommenen, klösterlichen Gehorsam. Er gab ihnen anstatt des schwarzen einen weißen Schleier (pro subtili nigro subtile album), ergänzte ihre Regel aus den Statuten der regulirten Nonnenklöster und gebot, daß die Vorsteherin nicht mehr, wie bis dahin, Magistra, sondern Priorin, und die Schwestern selbst regulirte Schwestern vom Orden des h. Augustinus genannt werden sollten." [1]

Nach dieser Umgestaltung wurde als erste Priorin die edelgeborene Herrin Elisabeth von Reven gewählt. Indessen sollte das Kloster Weiher seine Wiedergeburt nicht lange überleben.

Der Erzbischof Rupert von der Pfalz (1463—1480) hatte in seinem Streite mit dem Domcapitel und dem Stifte den Herzog Karl den Kühnen von Burgund zu Hülfe gerufen. Dieser belagerte Neuß und bedrohte auch die Stadt Köln. Um ihm jeden Stützpunkt zum Angriff zu nehmen, wurde beschlossen, eine Reihe von Gebäuden in der Umgebung der Stadt niederzulegen. Unter diesen befand sich auch das Kloster Weiher. Am 1. August 1474 wurde den Klosterfrauen eröffnet, daß sie das Kloster verlassen sollten; am 20., dem Feste des h. Bernardus, war es abgebrochen und dem Boden gleich gemacht. [2]

---

[1] Gelenius p. 385 läßt die Reformation des Klosters im Jahre 1474 stattfinden; vielleicht erfolgte in diesem Jahre erst die Bestätigung derselben durch den apostolischen Stuhl, oder es handelt sich um eine zweite Reformation.

[2] Gelenius, de adm. magn. loc. cit.

Außer der Oberin waren 34 Profeßschwestern, 4 Scholarinnen und 12 Laienschwestern in dem Kloster, ein Beweis von dem Umfange und dem blühenden Zustande desselben. Sie fanden zuerst Aufnahme in der Dechanei des Apostelstiftes; dann versuchten sie, gemäß dem Vertrage von 1235, im Brabanter Hof ein Unterkommen zu erlangen, wurden aber abgewiesen. Zuletzt wurde ihnen, nach langen und kostspieligen Verhandlungen, auf besondere Verwendung des Kaisers Friedrich und des päpstlichen Legaten, das adelige Damenstift St. Cäcilia angewiesen, worin damals außer der Oberin nur noch eine Novize sich befand, und welches von dieser Zeit an aus einem weltlichen Stifte in ein regulirtes Augustinerinnen-Kloster umgewandelt wurde.

Das Kloster Weiher ist nicht wieder aufgebaut worden und spurlos von der Erde verschwunden, so daß man nicht ein Mal seine Lage mit Gewißheit zu bestimmen vermag. Forst sagt in seinen Beiträgen zur vaterländischen Geschichte[1]): „An der Südseite der Landstraße (nach Melaten), bei dem steinernen Kreuze, führt ein Seitenweg auf einen öden, mit Gesträuchen bewachsenen Platz, welchen die Kölnischen Feldarbeiter »am Kirchelchen« nennen. Dieser ist der Ort, wo das Kloster gestanden hat. Ohne Zweifel hat dasselbe einen viel größern Raum eingenommen, als jetzt öde liegt. In der Nähe findet man große Vertiefungen, in welchen ehmals Weiher gewesen sein sollen, von denen das Kloster wahrscheinlich seinen Namen hatte." Auch Ennen verlegt das Kloster „zwischen Hahnenthor und Schaafenthor, an der öden Stelle, die noch zum Kirchelchen genannt wird, ganz in der Nähe des hier liegenden Forts Nr. VI.[2])

Die Bezeichnung am Kirchelchen rührt offenbar daher, daß an dieser Stelle früher eine Kapelle St. Georg stand. Auf einer Karte der Umgegend der Stadt aus dem Jahre 1700 ist sie unter dem Namen St. Joris (St. Görres) eingetragen. An dieser Kapelle

---

[1]) ‚Köln. Zeitung' 1818, Beilage 7.
[2]) Ennen, Gesch. der Stadt Köln. III, 510 Anm.

vorbei führte der sogen. Galgenweg zur Richtstätte bei Melaten. Nach mündlicher Mittheilung war es den Verbrechern auf ihrem Todeswege gestattet, in derselben noch ein Mal ihre Beichte abzulegen. Auch Gelenius erwähnt der Kapelle St. Georg und bemerkt zugleich, daß an ihrer Stelle früher das Weiherkloster gestanden habe. Er fügt hinzu, daß in dem dortigen Weiher noch zu seiner Zeit (c. 1640) das schmutzige Wasser der Stadt vom Neumarkte her zusammenfließe, daß dieser Weiher an St. Georg durch ein Bachbett mit dem Antoniusweiher und weiterhin mit der Kringsmaar in Verbindung stehe und daß diese Kette von Weihern wesentlich zum Schutze der alten Römerstadt und ihres Standlagers gedient habe.[1])

Eine urkundliche Feststellung der genauen Lage des Klosters hat uns nicht gelingen wollen. Die allgemeine Bezeichnung **am Weiher** (ad piscinam) mochte für die damalige Zeit verständlich sein; für uns ist sie es nicht, da der betreffende Weiher nicht mehr existirt. Zwar finden wir in einer Urkunde aus dem Jahre 1200 verschiedene Angaben von Oertlichkeiten, welche sich auf das Kloster und den angrenzenden Weiher beziehen, aber wir sind nicht im Stande, sie zu deuten. Dort heißt es unter anderm: „Ebenso überlassen Propst, Dechant ꝛc. vom Stifte St. Cunibert dem Klosterconvent der Kirche St. Maria am Weiher zum erblichen Besitze: einen Theil des Weihers mit dem Grundstücke, von dem alten Wege ab, welcher zur Mühle **Reindale** führt, in gerader Richtung jenseits des Weihers auf den Wald zu, der **Langenhegge** genannt wird; ferner sieben Morgen, welche an jenen Theil des Weihers anschießen, der nach der Seite des Klosters Mechtern hin gelegen ist und welche **Gepenkule** heißen.[2])

---

[1]) Gelen. de adm. magn. S. 93.
[2]) Idem praepositus, decanus etc. . . concesserunt praedictae ecclesiae ad piscinam partem piscinae cum fundo ab antiqua via, quae ducit in molendinum, quod dicitur Reindale, ex directo ultra piscinam versus silvam, quae dicitur Langenhegge, et septem

Vielleicht könnten alte Flurkarten Auskunft geben über jene Feldbezeichnungen, welche jetzt ganz andern Namen gewichen sind.

Eine andere Urkunde aus dem Jahre 1299¹) nennt das Kloster monasterium de piscina juxta muros Colonienses, also nahe bei den Mauern der Stadt. Diese Bezeichnung ist insofern von Wichtigkeit, als durch sie die traditionelle Lage des Klosters am Kirchelchen bestätigt wird; denn die inzwischen vollendete neue Stadtmauer war jener Stelle allerdings sehr nahe gerückt. Ebenso berichten die Kloster-Annalen, daß Papst Innocenz III. auf Anstehen des Abtes Henricus von Werden im Anfange des 13. Jahrhunderts das Kloster St. Pantaleon im Besitze aller seiner Güter mitsammt dem Weiher neben der Stadt bestätigt habe (confirmavit omnia bona Monasterii una cum vivario juxta civitatem).

Lag nun wirklich das Kloster Weiher an dem genannten Orte, also auf der erhöhten Stelle, links von dem Wege, welcher an dem steinernen Kreuze von der Melatener Chaussée ab nach dem Fort VI sich wendet, und müssen wir annehmen, daß das Weiherthor seinen Namen ebenfalls von demselben Weiher empfangen hat, so scheint es, daß das ganze Becken, welches sich von der Lünette bei Fort VI am Bischofswege vorbei bis beinahe an die Straße nach Zülpich erstreckt, in alter Zeit mit Wasser gefüllt war und schlechthin der Weiher genannt wurde.

Allein woher bezog ein so umfangreiches Wasserbassin seinen nöthigen Zufluß? Gelenius hat darauf aufmerksam gemacht und der Augenschein beweist es auch heute noch, daß der Gleueler Bach, welcher jetzt vor dem ehemaligen Felten'schen Gute in dem sogen. Weiherkülchen versumpft, früher seinen Abfluß in dem großen Weiher fand. Das ehemalige Bett des Baches ist noch deutlich sichtbar, trotzdem daß es von den anschießenden Landbesitzern allmälig erhöht

---

jornales ex illa parte piscinae adjacentes versus ecclesiam, quae dicitur ad martyres, qui nuncupantur Gepenkule. Ennen und Eckertz, Urkunde II, 2 sq.

¹) Ennen und Eckertz, III, 469.

wurde — es ist jedenfalls dasselbe, welches, nach Gelenius, den Weiher an St. Georg mit dem Antoniusweiher an der Lindenburg verband. Warum dieser Bach so wasserarm geworden ist, daß er jetzt sein früheres Ziel nicht mehr zu erreichen vermag, wissen wir nicht. Hat man vielleicht einen Theil seiner Zuflüsse in den Duffes= bach abgeleitet, um diesen desto reichlicher mit Wasser zu versehen, oder hat die Anlage neuer Weiher seine Kraft so sehr erschöpft, daß er jetzt auf halbem Wege sein Grab findet? Genug, der Mangel an Speisung hatte zur Folge, daß nun auch der Weiher allmälig austrocknete, und da später auch die Zuflüsse aus der Stadt durch den Festungsgraben dem Rheine zugeführt wurden, so darf es uns nicht wundern, wenn wir jetzt an der Stelle des alten Weihers Gärten und fruchtbares Ackerland erblicken.

Viertes Capitel.
Der h. Mauritius und seine Verehrung.

Ueber das Leben unseres heiligen Pfarrpatrons hat uns die Geschichte keine verbürgten Nachrichten hinterlassen. Wir kennen nur sein glorreiches Ende, seinen christlichen Heldentod. Aber der Glanz eines solchen Todes wirft seine Strahlen auch auf das Leben zurück, das ihm voranging. Der h. Mauritius war römischer Soldat und zwar Anführer (primicerius) der thebaischen Legion. Diese bestand zumeist aus Soldaten der Thebais in Ober=Aegypten, und hatte in der uralten Stadt Theben am Nil ihr Standquartier, daher ihr Name. Es ist bekannt, daß das Christenthum in Aegyp= ten sehr früh verbreitet und zu hoher Blüthe gelangt war. Wir dürfen uns deshalb nicht wundern, wenn wir in jener Legion so eifrigen Christen begegnen.

Nachdem der Kaiser Diocletian Alleinherrscher des Römischen Reiches geworden war, nahm er den rohen und grausamen Maxi= mian, einen Bauernsohn aus Sirmium, welcher gleich ihm von unten auf im Heere gedient hatte, zum Mitregenten an, und übergab ihm den Occident, während er selbst den Orient für sich behielt. Der doppelte Hofstaat steigerte die Ausgaben und trieb die Steuern zu einer unerschwinglichen Höhe. Die Härte, womit sie dem Volke abgepreßt wurden, reizte zuerst die Bagauden an der Seine zur Empörung; allmälig aber verbreitete sich der Aufstand über den größten Theil von Gallien. Maximian rüstete sich, denselben mit Gewalt der Waffen zu unterdrücken. In seinem Heere befand sich auch die tapfere thebaische Legion, unter ihrem Führer Mauritius.

Als der Kaiser auf seinem Zuge zu Octodurum an der Rhone, dem jetzigen Martinach, im Canton Wallis, angelangt war, machte er Halt. Er wollte durch ein großartiges Opferfest von seinen Göttern den Sieg über die Feinde erflehen. Dieses heidnische Fest, dem die christliche Legion nicht beiwohnen zu dürfen glaubte, sowie der Umstand, daß Maximian sie ebenfalls zur Verfolgung der Christen verwenden wollte, veranlaßte den h. Mauritius, mit seinen Soldaten sich zu entfernen, und in Agaunum, nicht weit von dem übrigen Heere, sein Lager aufzuschlagen. Der Kaiser erblickte in dieser Entfernung einen Act militairischen Ungehorsams und forderte die Legion auf, an dem Opfer theilzunehmen. Als diese sich weigerte, ließ er den zehnten Mann derselben hervortreten und niederhauen, um die andern einzuschüchtern. Vergebens; sie wollten lieber selbst ein Opfer des Todes werden, als an dem abgöttischen Opfer des Kaisers sich zu betheiligen. Die Legion wurde zum zweiten Male decimirt, aber ohne Erfolg. Mauritius feuerte seine Soldaten zur Standhaftigkeit an, indem er sie auf das selige Loos der Vorangegangenen hinwies. Dem Kaiser ließ er sagen:

„Wir sind deine Soldaten, aber zugleich auch Diener Gottes; wir sind dir zum Kriegsdienste verpflichtet, Ihm aber zu einem unbefleckten Wandel. Von dir empfangen wir den Sold, von Gott haben wir das Leben empfangen. Es ist uns nicht möglich, deinen Befehlen zu gehorchen und Gott, unsern Schöpfer, zu verleugnen, der auch dein Herr ist, du magst ihn anerkennen oder nicht. Besiehst du uns nichts, was Ihn beleidigt, so gehorchen wir gerne, wie bisheran, befiehlst du uns aber, was Unrecht ist, so werden wir Ihm eher folgen, als dir. Wir bieten unsern Arm an gegen jeglichen Feind; aber wir halten es für ein Verbrechen, unsere Hände in das Blut der Unschuldigen zu tauchen; denn wir haben die Waffen nicht gegen, sondern für unsere Mitbürger ergriffen. Wir haben dir den Eid der Treue geschworen, aber zuerst unserm Gott. Wie könntest du dich auf den zweiten berufen, wenn wir den erstern brächen? Du befiehlst uns, daß wir die Christen aufsuchen und dem Tode überliefern: du brauchst sie nicht anderswo zu suchen, wir selbst sind Christen und bekennen Gott den Vater, den Schöpfer aller Dinge, und Seinen Sohn, Jesus Christus, der, gleich Ihm, wahrer Gott ist. Wir haben unsere Waffenbrüder hinschlachten gesehen, ohne zu klagen; wir freuen uns vielmehr über die Ehre, daß sie für ihren Gott und Herrn zu leiden sind gewürdigt worden. Weder die Furcht vor dieser Strafe, noch die Verzweiflung wird uns zur Empörung bewegen; wir tragen die Waffen in den Händen, aber wir leisten keinen Widerstand, weil wir lieber unschuldig sterben, als mit Schuld beladen leben wollen."

Maximian, wüthend über diesen Bescheid, in welchem er das doppelte Verbrechen des Widerstandes und des christlichen Bekenntnisses fand, ließ die Legion von dem übrigen Heere umzingeln und bis auf den letzten Mann niederhauen. Zugleich gab er den Befehl, daß man eben so verfahre mit denjenigen Abtheilungen der Legion, welche am Rhein und an der Mosel stationirt waren. So wiederholte sich das Blutbad von Agaunum in Köln unter dem h. Gereon, ferner in Bonn, Xanten und Trier. Dies geschah im Jahre 287 n. Chr. Andere setzen das Martyrium der Thebaer etwas später, in das Jahr 302 n. Chr., wo die letzte, grausamste Christenverfolgung im ganzen römischen Reiche entbrannt war, und wo man auch des Militairs sich bediente, um die Bekenner der verhaßten Religion auszurotten. Hiernach stände das blutige Ereigniß weniger in Verbindung mit dem Aufstande der Bagauden, sondern wäre nur die Folge gewesen der Weigerung des h. Mauritius und seiner christlichen Soldaten, an dem Morde ihrer Glaubensbrüder sich zu betheiligen. Wie dem auch sein möge, die geschichtliche Thatsache von dem ruhmvollen Ende der thebaischen Legion steht fest, und die Bedenken, welche früher dagegen erhoben worden, sind durch die gründlichen Forschungen der neuern Zeit als beseitigt zu betrachten.[1]

Auf der Stelle, wo die christliche Heldenschaar die Palme des Lebens sich errungen, erhoben sich schon bald darauf ein Kloster und eine Kirche, welche letztere von dem burgundischen Könige Sigismund im Jahre 515 erweitert und reichlicher ausgestattet wurde. Agaunum hieß von jetzt an St. Moritz. Der h. Mauritius wurde Hauptpatron von Wallis, und als im 11. Jahrhundert St. Moritz von Burgund an Savoyen kam, auch Hauptpatron des Hauses Savoyen. Herzog Amadeus stiftete den Ritterorden des h. Mauritius, welcher noch jetzt einer der höchsten Orden des Königreiches Sardinien, und dessen Großmeister der König selbst ist.

Als unter Franz I. von Frankreich St. Moritz von Savoyen losgerissen und mit der Republik Wallis verbunden wurde, sollten die Reliquien der h. Martyrer nach Turin übertragen werden. Die Einwohner von St. Moritz geriethen in die größte Bestürzung; sie boten anstatt derselben Geld und Truppen an, hielten öffentliche Gebete und schwuren am Fuße des Altares, eher das Leben hinzugeben, als diesen kostbaren Schatz sich entreißen zu lassen. Die Abgesandten von Savoyen mußten sich mit einem Theile der heiligen Reliquien begnügen. Diese wurden unter großen Festlichkeiten nach Turin überbracht und in zwei kostbaren silbernen Särgen am 16. Januar 1581 in der dortigen Kathedrale beigesetzt.

Die Verehrung des h. Mauritius verbreitete sich jedoch weit über die Grenzen von Savoyen und des Walliserlandes hinaus. In der Peterskirche zu Rom und zwar in der Kapelle des allerheiligsten Sacramentes sah der Verfasser dieser Schrift zu seiner großen Freude einen Marmoraltar, dem h. Mauritius geweiht. An

---

[1] Friedrich, Kirchengeschichte Teutschlands, S. 101 ff.

diesem Altare empfingen die deutschen Könige bei ihrer Kaiserkrönung aus den Händen des Papstes den kaiserlichen Ring; hier wurden sie mit dem Schwerte umgürtet, und nach vollendeter Krönung schnallte der Pfalzgraf ihnen die Sporen des h. Mauritius an zum Kaiserritt durch die Stadt zum Lateran.[1]

In Deutschland hob sich die Verehrung unseres Heiligen besonders durch Kaiser Otto I. Es heißt, derselbe habe vor der Schlacht gegen die Ungarn auf dem Lechfelde (955) gelobt, wenn Gott ihm den Sieg verleihe, so wolle er zu Ehren des h. Mauritius eine Kirche erbauen[2]. Er soll zu diesem Gelübde noch besonders dadurch veranlaßt worden sein, weil seine Soldaten sich früher an der Kirche St. Mauritz vergriffen hatten und er diesen Frevel auf solche Weise am besten glaubte sühnen zu können. Nach Andern war der Kaiser schon früher durch seine fromme Gemahlin Editha zu jenem Entschlusse bewogen worden. Was auch der Grund sein möge, Otto erbaute zu Magdeburg eine große Kirche zu Ehren des heiligen Mauritius, die bald darauf zur Cathedrale erhoben wurde.[3]

In der Erectionsbulle vom Jahre 967 sagt Papst Johann XIII.: „Wir aber, den großen Eifer des Kaisers im Dienste Gottes bewundernd, haben geglaubt, seinem Wunsche willfahren zu müssen, und bestimmen durch Gegenwärtiges, im Einverständniß mit der heiligen Synode, daß Magdeburg, an der Elbe gelegen, wohin der

---

[1] Krebs, Deutsche Geschichte, 3. Bd. S. 51.

[2] Krebs, Deutsche Geschichte, II, 263, läßt den Kaiser die Errichtung des Bisthums Merseburg und einer Kirche zu Ehren des h. Laurentius geloben.

[3] Thietmar von Merseburg meldet in seiner Chronik (II, 11): Otto der Große ließ kostbaren Marmor nebst Gold und Edelsteinen nach Magdeburg kommen, und in alle Säulenknäufe befahl er, Reliquien einzuschließen. 961 wurde ihm zu Regensburg der Leib des h. Mauritius und einiger Genossen desselben nebst andern Theilen heiliger Leiber überbracht. Dies alles wurde mit den höchsten Ehren nach Magdeburg gesandt und wird dort auch zum Heile des Vaterlandes bis auf den heutigen Tag verehrt. Thietmar, oder Dietmar, B. von Merseburg, starb 1018.

von Gott gesegnete Kaiser selbst den Leib (»d. h. wohl einen Theil desselben«) des h. Mauritius mit vielen Martyrern gebracht hat, fortan zur Metropole erhoben sei." — Der protestantische Geschichtschreiber Dresser berichtet, Kaiser Otto habe diese Reliquien, welche der h. Udalrich, Bischof von Augsburg, ihm von Agaunum besorgt, ungeachtet bitterer Kälte, mit entblößten Füßen selbst zur Kirche getragen und ehrfurchtsvoll auf dem Hochaltare niedergesetzt.[1]

In den christlichen Heeren galt neben dem h. Sebastian und dem h. Georg der h. Mauritius als Schutzpatron des Fußvolkes.

In Köln mußte die Verehrung desselben leichten Eingang finden, da sein Waffengefährte, der h. Gereon, hier in so hohen Ehren stand. In dem prachtvollen Tempel, welcher schon früh über dem Grabe des Letztern sich erhob, war bereits ein besonderer Altar des h. Mauritius errichtet, an der Südseite, nahe dem Eingange, dort wo der Erzbischof Hildebold seine letzte Ruhestätte fand.[2]

Um so näher lag es, daß Hermann von Stave den Anführer der ganzen thebaischen Legion zum Patron seiner neugebauten Kirche wählte. Winheim führt in seinem Sacrarium Agripp. unter den Reliquien der alten Mauritiuskirche den **Becher** dieses Heiligen und einen **Theil seines Hauptes** an. Gelenius erwähnt jedoch der letztern Reliquie nicht. Wir besitzen gegenwärtig weder das eine noch das andere. In der ehemaligen Klosterkirche zu Ehrenstein an der Wied befindet sich ein zierlicher Reliquienschrein mit vielen heiligen Gebeinen, darunter auch Theile von verschiedenen Schädeln und ein Pergamentstreifen mit der Aufschrift: caput scti Mauritii. Leider ist derselbe ganz abgelöst und deshalb die ihm zugehörige Reliquie mit Sicherheit nicht mehr zu bestimmen. Wie diese Reliquien dorthin gekommen, und ob sie mit der alten Kirche und dem Kloster St. Mauritius in irgend einem Zusammenhange stehen, vermochten wir nicht zu ermitteln.

---

[1] Bolland. acta Sanctorum tom. VI. 22. Sept.
[2] Gelen. de adm. magn. lib. III, synt. 2, §. 3.

Fünftes Capitel.
Die neue Stadtmauer.

Bald nach Vollendung der St. Mauritiuskirche folgte ein anderes Ereigniß, welches für unsern Pfarrbezirk von besonderer Wichtigkeit war: der Bau der neuen, großen Ringmauer um die Stadt. Im Laufe der Zeit hatten sich vor den Haupteingängen der letztern größere Vororte gebildet, welche im Anfange des 12. Jahrhunderts schon sämmtlich mit Wall und Graben eingeschlossen und in den Bereich der Stadt gezogen waren.

Noch jetzt erkennt man Lage und Umfang dieser Vorstädte an den Namen der sie umgrenzenden Straßen. So reichte die südliche Vorstadt Oversburg (Oursburg, Ayrsburg) bis zum Katharinengraben und Perlengraben und schloß sich an der Bachpforte an die Römermauer an. Die westliche ging vom Laach oder der Januspforte aus über den Benesisgraben (jetzt Benesisstraße) und die alte Wallgasse bis zum Römerthurm. Die nördliche, Niedrich, lehnte sich am jetzigen Zeughause an die alte Stadt- (Burg-)mauer an und wurde dann von dem alten Graben (Eintrachtstraße) dem Entenpfuhle und Krahnenbäumen (auf alten Karten alter Graben genannt) begrenzt. Die östliche Vorstadt, ursprünglich eine Insel des Rheines, war am frühesten bebaut und nach Absperrung und Trockenlegung des einen Flußarmes mit der Stadt verbunden worden.

Während diese Vorstädte hinter ihrer Befestigung sichern Schutzes sich erfreuten, lag die ganze südwestliche Ecke der Stadt mit ihrer Umgebung, vom Perlengraben bis zum Laach, also gerade der alte Pfarrbezirk von St. Mauritius, bis über die Mitte des zwölften Jahrhunderts hinaus offen und wehrlos den Angriffen der Feinde preisgegeben. Bei den häufigen Fehden, in welche die Stadt verwickelt war, mußten hieraus für die Bewohner oft große Bedrängnisse und empfindliche Verluste erwachsen. Wie sehr man das Bedürfniß einer gemeinsamen Schutzwehr empfand, beweist eine Urkunde aus dem Jahre 1154¹), worin der Erzbischof Arnold II. die Bewohner der Vorstadt St. Pantaleon (villa s. Pantaleonis) von allen Zöllen und Leistungen an die Stadt freispricht, bis zur Zeit „wo auch sie durch Wall und Mauer mit den übrigen Bürgern vereinigt und auch ihrer Rechte theilhaftig geworden seien".

Nach der Chronik des Klosters Pantaleon wurde denn auch der Bau der neuen Mauer schon bald darauf, unter dem Abt Wichmann (1165 bis 1169) wenigstens an diesem Theile der Stadt begonnen. Der Verfasser der Chronik, welcher die Regierung eines jeden Abtes durch ein Distichon charakterisirt, sagt:

Tempore Wichmanni nova condit episcopus urbis
Moenia, queis claustri cingitur atque situs.

Unter dem Abt Wichmannus erbaut neue Mauern der Bischof
Rings um die Stadt und schließt auch St. Pantaleon ein.

Er bemerkt ferner: „Zur Zeit dieses Abtes wurde das Kloster (Pantaleon), bis dahin außerhalb der Stadtmauer gelegen, von der ausgedehnten, durch Erzbischof Philipp neu errichteten Mauer umschlossen und in den Schooß der Stadt hineingezogen — nach unserm Dafürhalten nicht ohne erheblichen Schaden für das Kloster." Dieser Schaden wird darin bestanden haben, daß die neue Mauer mit Wall und Graben einen beträchtlichen Theil des Kloster-Eigenthums wegnahm und außerdem den Zusammenhang desselben durchschnitt.

Die Angabe der Kloster-Annalen in Betreff der Zeit des Baues der neuen Stadtmauer findet ihre Bestätigung in der Chronica regia Gottfried's von Pantaleon, welcher zum Jahre 1180 bemerkt: „Die Kölner ziehen einen Graben um die Mauern"²). Die letztern mußten also vor dem Jahre 1180 schon errichtet gewesen sein.

Oder spricht Gottfried hier nur von den alten römischen Stadtmauern? Ennen nimmt unsere Stelle offenbar in diesem letztern

---

¹) Ennen und Eckertz, Urkund. I, 542.
²) „Colonienses circa muros elaborant fossatum." Böhmer, Font. rer. germ. III, 450. Vergl. „Die groß. Köln. Jahrbücher", übersetzt von Dr. Platner, S. 95.

Sinne, wenn er in seiner Geschichte der Stadt Köln (I, 652) sagt: „Auch der Chronist Gottfried von St. Pantaleon weiß nichts von einer Mauer; er schreibt nur von einem Graben, den die Bürger um die Stadt zogen." Der Fortsetzer der Geschichte Otto's von Freisingen († 1153) setzt den Bau der neuen Mauer in das Jahr 1188: „Um diese Zeit befestigten die Kölner ihre Stadt mit dem größten Fleiß und Aufwand und umgaben sie mit einer sehr starken Mauer, welches dem Kaiser (Friedrich I.) sehr verdächtig schien und deshalb mißfiel. Unter Androhung der Zerstörung zwang er sie, die Mauern an vier Orten einzureißen und die Festung zu vernichten." Gottfried erwähnt nur der Ausfüllung des Grabens an vier Stellen und der Niederlegung eines Thores, als Bedingung der Aussöhnung mit dem Kaiser; jedoch sollten die Kölner das Zerstörte schon am folgenden Tage wieder herstellen dürfen. — Die Annalen von St. Gereon berichten sogar, daß erst „im Jahre der Menschwerdung des Herrn 1200 die Bürger von Köln anfingen, eine neue Mauer über dem Walle zu bauen".

Wir müssen es einer speciellern Forschung überlassen, den Widerspruch der Quellen auszugleichen und überhaupt das Dunkel aufzuhellen, in welches die Baugeschichte der großen Ringmauer der Stadt bis jetzt noch gehüllt ist.

Die neuen Befestigungswerke sollten schon bald nachher eine schwere Probe bestehen. Wie wir bereits mitgetheilt, zog Philipp von Schwaben in seinem Kriege mit Otto IV. im Jahre 1205 gegen Köln und belagerte die Stadt. Sein wiederholter Versuch, dieselbe mit Sturm zu erobern, scheiterte an der Festigkeit des Ortes und der Tapferkeit seiner Vertheidiger. Philipp zog ab; aber seine Truppen rächten sich für ihren erfolglosen Angriff an der Umgebung, die sie durch Sengen und Brennen verwüsteten. Sie müssen arg gehaust haben, denn der Chronist wendet auf sie die Worte des Propheten Joel an: „Was die Heuschrecken übrig ließen, fraßen die Käfer u. s. w."

Um so dankbarer mögen die Bewohner des neuen Stadttheiles

den Schutz der gewaltigen Ringmauer empfunden haben, die in weitem Bogen sämmtliche Vororte, auch die neue Pfarrkirche St. Mauritius mit ihrer Umgebung, in den Bereich der Stadt aufgenommen und vor der Verwüstung der erbitterten Feinde bewahrt hatte. Wahrscheinlich steht hiermit ein alter Gebrauch in Verbindung, welcher der dankbaren Gesinnung unserer Voreltern einen bleibenden Ausdruck zu geben bestimmt war. Professor Wallraf erzählt nämlich in seinen Beiträgen zur Geschichte der Stadt (Bd. I, S. 162), bei der ältesten Gottestracht, welche vom Dom aus ihren Weg um die bekannten Spuren der ersten römischen Stadtmauer nahm, sei von zwei Domvicaren das Brustbild des heiligen Papstes Sylvester getragen worden, auf dessen Haupte mehrere bunte Wachskränze gelegen hätten. Wenn der Zug von St. Pantaleon her auf den Mauritiussteinweg und in den Anblick der Mauritiuskirche gekommen sei, habe der Domcustos die Kränze abgenommen, sei bei einem kleinen Gartenhause in der genannten Straße, welches deshalb mit einem Marienbilde bezeichnet gewesen, aus der Procession ausgetreten, habe daselbst die Bürgermeister und Senatoren der Stadt, welche das hochwürdigste Gut begleitet hätten, erwartet und jedem von ihnen einen Kranz überreicht, welcher vor Alters ihnen auf das Haupt gesetzt worden sei. Mit diesem Schmucke seien sie bis zur Apostelkirche gegangen, wo der Klerus des südlichen Stadttheiles und die Magistratspersonen die Procession zu verlassen pflegten.

Jenes kleine Gartenhaus, das zuletzt der Familie Jund angehörte, ist einer ganzen Reihe von neuen Häusern gewichen; doch steht das alte Muttergottesbild noch jetzt in der Nische des Hauses Nr. 26, welches an der Stelle des frühern Gartenhauses erbaut wurde. Professor Wallraf und vor ihm Winheim haben vergebens in den ältern Geschichtswerken nach einer Erklärung des angeführten Gebrauches sich umgesehen. Doch glaubt Ersterer die Lösung des Räthsels in dem Umstande gefunden zu haben, daß zur Zeit der unter Friedrich Barbarossa gefürchteten Belagerung der Stadt, auf Ersuchen des Erzbischofs Philipp von Heinsberg (1167—1191) an dieser zumeist exponirten Stelle zuerst mit dem Bau der neuen Mauer sei begonnen worden. Die farbigen Wachskränze wären also in diesem Falle wohl Symbole der Bürgerkronen gewesen, welche die damaligen Vorsteher der Stadt ganz besonders um die Bewohner der Pfarre von St. Mauritius sich verdient hatten.

Die Hypothese Wallraf's scheint nicht ohne Berechtigung zu sein; jedenfalls wird es schwer fallen, eine bessere an ihre Stelle zu setzen.

Sechstes Capitel.
Die Pfarre und ihre Bewohner.

1. Grenzen.

Durch die neue Stadtmauer war der Pfarrbezirk von St. Mauritius durchschnitten und die östliche Hälfte mit der Abtei St. Pantaleon, der Pfarrkirche und dem Kloster St. Mauritius in den Bering der Stadt aufgenommen worden. Den Verkehr mit dem äußern Antheile der Pfarre und der Umgegend vermittelten vier Thore: das Schaafenthor nach Lind und Bachem, das Weiherthor, durch welches die Römerstraße von Zülpich her in die Stadt einmündete, das Bachthor, an der Stelle, wo der Bach von Hürdt (Duffesbach) in die Stadt geleitet war, und die Pantaleonspforte, an dem jetzigen Bahnhofe der Bonn-Kölner Eisenbahn.[1]

Dagegen blieb die Verbindung mit der innern Stadt noch sehr gehemmt durch die „alte" römische Mauer, von den Bewohnern auch Sarazenenmauer genannt, welche undurchbrochen vom Laach bis zum Griechenthore fortlief und den Mauritiussteinweg in seiner ganzen Länge von der übrigen Stadt absperrte. Die Folge davon war, daß diese Gegend nur sehr langsam sich anbaute und bevölkerte.

---

[1] Nach dem alten Stadtplane von Goffarth. Auf dem Plane von Ennen zu Band I der Geschichte der Stadt Köln ist die Lage der beiden letzten Thore verwechselt.

Auch in den übrigen neuen Stadttheilen dauerte es lange, ehe sich ein festes Straßennetz ausgebildet hatte. Erst nachdem dieses geschehen, konnten auch die Grenzen der betreffenden Pfarrbezirke näher bestimmt werden.

Unsere Pfarre lag, wie oben bereits bemerkt worden, ganz außerhalb der alten Stadt; ihre Grenze folgte daher dem Laufe der Römermauer vom alten Stadtthore im Laach bis zum Griechenthore und von da ab östlich über die alte Mauer am Bach bis zum Anfange der Blaubach, wo das ehemalige Bachthor stand. Hier bog sie um die Ecke der Weißbüttengasse, lief durch die Weißgerber-Eckgasse (Eckelsgasse), also über die Grenze der alten Vorstadt Oursburg, quer über den Perlengraben, durch die Schnurgasse (Snargasse) und das Rosenthal, setzte an dem dortigen Wichhause über die Stadtmauer, umschloß in weitem Bogen den Comarhof, das weiße Haus, den Klettenberg, den Neuenhof und die ganze Herrlichkeit Sülz, und kehrte dann durch das Schaafenthor über die Schaafenstraße und den Marsilstein, welche aber beide zu der Apostelpfarre gehörten, in das Laach wieder zurück.

2. Bevölkerung.

Dem weiten Umfange der Pfarre entsprach keineswegs die Zahl ihrer Bewohner. Der größte Theil des Bodens innerhalb und außerhalb der Stadt bestand aus Weinbergen, Gärten und Ackerland. So blieb es auch in den folgenden Jahrhunderten bis zur neuern Zeit. Nirgendwo haben sich bei den heutigen Bauten Mauerreste im Boden gefunden, welche auf eine dichtere Bevölkerung in frühern Jahren schließen lassen.

Vor der Stadt lag die Herrschaft Sülz mit noch einigen Höfen. Sie gehörte unter die Gerichtsbarkeit des Abtes von St. Pantaleon. Hier stand der Frohnhof der Abtei (curtis in Sulpze), dem wir bereits in der Urkunde von 1198 begegnet sind (s. S. 45) und dem die meisten umliegenden Güter zinspflichtig waren. Hier stand auch die gewölbte Kapelle des h. Nicolaus, welche von ansehnlicher Größe gewesen sein muß, da sie vier Altäre besaß.¹) Sie war dem Kloster St. Pantaleon incorporirt und wird schon in den Statuten der Sülzer Nicolausbruderschaft aus dem Jahre 1201 erwähnt. Dort heißt es: „In Gottes Namen. Amen. Es sei kund allen denjenigen, die nun sind und hernach kommen sollen, daß wir vorgenannte Brüder sämmtlich gelobt und gesichert haben, in guter Treue eine Gesellschaft und Bruderschaft unter uns und unter den Brüdern, die nach uns kommen, stets zu halten, also lange, als Eiche und Erde steht (as eiche inde erde steit), nimmer zu scheiden und unser Geld von unserer Bruderschaft nimmer zu theilen und diese Bruderschaft zu bessern und nicht zu ärgern (ergerene, d. h. in Abnahme bringen) nach unserer Macht. Zu Ehren Gottes in dem Himmelreiche und des guten Sent Nicolais, der soll unser Patron sein zu Sülz. Anno 1201." „Jedes Jahr auf den Dinstag nach Ostern (Paschdache) soll die Bruderschaft eine Kerze von 36 Pfund zu Sülz in der St. Nicolauskapelle opfern (antwurden)".²)

Der Besitz einer eigenen Kapelle und die Errichtung einer Bruderschaft deuten darauf hin, daß in Sülz außer dem Hofgute auch noch mehrere andere Wohnungen zu einer Dorfschaft vereinigt waren. Der Herrenhof und die Kapelle wurden, wie oben bereits gemeldet, im burgundischen Kriege zerstört. Wahrscheinlich theilte das Dorf mit ihnen dasselbe Schicksal. Auf einer genauen Karte der Umgebung Kölns vom Jahre 1700 ist nicht einmal der Name „Sülz" mehr eingetragen.

Innerhalb der Stadt theilten sich die Klöster und die Hofgüter mehrerer altkölnischer Patrizier-Familien fast in den gesammten Grundbesitz der Pfarre. Nur wenige Straßen waren angebaut, am meisten die Weiherstraße, die Huhnsgasse (früher Hundsgasse), der Gerberbach an einer Seite, der Rinkenpfuhl und der Perlengraben. Gegen Ende des fünfzehnten Jahrhunderts zählte die Pfarrei nur

---

¹) Forst, Beiträge 1818, 19. April. Kloster-Chronik von St. Pantaleon.
²) Ennen und Eckertz, Urk. I, S. 407.

342 Häuser, während die Apostelnpfarre deren 517 und St. Columba sogar 950 besaß.[1]

Den Mittelpunkt der Pfarre bildete die Abtei St. Pantaleon. Mit ihren weitläufigen, stattlichen Gebäuden und Weingärten nahm sie den ganzen Raum zwischen dem Weidenbach, dem Gerberbach und der Walen= (Waisenhaus=)Gasse bis zum Perlengraben ein. Ihr gegenüber, dort, wo jetzt die große Caserne gebaut ist, lag das Kloster zum Weidenbach; an seinen Garten schlossen sich die Fischweiher der Abtei an, welche aus dem vorüberfließenden Bache gespeist wurden. Südlich von St. Pantaleon, im Martinsfelde, lag das Quirinusconvent, eines der ältesten Hospitäler der Stadt; jetzt steht an seiner Stelle die neue Pantaleonsschule. In demselben Felde lagen außerdem noch die der Abtei zinspflichtigen Hayenhöfe der Familien: **Scherfgin, Ulreporze, Gyr, Hirz, Wichterich**, und die mit Gräben umgebene Burg der Edeln **Wolfskeel**; ferner der **Hof Snar** an der Snar= (Schnur=)gasse, daneben der **Hof Blasbalg**, das **Gut unter den Palmbäumen** und der **Hof Abucht**; näher der Stadtmauer die Höfe **Siebenburgen, Rosenthal** und **Trutzenberg**. Nach Gelenius (de adm. magn. S. 82) befand sich in dieser Gegend der Stadt, so wie er aus alten Archiven entnommen, früher „ein angenehmes Weidengebüsch (salicetum), abwechselnd mit Wiesen, Aeckern und Obstgärten".

Die meisten der genannten Güter sind längst spurlos verschwunden; von einigen hat sich wenigstens der Name erhalten; der Gyrshof mit seinen alten Thürmchen, zuletzt im Besitze des Herrn von Geyer in Unkel, fiel dem Bahnhofe der Bonn=Kölner Eisenbahn zum Opfer.

Der Mauritiussteinweg, jetzt das Herz der Pfarre, war damals noch eine öde, verlassene und unheimliche Straße; viele Bewohner der Stadt mochten denselben kaum anders betreten, als bei Gelegenheit der Römerfahrt und der Gottestracht. Auf der einen Seite

---

[1] Ennen, Gesch. der Stadt Köln I, 683.

desselben standen das Kloster, die Kirche und das Pfarrhaus; auf der andern nur noch die einsame Wohnung eines Gärtners. — Der **Wolferhof** umfaßte das ganze Terrain zwischen der Huhnsgasse, der Taubengasse und dem Garten des Mauritiusklosters; außerdem besaß er in der Huhnsgasse noch elf kleine Häuser, welche schon im dreizehnten Jahrhundert als dem Hofe zinspflichtig angeführt werden.[1]) Früher gehörte er den Edeln von Hündchen, später der freiherrlichen Familie Francken-Sierstorph; von dieser kam er durch Erbschaft an den Herrn von Bianco und nach dessen Tode an den Freiherrn von Kempis. Im Jahre 1870 wurde das alte Gebäude niedergelegt und das Besitzthum zur Anlage der Frank- und Humboldtstraße parzellirt. Zwischen dem Mauritiussteinweg und der Huhnsgasse lag mitten im Garten der **Wideraber Hof**, zuletzt im Besitze des Rentners und Stadtverordneten Riffart. Gelenius nennt ihn „domus de Rore (zum Daw), den die Herren Quad von Wickrade besitzen". Das Eingangsthor trug bis zuletzt auf seiner Steinumfassung die Ueberschrift: Wideraber Hof. Er ist vor etwa zehn Jahren abgebrochen und das Terrain zu Hausplätzen auf dem Mauritiussteinweg und auf der Telegraphenstraße verwendet worden. Dasselbe Schicksal hatte der **Burtscheider Hof**, dessen Garten den größten Theil des Mauritiussteinwegs von der Weiherstraße bis zur kleinen Telegraphenstraße einnahm.

Noch erwähnen wir den Hof der uralten Patrizier-Familie **Kleingedank** auf der Schaafenstraße. In dem Rentenverzeichniß des Apostelnstiftes aus dem Jahre 1293 heißt es von einem zinspflichtigen Grundstücke: area, quae jacet prope sanctum Mauritium, versus curiam Cleinegedanc[2]). Wir vermuthen, daß dieser Hof im Besitze der Zweigfamilie Kleingedank-Mommersloch sich befand und zu den zinspflichtigen Höfen von St. Pantaleon gehörte, da unter diesen auch ein Hof Mommersloch mit angeführt zu werden pflegt. Die Familie besaß außerdem noch Hof und Güter hinter

---

[1]) Ennen, Gesch. der Stadt Köln, I, 666.
[2]) Ennen und Eckertz, Urk. III, 376.

dem Gereonskloster. (Ennen, Gesch. der Stadt Köln, I, 644.) Das Haus Kleingedank auf der Schaafenstraße war zuletzt Eigenthum der Familien Junkersdorf und Lülsdorf und mußte im Jahre 1874 der neuen Balduinstraße weichen. Der einzige Hof, welcher sich in seiner ursprünglichen Gestalt bis auf den heutigen Tag erhalten hat, ist der Rinkenhof, später Berlep'sche Hof genannt, auf dem Rinken=pfuhl. Er stammt erst aus dem fünfzehnten Jahrhundert und ge= langte in der Zeit der Reformation zu einer traurigen Berühmtheit, weshalb wir seine Geschichte in den folgenden Abschnitt verweisen.

Die geringe Bevölkerung ließ auch das Bedürfniß einer bessern Regulirung der Straßen weniger empfinden. Ueberhaupt wurde die Straßenpolizei in jener Zeit allzu milde gehandhabt. Für den Ab= lauf des Wassers war nur mangelhaft gesorgt, Canäle (Abucht, aduct = Abzugscanal), welche Unrath und Schmutz ableiteten, gab es wenige; desto größer war die Zahl der Pfühle, in denen sich die Jauche und der sonstige Inhalt der Gossen sammelte. Sie dienten zugleich als Schwemmteiche für das Vieh und zu andern landwirth= schaftlichen Zwecken. Viele derselben waren Ueberreste der alten Stadtgräben. Unsere Pfarre war besonders reich an solchen Pfühlen. Schon in der Geschichte des h. Reinoldus begegnete uns der Pfuhl im Laach, das von ihm den Namen trägt (lacus). Ebenso lag in dem Weingarten des Klosters St. Mauritius, der sich an der Ost= seite des Mauritiussteinwegs längs der alten Römermauer vorbeizog, ein Pfuhl, in dem das Wasser aus der Thieboldsgasse durch eine Oeffnung der Stadtmauer zusammenfloß (dat wasser, dat da vluyst ind geit usser der deyvengassen durch dat loch der alder heydenscher stedemuyren in unsen wyngart). Die Non= nen hatten das Loch zumauern lassen, aber die Stadt ließ es wieder aufbrechen. Der hierüber entstandene Streit wurde durch Urkunde vom Jahre 1345 dahin geschlichtet, daß das Kloster den Abfluß des Wassers in seinen Weinberg für ewige Zeiten gestattete.[1] Außer=

---

[1] Ennen und Eckertz, Urk. IV, S. 295.

dem werden genannt der Rinkenpfuhl in der gleichnamigen Straße, der große Sumpf hinter der Weidengasse, der Perlengraben, der Pfuhl an der Schnurgasse bei Schallenberg's Weingarten, ein Pfuhl in der Huhnsgasse und andere kleinere Wasserpfützen.[1]) Glücklicher Weise ist von den meisten nur noch der Name zurückgeblieben.

3. Der Duffesbach.

Der sogenannte Duffesbach stand mit der alten Pfarrei St. Mauritius in zu naher Verbindung, als daß er in ihrer Geschichte übergangen werden dürfte. Er durchströmte nicht bloß ihr Gebiet nach der ganzen Länge derselben, sondern bildete auch die Quelle des Wohlstandes für einen großen Theil ihrer Bewohner. Zudem hat sich auch an seinen Ufern manche interessante Episode der stadt= kölnischen Geschichte abgespielt. Der Bach sammelt seine Quellen in den Thalgründen von Hürth und dem naheliegenden Billwalde. Zuerst floß er durch die Herrschaft Hürth, welche der Familie von Harf zugehörte, und durch das Hofgut der Deutsch=Ordensherren in Hermülheim, sowie durch die Güter des Klosters St. Clara und des Stiftes St. Maria im Capitol zu Köln; dann kam er in das Ge= biet des Abtes von St. Pantaleon, in die Herrlichkeit Sülz; am Bachthor trat er in die Stadt und eilte, damals wie jetzt, unter verschiedenen Namen, als Weidenbach, Fell= oder Gerberbach, Blau= bach und Mühlenbach dem Rheine zu, nachdem er vorher einen Theil seines Wassers an die Weißgerber in der Büttgasse abgegeben hatte.

Ob der Bach ursprünglich wasserreich genug war, um sich den Weg bis zu seiner Mündung in den Rhein selbst zu bahnen, oder ob er, wie auch seine Nachbarn, die Bäche von Gleuel und Frechen, nach kurzem Laufe in den angrenzenden Weihern sein Grab fand; ob die römische Wasserleitung, deren Spuren hinter dem Neuenhof deutlich zu Tage traten, sein Wasser aufnahm, um es der alten Colonia Agrippina zuzuführen, wie Ennen meint; oder ob man

---

[1]) Ennen, Geschichte der Stadt Köln, I, 682.

ihm das Bett in die Stadt gegraben und seinen Lauf zuerst durch die Löhrgasse geleitet hat, wo früher die Gerber (Löhrer) ihre Werkstätten besaßen: dies alles ist wenigstens bis heute nur Gegenstand der Vermuthung. Gewiß ist aber, daß der Bach sein jetziges Bett durch die Stadt sich nicht selbst gesucht haben kann, da man jedenfalls von der Stelle an, wo er den Bischofsweg durchschneidet, ihn künstlich eingedämmt und auf der Höhe gehalten hat, um ihn in den ehemaligen, altrömischen Stadtgraben, längs der alten Mauer am Bach, hineinzuführen. Ohne diesen Damm hätte er nothwendig seinen Weg durch die neben ihm herlaufende Thaleinsenkung genommen, welche als Fortsetzung des Raderthales und des Rosenthales am Fuße des Pantaleonshügels vorbei sich weiter bis zum Rheine hinzieht.

Da der beständige Zufluß des Bachwassers eine Lebensfrage für viele Gewerbtreibende, namentlich für Gerber, Blaufärber, Walker und Mühlenbesitzer war, so mußte die Stadt Sorge tragen, daß diese Ader des geschäftlichen Lebens in ihrem Laufe nicht unterbunden werde. Sie setzte sich deshalb sehr früh schon in den Besitz der Quellen, deren nicht weniger als 21 in den betreffenden Urkunden aufgezählt werden, besorgte deren Einfassung und Reinigung, erwarb gegen bedeutende Geldsummen von den anschießenden Grundherren das ungestörte Nutzungsrecht an dem Bachwasser und überwachte die Instandhaltung der Ufer durch eigens dazu angestellte Bachmeister.

Die ganze Woche hindurch nahm die Stadt das Wasser für sich in Anspruch; den anschießenden Grundbesitzern war in der Regel nur gestattet, von Samstag-Nachmittag 3 Uhr („von der Non an") bis Sonntags zu derselben Zeit den Bach zum Speisen ihrer Weiher oder zur Bewässerung der Wiesen zu benutzen. Die Ueberschreitung dieser Befugniß gab öfters Veranlassung zu langwierigen und heftigen Streitigkeiten. So mußte im Jahre 1321 die Vermittelung des Papstes Johannes XXII. gegen die Deutsch-Ordensherren und die Nonnen von St. Clara angerufen werden, weil sie in ungebührlicher Weise das Bachwasser in ihre Weiher und Wiesen geleitet und dadurch den Kölnern Schaden zugefügt hatten. Mehrmals sah sich die Stadt genöthigt, mit Gewalt die durchstochenen Bachufer wieder herzustellen und die Abzugsröhren zu entfernen. Im Jahre 1560 kam es sogar zu einem blutigen Kampfe zwischen dem Herrn von Hürth, Wilhelm von Harf, an der Spitze der Hürther Bauern mit ihrer ländlichen Bewaffnung, und einem Aufgebote von 1000 Mann städtischer Zunftgenossen, worin Ersterer mit seinem Schultheißen gefangen und nach Köln abgeführt wurde.

Auch der Abt von St. Pantaleon hatte das Recht, auf seinem Landgute „weißes Haus" das Wasser des Duffesbaches von Samstag-Mittag an bis Sonntag zu derselben Zeit in die Weiher und Baumgärten abzuleiten. Als Abt Conrad von Kochem im Jahre 1694, mit Hintansetzung der bis dahin bestandenen Ordnung, neue Abzugscanäle errichten ließ und an die obige Beschränkung seines Gebrauchsrechtes sich nicht stören wollte, sandte die Stadt eine Schaar von Bürgern, welche unter Leitung des Bachmeisters die neuen Canäle zerstörte und die Abzugsgräben zuwarf. Der Abt mußte sich mit dem frühern Zustande der Dinge zufrieden geben, der auch jetzt noch zu Recht besteht. (Jahrbücher des niederrhein. hist. Vereins, Heft 13, S. 180 ff.)

4. Gerichtsbarkeit.

Die privatrechtlichen Verhältnisse der Bürger wurden geordnet durch mehrere Gerichte, welche ihren Sitz theils innerhalb, theils außerhalb der alten Römerstadt hatten. Die letztern waren entweder zugleich mit den frühern Vorstädten entstanden oder hatten sich aus der Grundherrschaft der großen Stiftsklöster entwickelt. Daher ihre Namen: Niederich, Ayrsbach, Eigelstein, St. Gereon, St. Pantaleon, St. Severin und St. Georg. Sie bestanden schon lange vor dem Bau der neuen Stadtmauer. Diese hatte einige Bezirke durchschnitten, dadurch aber in der Gerichtsverfassung nur in so weit eine Aenderung hervorgerufen, als die Bewohner innerhalb der Stadt an den Rechten und Lasten der Bürger Theil nahmen, während die Außerstädtischen jene entbehrten, aber auch von diesen befreit blieben.

Das Gericht St. Pantaleon umfaßte das ganze ehemalige Kirchspiel St. Mauritius, also vor der Stadt die Herrschaft Sülz mit den umliegenden Gütern und in der Stadt besonders die theilweise schon genannten Höfe: Scherfgin, Ulreporze, Gyr, Eren, Hirz, Wichterich, Wolf und Mommersloch. Gerichtsherr über diesen Bezirk war der Abt von St. Pantaleon, als Hof- und Lehnsherr von Sülz und als Zinsherr der meisten übrigen Höfe. Das Gericht war ein doppeltes, ein Civil- und Lehngericht. Für das erstere bestellte der Abt den Richter, den Actuar und den Gerichtsboten; die Schöffen oder Dingleute wählten sich gegenseitig. Auch für das zweite bestimmte er den Lehen- oder Mannrichter, so wie dessen Actuar. Das Gerichtslocal oder Dinghaus[1]), vom Volke „Dinkes" genannt, lag auf der Weiherstraße, weshalb das Gericht auch Weiherstraßengericht hieß. In Betreff der Appellation unterschied es sich von allen andern Gerichten der Stadt. Während diese an die kurfürstlichen Appellationscommissare oder an das kurfürstliche Hofgericht als zweite Instanz und von diesem, je nach der Beschaffenheit der streitigen Sache, an das oberste Reichsgericht gewiesen waren, gingen die Entscheidungen des Weiherstraßen-Gerichtes zunächst an zwei Schreinsmeister desselben Gerichtes, von diesen an den städtischen Senat und dann an das höchste Reichsgericht. Es war dies um so auffallender, da der Senat in dinglichen Angelegenheiten sich sonst keiner Jurisdiction erfreute.[2])

Das Gericht über die Verbrechen gegen die Sittlichkeit lag in den Händen des Magistrates. Zur Charakterisirung des mittelalterlichen Strafverfahrens in unserer Stadt mögen einige Arten der Strafen für solche Verbrechen hier angegeben werden.

---

[1]) Dingen ist so viel als Urtheilen, Rechtsprechen.
[2]) Tractatus absolutissimus de Jurisdictione Coloniens. Judiciorum sct. VI, S. 42.

1. Das Steine- und Kerzentragen, bei groben Verletzungen des sechsten Gebotes, besonders bei dem Ehebruche. Dem Schuldigen wurde ein Tragholz, nach Art des Joches, auf die Schultern gelegt, an dessen beiden Enden zwei eiserne Ketten mit schweren Steinen befestigt waren. Mit dieser Last mußte er, eine Kerze in der Hand und vom Gewaltrichter begleitet, seinen Bußgang antreten. Dieser begann am Frankenthurm und ging zuerst in den Dom, wo die Kerze am Altare der hh. drei Könige geopfert wurde. Dann mußte der arme Sünder, mit einer neuen Kerze in der Hand weiter wandern durch das Hachtthor, unter Taschenmacher zum Altenmarkte und über den Heumarkt nach St. Maria im Capitol, wo er die zweite Kerze zum Opfer darbrachte. Bei erschwerenden Umständen folgte dieser Strafe auch noch die Verweisung aus der Stadt.

2. Das Heuketragen. Die Heuke war von Faßdauben in der Form eines spanischen Radmantels gemacht; um den Hals schloß sie enge an; sie ruhte auf den Schultern, ließ den Kopf ganz frei und reichte bis unter die Kniee. Kupplerinnen und Gotteslästerer wurden durchgehends zu dieser Strafe verurtheilt. Auf der Heuke war mit großen Buchstaben das Vergehen geschrieben, dessen sich der Delinquent schuldig gemacht hatte. Der vorgeschriebene Bußweg ging ebenfalls vom Frankenthurm aus über den Alten- und Heumarkt und auf anderm Wege zum Frankenthurm wieder zurück.

3. Das Stehen auf dem Käx oder Schuppstuhle auf dem Heumarkte, eine Art von Pranger, für diejenigen, welche beim Marktverkaufe falsches Maß und Gewicht gebraucht hatten.

4. Bettler wurden auf den Frankenthurm gebracht; daselbst erhielten sie eiserne Hörner und Bellen aufgesetzt und mußten in diesem Anzuge mit langen Besen die Straßen kehren.[1]

Es ist keine Frage, daß diese volksthümlichen Strafen sowohl bei den Bestraften selbst als bei den Zuschauern einen viel tiefern Eindruck zurückließen, als unsere jetzige Gefängnißstrafe, welche bei

---

[1] Pick's Monatsschrift für rhein. u. westfäl. Gesch. 4.—6. Heft, S. 355.

Vielen kaum mehr eine abschreckende Wirkung ausübt. Durch jene wurden allerdings die Verbrecher der wohlverdienten öffentlichen Schande preisgegeben, aber viele Andere vom Wege des Verderbens abgehalten, und dies war die Absicht der Strafe. So bekamen denn auch die Kinder, welche bei der Auspeitschung eines Delinquenten am Frankenthurm zugegen waren, "ein Zuckerplätzchen und ein Glas Wein" und zwar, wie es ausdrücklich heißt, "zur Erinnerung an die Execution und zur Abschreckung für die Zukunft".[1]

Die Todesstrafe wurde nur von dem kurfürstlichen hohen Gerichte auf Grund eines Schöffenurtheils verhängt und durch das Schwert, den Galgen oder den Scheiterhaufen vollzogen.[2] Eine

---

[1] Tractatus absolut. de Jurisdict. Col. S. 28.

[2] Die Ausführung des Todesurtheils war an eine Menge von einzelnen Bestimmungen gebunden, von denen manche kleinlich erscheinen könnten, wenn aus ihnen nicht die Absicht hervorleuchtete, der Möglichkeit einer Rettung vom Tode recht vielen Spielraum zu lassen. Hier nur ein Beispiel. War dem Verbrecher das Urtheil, das er knieend anhören mußte, verkündigt, so zeigte der Vorsitzer des Gerichtes, der Vice-Comes, in Begleitung eines Schöffen dem Senate der Stadt den Tag der Hinrichtung an und ersuchte um militairische Begleitung der Execution, welche an Melaten stattfand. Bei dieser Gelegenheit mußte der Schöffe auf eine Schiefertafel, welche in der Vorhalle des Gerichtshofes an der Wand befestigt war, mit Kreide die Worte schreiben: "in causa necessitatis". Diese Kreide mußte jedes Mal bei dem Burgherrn des Senates zu diesem Zwecke genommen werden. Im Jahre 1705 sollte ein gewisser Schulten aus Tünwald wegen Diebstahls und Polygamie hingerichtet werden. Schon hatte der Vice-Comes das übliche Ansuchen um militairisches Geleite an den Senat gestellt und dieser auch dasselbe bewilligt, da machte der Burgherr die Anzeige, der Schöffe habe die Kreide zur Niederschreibung jener verhängnißvollen Worte nicht bei ihm genommen, sondern sich seiner eigenen Kreide bedient. Sofort änderte der Senat seinen Beschluß, ließ am andern Tage, wo die Hinrichtung stattfinden sollte, das Ehrenthor geschlossen, so daß der Armsünderkarren von Melaten zur Abholung des Verurtheilten nicht hereinkommen konnte und verweigerte zugleich den militairischen Conduct. Als das kurfürstliche Gericht dies erfuhr, änderte es die Todesstrafe in öffentliche Auspeitschung um und Schulten wurde mit der Peitsche zum Severinsthore hinausgetrieben. (Tractat. absol. S. 32.)

Execution der letztern Art aus dem Jahre 1163 verdient eine ausführlichere Mittheilung, weil sie uns einen Blick in das religiöse Leben der damaligen Zeit gewährt und weil der Schauplatz des traurigen Ereignisses unmittelbar vor der Stadt, also möglicherweise noch in dem Bereiche unserer Pfarre gelegen war.

„In jenem Jahre," so erzählt uns Gottfried in seiner Chronik von Köln (Fontes rer. Germ. v. Böhmer III, 437), „kamen auch einige Ketzer von der Secte der sogenannten Katharer aus Flandern nach Köln, wo sie nahe bei der Stadt in einer Scheune verborgen ihre Wohnung nahmen. Da sie niemals, auch an den Sonntagen nicht, die Kirche besuchten, wurden sie von den Umwohnenden ergriffen und zur Anzeige gebracht. Nachdem sie der katholischen Kirche vorgestellt und über ihre Secte genugsam ausgefragt waren, und als sie, jeder Belehrung unzugänglich, hartnäckig auf ihrem Irrthum bestanden, wurden sie aus der Kirche ausgestoßen und den Laien (d. i. dem weltlichen Gerichte) überantwortet. Diese führten sie am 5. August aus der Stadt und überlieferten sie dem Feuertode, vier Männer und ein junges Mädchen. Letzteres wäre durch das Mitleid des Volkes beinahe gerettet worden, wenn es, durch den Tod der Andern erschüttert, besserm Rathe hätte folgen wollen. Allein schweigend stand es da und hörte auf seine Zurede; dann plötzlich benutzte es einen günstigen Augenblick, entwand sich den Händen derer, die es hielten, und stürzte sich freiwillig in die Flammen und fand so den Tod."

Trithemius berichtet dasselbe Ereigniß in seiner Chronica Hirs. I, 450, führt aber noch einige nähere Umstände an, welche der Kölnische Chronist übergangen hat. Nach ihm bestand die Zahl der Verurtheilten aus acht Männern, drei Frauen und einem Mädchen. Drei von den Männern, Arnoldus, Marsilius und Theodoricus, zeigten große Gewandtheit in der Disputation; sie waren, obgleich Laien, in der lateinischen Sprache wohl erfahren und in den heiligen Schriften sehr bewandert. Zu ihrer Widerlegung hatte man einen der gelehrtesten Männer jener Zeit, den Abt Egbert von Schönau,

nach Köln berufen. Dieser überwand in öffentlicher Disputation vor dem gesammten Klerus und dem Volke die Häretiker, so daß sie nichts mehr zu erwidern vermochten. Gleichwohl blieben sie verstockt gegen alle Bitten und Ermahnungen und führten auf diese Weise selbst ihr schreckliches Ende herbei. — Welches waren denn die Lehren, durch welche diese Unglücklichen in einer so traurigen Verblendung gefangen gehalten wurden? Im Jahre 1127 war in Brabant ein Laie mit Namen Tanchelin aufgetreten und hatte die alte Irrlehre der Manichäer, welche hier und da noch unter der Asche fortglimmte, in neuer Gestalt wieder aufgefrischt. Seine feurige Beredtsamkeit brachte es dahin, daß namentlich in Antwerpen ein großer Theil des Volkes sich ihm anschloß. Zwar gelang es dem h. Norbertus, die meisten der Bethörten wieder in den Schooß der Kirche zurück=
zubringen; viele aber blieben verstockt und verfielen entweder der ge=
rechten Strafe oder suchten ihr Heil in der Ferne. Zu den letztern mochten wohl die oben Genannten gehören. Die Katharer lehrten:

1. Daß sie allein vor allen übrigen Christen frei seien von jeg=
licher Sünde und Ungerechtigkeit; deshalb nannten sie sich Katha=
rer, d. h. die Reinen (Καθαροι).

2. Sie erkannten weder den römischen Papst, noch die Bischöfe, noch sonstige geistliche Obern an, verachteten ihre Lehren, Anord=
nungen und Gesetze und hielten sie für Werkzeuge des Satans zum Verderben der Seelen.

3. Sie verwarfen die Sacramente der Kirche, lästerten das Aller=
heiligste und spotteten über Beichte, Ablaß und Bußübungen, indem sie sich auf den Spruch des Propheten beriefen: „Zu welcher Stunde auch immer der Sünder in sich geht, wird er gerettet sein, noch werde ich weiter seiner Sünden gedenken, spricht der Herr."

4. Sie hielten für sich Alles für erlaubt; selbst Blutschande unter den nächsten Verwandten galt ihnen nicht als Sünde. Auch hier stand ihnen der Ausspruch des Apostels zur Seite: „Den Reinen ist Alles rein."

5. Da sie zu den Auserwählten gehörten, war ihnen der Himmel gewiß; deshalb verachteten sie den Tod und beschleunigten ihn sogar oft durch die Annahme der Endura oder freiwilligen Verhungerung. Wir dürfen uns darum nicht wundern über den standhaften Muth, womit jene Unglücklichen den qualvollen Feuertod erduldeten und das junge Mädchen sich selbst den Flammen in die Arme warf.

Am kürzesten bezeichnete wohl die Lehren und den ganzen Geist der Katharer ein wieder zur Kirche Zurückgekehrter mit der Antwort, welche er dem Erzbischofe Arnold von Köln gab: „Alles, was die Kirche glaubt und übt, halten sie für falsch und grundlos". [1]

5. Bauerbank.

Außer den eigentlichen Gerichten gab es noch freie Einigungen unter den Erbgenossen oder Gutsbesitzern mit festen Statuten zur Regelung der bäuerlichen Verhältnisse, besonders zum Schutze gegen Feldfrevel und andere Uebergriffe; es waren die sogenannten **Bauerbänke** oder **Buirgedinge**. Die Mitglieder verpflichteten sich eidlich zur treuen Befolgung der festgesetzten Ordnung. Jede Uebertretung wurde mit bestimmten Geldstrafen oder auch mit Ausschließung aus dem Verbande gebüßt. An der Spitze standen die **Geburmeister**, sie wurden durch Stimmenmehrheit gewählt und versammelten sich regelmäßig in dem **Geburhaus**, um über die entstandenen Streitigkeiten abzuurtheilen. Ihrem Ausspruch mußte sich Jeder unterwerfen. Ein geschworener **Schütze** vertrat die Stelle des Gerichtsboten oder Polizeidieners.

Solche Bauerbänke bestanden auf dem Eigelstein, in der Friesenstraße, Schaafenstraße, Weiherstraße und an St. Severin.

Eine der ältesten und ausgebildetsten war die Bauerbank auf der Weiherstraße für das Kirchspiel St. Mauritius. Ihre Statuten da-

---

[1] Trithem. loc. cit. Hurter, Innocenz III., Bd. II, 212 ff.

tiren aus dem Jahre 1240 und sind nach spätern Copieen abgedruckt in Ennen und Eckertz, Urk. II, 210 sq.

Die Ueberschrift der einen Copie lautet: Heyen und buir gebinge under der wierportzen, accordatum MCCXL.¹) Sie beginnt mit den Worten: „In Gottes Namen. Es sey kund allen denjenigen, die nun sind und hernach kommen sollen, daß wir Erbgenossene von dem Gute und dem Lande, das gelegen ist im Sülzer Felde, uns gemeinschaftlich und sämmtlich zu einer Einigung vertragen haben zu gemeinsamem Nutzen und Vortheil (umb gemeynen nutze und urber) aller Erbgenossenen." Mitglieder dieses Verbandes waren also, wie die Ueberschrift zeigt, zunächst die Heyen²) oder die Besitzer der Heyen- oder Hayenhöfe, später

---

¹) Eine andere heißt: Dit synt die Gesetze der Haeyn und der Gebuyrschaft yn der Weyerstraissen, die vor zwen hondert Jairen gesatzt synt.

²) Der Ausdruck Heyen oder Hayen, auch Hyen, Hygen und Hyemannen kommt vorzugsweise am Niederrhein und in Urkunden des 13. Jahrhunderts vor. Seine Bedeutung ist ebensowenig wie seine Abstammung bisheran sicher festgestellt. Wahrscheinlich waren die Heyen oder Hyemannen erbliche Besitzer von solchen Gütern, welche zinspflichtig zu einem Frohn- oder Herrenhof (curtis) gehörten. Sie standen zu ihrem Grundherrn in einem Lehnsverhältnisse und wurden deshalb auch homines curtis, Hofhörige, genannt.

So heißt es in einer Urkunde vom Jahre 1266: „Verhandelt auf unserm (des Ritters Goswin von Alfter) Hofe zu Endenich in Gegenwart der Hörigen des Hofes, welche gemeinlich Hygen genannt werden (coram hominibus curtis, qui vulgariter hygen vocantur. Lacomblet, Urk. II, 569). Wie es scheint, bildeten sie die familia curtis, an deren Zustimmung der Grundherr bei Veräußerung der zum Hofe gehörigen Grundstücke oder Gerechtigkeiten gebunden war. So sehen wir aus der mehrmals angezogenen Urkunde von 1198 (Ennen und Eckertz, Urk. I, S. 610), daß der Abt von St. Pantaleon beim Verkaufe eines Grundstückes, welches zum Frohnhof Sülz gehörte, die Zustimmung der familia des Hofes einholte (ex consensu familiae curtis).

Die Heyen erscheinen deshalb wiederholt als Zeugen, vor denen solche Rechtsgeschäfte abgeschlossen wurden; sie werden ferner Schöffen und Officialen genannt, und eine Art von untergeordneter Gerichtsbarkeit wird ihnen

aber auch die sonstigen Angesessenen (Bauern) des Pfarrbezirks St. Mauritius. Ebenso war der Abt von St. Pantaleon mit seinen

<hr />

zugeschrieben. So verkaufte Ritter Heinrich von Wolkenburg im Jahre 1284 dem Stifte St. Andreas in Köln seine Grundstücke und Gefälle zu Kerpen „in Gegenwart der Schöffen oder Hyemannen von Kerpen" (coram scabinis sive hyemannis Carpensibus. Lacomblet, II, 791), und in einer andern Urkunde heißt es: „gemäß Rechtsspruch und Urtheil der Officialen, welche Hyen genannt werden" (secundum jus dictum ac sententias officialium, qui dicuntur hyen. Lacomblet II, 738). Die Befreiung von dieser Gerichtsbarkeit der Heyen wurde, als Ausnahme, ausdrücklich stipulirt in einer Urkunde, worin Dietrich von Broich und seine Angehörigen einige Güter ihres Hofes zu Rath dem Kloster Kamp verkaufen, so zwar, daß die neuen Besitzer fernerhin in keiner Weise mehr dem Gerichte der Hyemannen oder der Hörigen des Hofes zu Rath unterworfen sein sollten (ad nullum judiciale forum hyemannorum aut hominum nostrorum in Rode erunt deinceps aliquatenus obligati. Lacomblet, II, 661).

Wie wir aus dem Kalendarium der Domcustodie ersehen, erstreckte sich die Bezeichnung Heyen auch auf die Besitzer von zinspflichtigen Weingütern. Dort heißt es: „Diesen vorerwähnten, sogenannten Pachtwein liefern Einige aus Unkel, welche Hygen genannt werden." (Illud vinum praedictum, quod dicitur pachwin, solvunt quidam in Unkele, qui dicuntur hygen et sunt jurati ecclesiae St. Mariae et St. Petri etc. Ennen und Eckertz, Urk. II, S. 594.) Wegen des letztern Zusatzes nennt Ennen in seiner Geschichte der Stadt Köln, I, 598, die Hayen Geschworene einer Kirche, wie Lacomblet sie als Hofgeschworene bezeichnet. Nach v. Mering heißt es in einer alten Urkunde: das Land im Felde Sülz sei ein Hygut, es habe dem Abte von St. Pantaleon den Lehnseid (homagium) geleistet und entrichte ihm die Kurmede (Besthaupt). (Gesch. der Ritterburgen, I, 133.)

Ueber die Ableitung des Wortes Hyen, Heyen, Hyemannen oder Hygen herrschen verschiedene Meinungen. Nach Mooren stammt es ab von „Hy", im Kölnischen hey, so viel wie er, und bedeutet „Männer", ähnlich wie Laten, lithones, Leute. Ein Heyengut wäre dann so viel wie ein Manngut. Indessen ist die Ableitung von einem Pronomen bedenklich. (Annalen des hist. Ver. 28. u. 29. Heft, S. 28.)

Maurer in seiner Geschichte der Frohnhöfe (Bd. IV, § 626) leitet es ab von heyhen, hegen, d. i. bewahren, schirmen, schützen. In dieser Bedeutung kommt das Wort in vielen Urkunden des Mittelalters vor, z. B. hehen und schirmen, das Gericht hegen und schirmen, Recht und Fried hayen.

Gütern gegen jedesmalige Zahlung von 12 Mark in die Gemeinschaft aufgenommen und mußte sich den Satzungen derselben unterwerfen. Bei den Sitzungen durfte er sich vertreten lassen durch einen Herrn „van seynem Gotzhuys"; erschien aber keiner von ihnen, so mußte er Strafe und Buße bezahlen, wie alle andern. Uebrigens heben die Statuten (§. 51) ausdrücklich hervor, daß man sich in keine Angelegenheit und Klage einzumischen unterfange, welche zu „unseres Herrn, des Abtes, Gericht oder seines Schultheißen gehöre".

Das Statut enthält 60 Paragraphen. Wir führen einige derselben an, um Inhalt und Charakter des Ganzen zu bezeichnen.

1. **Erwerb und Verlust der Einigung.** Jeder, welcher Mitglied der Genossenschaft werden wollte, mußte 12 Mark Eintrittsgeld bezahlen; war er ein Auswärtiger, so betrug dasselbe 16 Mark. — Verloren wurde die Berechtigung, wenn einer dem geschworenen Schützen seinen Beitrag binnen Jahr und Tag nicht bezahlt hatte; wenn er die von den Meistern verhängte Buße, trotz wiederholter Mahnung, in Jahr und Tag nicht erlegte; auch dann, wenn einer zum Geburmeister erwählt war und dieses Amt in acht Tagen nicht

---

Deshalb werden die Heyen-höfe auch Schutzherren-höfe genannt; sie bildeten eine Art von Genossenschaft (Burschaft, Burgedinge, Erbgenossenschaft), unter der Oberherrschaft des Lehnsherrn, zur Wahrung ihrer gegenseitigen Rechte, und die Bouerbank war nur eine weitere Entwickelung dieser Schutzgenossenschaft.

Unter dem Abte von St. Pantaleon, als Lehnsherrn, standen neun Hayengüter oder Hayenhöfe. Es sind die mehrmals schon angeführten alten Patrizierhöfe („Rittershöfe"): Sülz, (Frohnhof), Scherfgen, Ulreportze, Gyr, Eren, Hirz, Wichterich, Wolf und Mommersloch. Sie waren anfangs die einzigen, welche die Burschaft im Felde Sülz inne hatten. (Ennen u. Eckertz, Urk. I, 407. Anm.) Im Jahre 1438 werden als Besitzer der genannten Höfe angegeben: Goebel Walrave von dem Hofe Ulreporze, Johann von Eren vom Erenhofe, Johann Scherfgen vom Hofe zum Scherfgen, Johann Slosgin vom Hofe Wichterich. (Ennen und Eckertz, Urk. II, S. 219.) v. Mering fügt noch hinzu die Namen: Adolf Pantaleon vom Hofe Gyr, Rickolf vom Hofe Hirz, Jacob Meynt vom Wolferhof und Giez von Schlendryan vom Hofe Mommersloch. (Gesch. der Ritterburgen, I, 130.)

annahm. Hatte Jemand das Recht der Einigung verloren, so konnte er nur dann wieder aufgenommen werden, wenn er seine Buße und alles, was er schuldig war, vorher berichtigt hatte.

2. **Versammlungen.** „Die Geburmeister sollen dyngen alle Tage zur Zeit der gemeynen Messe in St. Pantaleon; wenn die Messe aus ist, mögen sie von bannen gehen" (§. 49). — Bei den allgemeinen Versammlungen wurden die Beschlüsse durch Stimmenmehrheit gefaßt: „der mynste Part sall dem meysten folgen sunder vorber Rede (Widerrede)". — Wenn einer in diesen Versammlungen gegen den andern ungezogene Worte oder Schimpfreden sich zu Schulden kommen ließ und der Meister ihm zu schweigen gebot und er schwieg nicht, so soll er bei dem ersten Gebote vier Pfennige, beim zweiten sechs, beim dritten acht und beim vierten 12 Pfennige Buße zahlen. Dieselbe Buße galt dem, der auf solche Ungebührlichkeit „unnutzige" Antwort gab.

3. **Weideberechtigung.** Niemand soll Schafe halten binnen „Sent Mauritius kirspell", er habe denn 50 Morgen Lands oder mehr. — Die höchste Zahl, welche ein solcher besitzen durfte, betrug 200. Wer mehr hielt, mußte von jedem Schafe für den Tag einen Schilling Buße zahlen. — Die Austrift begann mit Ostern und dauerte bis gegen Martin. — Das Treiben der Schafe auf besäetes Land wurde mit zwei Mark gebüßt. — Wurde ein Pferd, ein Rind oder eine Kuh Nachts auf dem Felde „in Schaden" gefunden, so mußten dafür sechs Schillinge, war es ein Ferken, zwei Schillinge, war es eine Gans, 12 Pfennige Strafe gezahlt werden.

4. **Unkraut sammeln — Kruyden.** Das Kruyden auf fremdem Felde, wenn es ohne Urlaub geschah, wurde mit zwei Schillingen bestraft; geschah es auf besäetem Felde, so mußte dieselbe Strafe für jede Bürde bezahlt werden. — Wenn ein Fremder, Mann oder Weib, in das Feld geht auf die Stoppeln (upme stoppelen), der zahlt von jeder Bürde sechs Pfennige, von dem Karren fünf Schillinge, von dem Wagen zehn Schillinge zur Buße.

5. **Aehrenlesen.** Kinder und kranke Leute soll man „Aren" lassen, wie dies gewöhnlich ist; indeß soll während des Schnittes und des Bindens der Frucht dies Aren oder Sümmern nicht gestattet sein, sondern erst dann, wenn die Frucht vom Lande weggefahren ist. Wer dawider handelt, soll von jeder „Sangen" (Bündel) zwei Schillinge zur Strafe geben.

Manche Bestimmungen sind wegen der Eigenthümlichkeit der damaligen Sprache schwer verständlich. — Die alten Bauerbänke sind im Laufe der Zeit untergegangen. Nur wenige Ueberreste der frühern Einrichtung haben sich bis auf unsere Zeit erhalten; aber auch diese werden bald verschwunden sein, da die meisten Gärtnersleute wegen der strengen Handhabung unserer Straßenpolizei sich genöthigt sehen, den Betrieb des Ackerbaues nach außen zu verlegen.

6. Weinbau.

Ein großer Theil des Bodens innerhalb der Stadt war mit Wein bepflanzt. Ueberhaupt hatte in früherer Zeit die Weincultur am Niederrhein eine viel größere Ausdehnung, als heut zu Tage. So sehen wir aus einer Urkunde vom Jahre 1584 im Pfarrarchiv, daß das Kloster St. Mauritius einen Morgen Weingarten auf dem „Mauritiusfelde" zu Hemmersbach unter Köln (bei Horrem) besaß. Das Kölner Wachsthum war freilich von sehr mittelmäßiger Qualität, meist Rothwein (vinum rubellum). Allein unsere Vorfahren waren genügsamer Natur; sie hatten wenigstens ein reines Getränk. Zudem mochten die entferntern bessern Weine wegen der hohen Fracht nur Wenigen zugänglich sein. Daß man ein großes Gewicht auf diesen Zweig der Agricultur legte, beweist der Umstand, daß in den alten Stadt-Chroniken die Wein-Ernte einen bedeutsamen Gegenstand der Jahresberichte bildet. So heißt es in einer Chronik aus dem vierzehnten Jahrhundert[1]: „In dem Jahre unseres Herrn:

---

[1] Annalen des Ver. für niederrh. Gesch. Heft 23, S. 46 ff.

Die Pfarre und ihre Bewohner.

1330, da war der gute Wein gewachsen;

1333, da galt man eine Quart Wein für ein Ei, und der beste für zwei Heller und hieß der nasse Ludewig;

1351, da war der Sommer also heiß, daß der Wein und alle Frucht blühte im halben Mai;

1357 war der Wein also hart, daß man ihn mit Larsen (schweren Stiefeln) trat und er hieß der Leffelwein;

1368, da sah man einen Cometen mit langem Schweif in der Fasten; in demselben Jahre galt ein Malter Korn neun Mark und ein Malter Weizen zehn Mark und ein Quart Wein einen alten Groschen;

1386 wuchs also viel Wein, daß man ein Fuder Wein galt um vier Gulden und ein Fuderfaß um drei Gulden, und wer sein eigen Faß brachte und einen Gulden, dem füllte man das Faß."

Auch in unserer Pfarre wurde viel Wein gezogen. Schon allein die Weingärten der Abtei, des Mauritiusklosters und des Pastoratgartens nahmen eine bedeutende Strecke ein. Letzterer war drei Viertel Morgen groß und ganz mit Reben bepflanzt. Wie wir aus einem alten Competenzbuche ersehen, war der durchschnittliche Ertrag fünf bis sechs Ahm. Im Jahre 1683 stieg die Crescenz sogar bis 13 Ahm; dagegen gab es auch Jahrgänge, wo nicht eine einzige geerntet wurde. Scherzweise nannte man den Pastoratswein von St. Mauritius lacrymae sti. Mauritii, weil er die eigenthümliche Kraft besaß, dem Trinker die Thränen in die Augen zu locken. — Wir wollen jedoch nicht ungerecht sein gegen die Gaben des Herrn; denn aus der langen Reihe von Jahren, welche in dem genannten Register notirt sind, wird beinahe der dritte Theil des gewonnenen Weines als „guter", bisweilen als „recht guter" bezeichnet. Vom Jahre 1684 heißt es jedoch: „Wegen der ungemeinen Kälte und der unerhörten Rauheit des Winters sind fast alle Weinstöcke erfroren, so daß sie an der Erde abgeschnitten werden mußten. In diesem Jahre habe ich deshalb nichts bekommen. Indessen, da es dem Herrn so gefiel, so sei sein Name gebenedeit."

Siebentes Capitel.
Die Incorporation der Pfarre.

Wie wir gesehen, hatte sich unsere Pfarre aus dem Umkreise der seelsorglichen Thätigkeit des Klosters St. Pantaleon gebildet; auch war ihre neue Kirche auf das Eigenthum der Abtei erbaut worden. Deshalb blieb sie denn auch dem Kloster zugehörig, und der Abt behielt das Recht des Patronates oder der Anstellung des jedesmaligen Pfarrers (Abschn. II, Cap. 2). In demselben Verhältniß zu St. Pantaleon standen noch neun andere Pfarreien der Erzdiöcese Köln: Süchteln, Langel, Embt (Niederembt), Oberembt[1]), Elsdorf, Angelsdorf, Esch, Badorf (oder Pingsdorf) und Boisheim bei Dülken.

Dieses Patronat wurde aber im Laufe der Zeit in eine förmliche Incorporation oder Einverleibung umgewandelt. Letztere bestand darin, daß die Pfarrei mit ihrem gesammten Einkommen also mit Zehnten, Pacht- und Zinsgeldern u. s. w. dem Kloster überwiesen wurde, dieses also an die Stelle des frühern Pfarrers trat, dagegen auch die Pflicht übernahm, anstatt desselben einen beständigen Seelsorger dort anzustellen und ihm einen auskömmlichen und gesicherten Unterhalt zu gewähren. Diese Stellvertreter oder Pfarrverwalter hießen in der officiellen kirchlichen Ausdrucksweise vicarii perpetui, lebenslängliche Vicare; sie unterschieden sich jedoch von unsern jetzigen Vicaren dadurch, daß sie die Seelsorge in ihrem ganzen Umfange ausübten, also in Betreff ihrer Amtsbefugnisse durchaus die Stelle der eigentlichen Pfarrer einnahmen und deshalb auch von dem Volke nach wie vor Pfarrer oder Pastor genannt

---

[1]) Oberembt war eigentlich nur eine Filial-Kapelle (capella segregata filialis) von Niederembt; allein es heißt von ihr: habet omnia sacramenta, und deshalb wurde sie als Pfarrkirche betrachtet.

zu werden pflegten. Während sie demnach auf der einen Seite vom Kloster abhingen, da sie aus dessen Kasse besoldet wurden, waren sie anderseits gegen Willkür geschützt durch ihre Amtsdauer auf Lebenszeit und dadurch, daß sie ohne Einwilligung des Bischofs weder ernannt noch entfernt werden konnten.

Schon im Jahre 1246, unter dem Abte **Hermannus von Kessel** (1242—1255), hatte der Erzbischof Conrad von Hochsteden die Kirchen Embe (Nieder- und Oberembt) und Elsdorf der Abtei St. Pantaleon incorporirt und zwar aus dem Grunde, weil das Kloster ihm in seinen Streitigkeiten treu zur Seite gestanden und dadurch mancherlei Schaden gelitten habe, so daß es nicht mehr im Stande sei, die übliche Hospitalität und andere Werke der Wohlthätigkeit auszuüben. Darum wurden die Einkünfte (fructus) der genannten Pfarreien für immer der Abtei überwiesen; "diese aber mußte **lebenslängliche Vicare** (vicarii perpetui) dort anstellen, welche die Seelsorge ausüben, den Gottesdienst besorgen, aber auch ein hinreichendes Auskommen besitzen sollten". Papst Innocenz IV. bestätigte im Jahre 1249 diese Incorporation.[1]

In gleicher Weise wendete sich später Abt **Theodorich** (1313 bis 1337) an den apostolischen Stuhl und stellte ihm vor, "durch die so oft wiederkehrenden Kriegsunfälle sei das Einkommen der Abtei so sehr geschwächt, daß es ihm kaum möglich wäre, den Klostergeistlichen kümmerlichen Unterhalt zu gewähren, geschweige denn die bisheran ausgeübte Hospitalität fortzusetzen. Zudem hätten die Adeligen (nobiles), in deren District seine Patronats-Pfarreien gelegen seien, ihm viele Unannehmlichkeiten bereitet und mancherlei Schaden zugefügt, aus Aerger, weil er bei Besetzung der Stellen auf ihre willkürlichen Forderungen nicht eingegangen sei." — Er bittet deshalb, "die vier Pfarreien St. Mauritius zu Köln, Süchteln, Pingsdorf und Langel, über welche dem Kloster bereits das Patronatsrecht zustehe, mit ihrem Einkommen, das den jährlichen

---

[1] Binterim, Rhein.-westfäl. Codex I, 228 u. 234.

Ertrag von 50 Goldgulden nicht übersteige, für ewige Zeiten der Abtei St. Pantaleon zu incorporiren".

Papst Johannes XXII. willfahrte dem Gesuche des Abtes und beauftragte den Erzbischof Heinrich II. von Virneburg durch die Bulle Religionis zelus, datirt aus Avignon im zwölften Jahre seines Pontificates (1326), kraft apostolischer Vollmacht diese Incorporation zu vollziehen, und sprach dem Abte das Recht zu, nach Erledigung der genannten Stellen das Einkommen derselben sofort in Besitz zu nehmen, ohne deshalb an die Erlaubniß oder Zustimmung irgend eines Andern, auch nicht des Ordinarius der Diöcese gebunden zu sein; nur sollte den dort anzustellenden Vicaren so viel reservirt bleiben, als sie zu ihrem Unterhalte und zu andern pflichtmäßigen Auslagen bedürften.

In Folge dieser Bulle wurde die Incorporation von St. Mauritius im Jahre 1346 am 9. Juni feierlich vollzogen.[1]) An diesem Tage erschienen, in Gegenwart des öffentlichen Notars und mehrerer Zeugen, der Cellerarius Arnold Scholle aus dem Kloster Brauweiler, als Bevollmächtigter des Abtes Conrad von St. Pantaleon (1344—1363), ferner aus dem Kloster St. Pantaleon noch der Prior Symon, der Cellerarius Everhard von Bell und der Klostergeistliche Johannes von Euskirchen als Vertreter ihres Conventes, und zuletzt der Canonicus Hildegerus vom Stifte St. Andreas, Licenciat des canonischen Rechtes, als hierzu berufener Kleriker. Letzterer erklärte, auf Grund der Bulle des Papstes Johannes, die Kirche St. Mauritius als canonisch und rechtmäßig dem Kloster St. Pantaleon incorporirt. Die Vorgenannten seien deshalb jetzt, wo die Pfarrstelle durch den Tod oder die Resignation des letzten Inhabers, Johannes von Bachheim, erledigt wäre, erschienen, um die genannte Kirche förmlich in Besitz zu nehmen. Zu diesem Zwecke wurden auf den Pfarraltar, welcher in der Mitte der Kirche stand, das Meßbuch, die Geräthschaften zur heiligen Messe, der

---

[1]) Urkunde im Stadtarchiv.

Schlüssel und einige Kerzen gebracht; die Bevollmächtigten legten zum Zeichen der Besitzergreifung ihre Hand darauf und übergaben dann diese Gegenstände dem Glöckner der Kirche zur treuen Bewahrung. Ueber den Vorgang wurde ein notarieller Act aufgenommen, unter ausdrücklicher Wahrung aller Rechte sowohl des mit der Kirche verbundenen Nonnenklosters, als auch des Vicars der Kirche. Gegenwärtig waren, außer Andern, die Vorsteherin (magistra) des Klosters St. Mauritius, Blitza von Stave, die Priorin Bela von Blatzheim und Richmodis, die Sacristanin. Es war ein eigenthümliches Zusammentreffen, daß diesem Acte der Incorporation gerade ein Sprosse aus der Familie desjenigen beiwohnte, welcher durch die Erbauung der Kirche den ersten Grund zur Selbständigkeit der Pfarre gelegt hatte.

Von nun an traten an die Stelle der frühern Pfarrer die auf Lebenszeit ernannten Vicarii perpetui oder Pfarrverwalter; die Wahl derselben stand dem Abte von St. Pantaleon frei, nur mußte ihre Ernennung von dem Bischofe bestätigt werden.

So blieb es bis zur Mitte des folgenden Jahrhunderts. Unter der schwachen Regierung des Abtes Johannes Veet von Soest (1452—1459) war Disciplin und Vermögen der Abtei so sehr in Verfall gerathen, daß er selbst die Nothwendigkeit erkannte, seine Stelle einem Tüchtigern zu überlassen. Er resignirte auf seine Würde 1459, und Papst Pius II. berief zu seinem Nachfolger den bisherigen Prior am hiesigen Carthäuserkloster, Johannes Schunde von Deuticum (1459—1464), welcher mit kräftiger Hand die Zucht herstellte und auch die Verwaltung des Klostervermögens wieder in geordneten Zustand zu bringen suchte.

Um in den Ausgaben jede mögliche Ersparniß herbeizuführen, berichtete er dem Papste: „die Einkünfte des Klosters seien durch Krieg und sonstige widrige Ereignisse so sehr geschmälert, daß er kaum die Klostergebäude in gehörigem Zustande zu erhalten, überhaupt die nöthigen Kosten der Verwaltung zu bestreiten vermöge". Er bat daher, ihm gestatten zu wollen, „die Pfarreien St. Mauritius zu

Köln, Süchteln, Pingsdorf und Langel, anstatt wie bisheran durch vicarii perpetui, in Zukunft durch Geistliche seines Klosters, welche auf den Wink des zeitigen Abtes wieder abberufen werden könnten, verwalten zu lassen". Wahrscheinlich hatten die bisherigen Inhaber der genannten Pfarrstellen zu große Anforderungen an das Kloster für ihren Unterhalt gemacht, vielleicht mochte auch ihre lebenslängliche Amtsdauer Veranlassung geworden sein, dem Abte gegenüber eine zu unabhängige Stellung einzunehmen. Der Papst beauftragte durch Bulle vom 10. April 1463[1]) den Abt von St. Martin, den Sachbestand zu untersuchen und im Falle die Verhältnisse so lägen, wie das Bittgesuch sie darstelle, die Einverleibung (unionem, annexionem et incorporationem) der genannten Pfarreien mit dem Kloster St. Pantaleon von neuem zu bestätigen, und namentlich dem Abte zu gestatten, die Verwaltung derselben in der vorgeschlagenen Weise zu bewirken, jedoch unter der Bedingung, daß den noch lebenden Besitzern der Stellen eine jährliche Pension, womit sie selbst sich zufrieden erklärt hätten, bis zu ihrem Tode ausgezahlt würde.

Papst Pius und der Abt Johannes starben im Jahre 1464, und zwar beide an demselben Tage, am 15. August, dem Feste Mariä Himmelfahrt. Wie es scheint, war die Bulle des Papstes noch nicht zur Ausführung gekommen, denn Paulus II., der Nachfolger Pius II., erließ schon im Jahre darauf, am 14. Februar 1465, auf wiederholte Bitte des neuen Abtes Gottfried von Lechenich, die Bulle Pastoralis officii debitum[2]), durch welche er die Concessionen seines Vorgängers in ihrem ganzen Umfange bestätigte, worin er aber auch noch einige besondere Umstände anführt, welche der Abt, außer dem materiellen Nothstande seines Klosters, zur Begründung seiner Bitte scheint vorgetragen zu haben. So heißt es in der Bulle, „daß die Vicare der incorporirten Pfarreien sich

---

[1]) Binterim, Alte und neue Erzdiöcese, IV, S. 403.

[2]) Binterim, loc. cit. IV, 406; nur ist dort die Jahreszahl 1464 gesetzt, weil Paulus II. noch den Anfang des Jahres auf den 25. März datirte.

Rectoren der Pfarre zu nennen gewohnt seien; daß sogar die Rechtmäßigkeit der frühern Incorporation in Zweifel gezogen worden und zwar aus dem Grunde, weil der Erzbischof Heinrich, den der Papst Johann XXII. zum Vollzieher der ersten Incorporations-Bulle bestellt hatte, sich durch einen Chorbischof des Stiftes St. Aposteln (chori episcopus ecclesiae ss. Apostolorum), habe vertreten lassen, ein solcher aber kein kirchlicher Würdenträger sei (non fuit nec est in dignitate ecclesiastica constitutus)," mithin zur Vornahme jener Handlung nicht qualificirt gewesen zu sein scheint.[1])

Der Papst begegnete diesem Einwurfe dadurch, daß er den Abt von St. Martin beauftragte, in seinem Namen die Incorporation von neuem auszusprechen und zu bestätigen.

Leider hatte der Abt Gottfried mit der Würde nicht auch die Energie seines Vorgängers geerbt. Das Kloster sank wieder in einen traurigen Zustand des innern und äußern Verfalles zurück. Kein Wunder, daß die zur Verwaltung der auswärtigen Pfarreien bestimmten Klostergeistlichen den Vorwurf auf sich luden, daß sie durch ihr unstätes und freies Leben sich zu ärgerlichen Ausschreitungen fortreißen ließen (quod monachi apud easdem ecclesias residentes quandoque vagi efficiantur, ipsisque materia dissolutionis praeparetur. Bulla Pauli II. 1470). Der Abt bat deshalb um die Ermächtigung, an den vier genannten Pfarreien auch Weltgeistliche (ecclesiastici) anstellen zu dürfen, welche jedoch, wie die Klostergeistlichen, auf den Wink des Abtes abbe-

---

[1]) Diese Chorbischöfe dürfen nicht verwechselt werden mit denen der ersten christlichen Jahrhunderte, welche wirklich die bischöfliche Weihe empfangen hatten und den eigentlichen Diöcesan-Bischöfen als Gehülfen, besonders auf dem Lande, zur Seite standen. Der Chorbischof in einem Stifte war Chor-Aufseher und als solcher über die niedern Kleriker für den Chordienst gesetzt. So waren in dem alten Dom-Capitel zu Köln sieben Prälaturen, der Dompropst, der Dombechant, der Domcustos, der Chorbischof, der Domscholaster, der ältere und jüngere Diakon. Walter, Kirchenrecht, §§. 144 u. 145.

rufen werden könnten. Auch diese Bitte wurde zugestanden, durch Bulle Paul's II. vom 12. April 1470[1]) und der Propst von Xanten mit der Ausführung derselben beauftragt.

So war denn die ursprüngliche Regel, wonach an den incorporirten Pfarreien nur vicarii perpetui angestellt werden sollten, Schritt vor Schritt durchbrochen und der Abt besaß eine fast unbeschränkte Willkür in der Ausübung seines Patronatsrechtes. Da dieser Zustand auch an vielen andern Klöstern obwaltete und große Mißbräuche hervorrief, wurde im Concil von Trient die alte Vorschrift der lebenslänglichen Anstellung der Seelsorger an den incorporirten Pfarreien wieder zum Gesetz erhoben und ein Drittel des Pfarr-Einkommens ihnen zum Gehalte angewiesen.[2])

In den vorerwähnten Bullen werden zur Bezeichnung der vollen Incorporation jedes Mal die Ausdrücke unio, annectio et incorporatio gebraucht. Es ist dies nicht etwa bloß Häufung synonymer Begriffe, sondern jedes Wort hat seine eigene, wenn auch nicht immer fest abgegrenzte juristische Bedeutung. Unio bezeichnet zunächst eine beständige Vereinigung solcher Kirchenämter, Beneficien oder Pfründen, welche auch nach der Vereinigung neben einander mit allen ihren Rechten und Pflichten fortbestehen. Annectio ist eine solche Vereinigung, wobei das eine Kirchenamt dem andern untergeordnet wird. Incorporatio ist die Vereinigung einer Pfarrei mit einer Corporation, einem Kloster oder Stifte, wobei dieses gegen den Empfang sämmtlicher Einkünfte die Seelsorge übernimmt, also gewissermaßen Pfarrer (parochus principalis oder habitualis) wird und diese Stelle durch einen ständigen Vertreter (vicarius) verwalten läßt.

---

[1]) Binterim, loc. cit. S. 416.
[2]) Sessio VII. de Reform. cap. 7.

Achtes Capitel.
Die Pfarrer und ihre Zeit.

Die Reihenfolge der Pfarrer von St. Mauritius findet sich in den oft erwähnten, ungedruckten Annalen des Klosters St. Pantaleon. Leider ist das Verzeichniß in dieser ersten Periode sehr lückenhaft und beschränken sich die Mittheilungen fast nur auf die Angabe der Namen. Zwar konnten die Lücken theilweise ergänzt werden aus den handschriftlichen Notizen des ehemaligen Benedictiners Forst; allein auch diese bestehen nur in der Einschaltung einiger fehlenden Namen, ohne jedoch überall die Quellen zu bezeichnen, aus denen sie genommen sind, und ohne über das Leben und Wirken der Genannten irgend eine Bemerkung hinzuzufügen.

Seit Errichtung der Pfarre bis zu ihrer Incorporation, 1346, standen wirkliche Pfarrer (parochi, pastores, plebani) an der Spitze der Gemeinde. Wir haben gesehen, daß sie vom Abte des Klosters Pantaleon, auf Grund seines Patronatsrechtes, ernannt und angestellt wurden, allein in der Verwaltung ihrer geistlichen Amtspflichten lediglich dem Bischofe verantwortlich waren und auch nur mit dessen Zustimmung ihrer Stelle entsetzt werden konnten.

Der Name des ersten Pfarrers ist uns nicht bekannt; daß aber ein solcher schon im Jahre 1144 fungirte, sehen wir aus der Urkunde, worin der Streit zwischen dem Bauherrn der Kirche, Hermann von Stave, und dem Abte von St. Pantaleon geschlichtet und das Patronatsrecht zu Gunsten des letztern entschieden wurde. In dieser Urkunde wird festgesetzt, daß der Abt das Recht, welches er bis dahin an der Kirche gehabt, so namentlich das Recht der Investitur, auch fernerhin behalten, daß aber ebenso der Pfarrer die Gewalt, zu taufen u. s. w., wie bisher an auch in Zukunft ausüben solle (eandem, quam hactenus, potestatem habeat). Aus diesen Worten müssen wir schließen, daß der Abt, gleich nach Fertigstellung der Kirche, welche auf dem Grund und Boden des Klosters

St. Pantaleon errichtet war, sein Recht als Grundherr geltend gemacht und den neuen Pfarrer sofort angestellt hatte, während Hermann dieses Recht vielleicht für sich in Anspruch nahm.

Unter den folgenden Pfarrern ist zuerst genannt:

1. Gerhard von Rendal († 1205).

Wir finden ihn in der bereits citirten Urkunde vom Jahre 1198 (S. 45) als pastor s. Mauritii angeführt. Im Namen der Pfarrgenossen verzichtet er auf den Zehnten, welcher zu Gunsten der Pfarrkirche auf dem Grundstücke haftete, das der Abt von St. Pantaleon und die Oberin des Klosters St. Mauritius der Richmodis zum Bau des Weiherklosters verkauft hatten. Die Kirche wurde entschädigt durch eine Jahresrente von 18 Denaren. Aus der ungedruckten Urkunde vom Jahre 1205 (S. 18) geht hervor, daß Gerhard nach dem Tode seiner Schwester, Elisabeth von Rendal, ihrer Tochter Aleidis im Kloster St. Renaldus „von der Mühle Rendal und von acht Morgen Land, nahe bei der Mühle gelegen, drei Malter Weizen und acht Malter Korn, in Gegenwart und mit Zustimmung des Abtes und Conventes von St. Pantaleon, in der Weise zuwandte, daß sie diese Jahresrente von der Mühle empfangen sollte, so lange sie lebe. Außerdem bestimmte er noch besonders für sie sechs Solibi zu ihrer Bekleidung." Die Mühle Rendal oder Reynbal lag in der Nähe des sog. Weihers. Es scheint, daß der Pfarrer Gerhard aus derselben herstammte.

In jene Zeit fällt der Ausbau der neuen Stadtmauer, aber auch der unselige Streit zwischen Philipp von Schwaben und Otto dem Welfen, welcher unserer Stadt eine so schwere Belagerung und der ganzen Umgebung eine so greuliche Verwüstung brachte. Gerhard starb im Jahre 1205. Auf ihn folgte, ob unmittelbar, ist ungewiß,

2. Conrad († 1234).

Je weniger wir von ihm selbst wissen, desto reicher ist seine Zeit an den verschiedenartigsten Begebenheiten. Im Jahre 1214 wurde von Innocenz III. das Interdict über die Stadt verhängt, weil sie mit ihrem Bischofe Dietrich dem vom Papste mit dem Banne belegten Kaiser Otto IV. anhing. Ein Jahr und fünf Monate lang lag diese schwere Strafe auf der Bevölkerung; der öffentliche Gottesdienst war ausgesetzt, die Sacramente wurden nur noch den Sterbenden gespendet. Erst nachdem die Bürger dem jungen Könige Friedrich II., welcher an die Stelle Otto's getreten war, sich unterworfen hatten, wurde am 4. August, acht Tage nach dem Feste St. Pantaleon, im Jahre 1215 das Interdict durch den Trierer Erzbischof Theodorich aufgehoben.[1])

Damals lebte im Kloster St. Pantaleon der Abt Heinrich von Werden (1200—1220), welcher auf Waldaverus (1196—1200) gefolgt war. Unter ihm wurden am 27. April 1216 in der Abteikirche ein neuer Hochaltar, zwei Seitenaltäre zu Ehren des h. Petrus und des h. Paulus, so wie die an das Chor anstoßende Kapelle der h. Katharina geweiht durch den ehrwürdigen Bischof Theodorich von Esthland.

Auf Heinrich von Werden folgte der Abt Heinrich von Kamp (1220—1225). Schon im Jahre 1132 hatte ein gewisser Rorikus (Roderikus?) von Boppard, welcher mit seinem Sohne als Mönch in das Kloster St. Pantaleon eingetreten war, diesem 24 Parzellen Weinberg in Kamp zugebracht. Abt Heinrich erwarb neue Weinberge in Leubesdorf, welche später an das Kloster Laach gekommen sein sollen. Auch legte er eine Vinea in Baborf an. Die Chronik sagt ferner von ihm: „er habe verschiedene Klostergüter veräußert oder vertauscht, für welche ein Adeliger, Theodorich von Hemmersberg, ihm Allodien in Wüschem, Kessernich und Diesternich, einen Frohnhof (curtem judicialem) mit noch einigen andern Gütern in Wald, Ackerland und Weidengebüsch, sammt einer Mühle gegeben habe, wovon aber nicht bloß der Besitz, sondern sogar die Erinnerung abhanden gekommen sei".

---

[1]) Große Annalen, zum Jahre 1215. Tritheim. Chron. Hirs. I. 524.

Bald nach seiner Regierung, unter dem Abte Simon (1225 bis 1230) wurde das Kloster der Büßerinnen zur h. Maria Magdalena oder zu den weißen Frauen auf der Ecke des Perlengrabens und des Blaubaches, also noch in dem Bereiche der alten Mauritius=pfarre, errichtet (1227).[1]) Schon zwei Jahre nachher reichten die Klostergebäude nicht mehr aus und Erzbischof Heinrich schenkte den Nonnen ein Grundstück „in dem alten Graben nahe bei der neuen Pforte" (Bachpforte), um dasselbe zu ihren Neubauten zu verwenden (Lacomblet II, Nr. 161).

Die Nonnen trugen weiße Kleider, daher ihr Name, und lebten übrigens nach der Regel des h. Augustinus.

Aus diesem Kloster stammt das merkwürdige Crucifix, welches noch heute in der Kirche zur Schnurgasse aufbewahrt wird, und welches folgender wunderbaren Begebenheit seine Entstehung ver=danken soll. Im Jahre 1230, also kurze Zeit nach Errichtung des Klosters, lebte in demselben eine Nonne, welche eine ganz besondere Liebe und Andacht zum Gekreuzigten hegte, und deshalb Stunden lang in dem inbrünstigsten Gebete vor einem Crucifixe zubrachte, das in dem Kreuzgange des Klosters an der Wand befestigt war. Die übrigen Schwestern sahen in dieser auffallenden Andachtsübung das Verlangen nach dem Rufe einer ungewöhnlichen Frömmigkeit, also Mangel an Demuth, und nahmen das Kreuz von seiner Stelle hin=weg. Allein die Entfernung des Abbildes entflammte die Liebe zum Urbilde desto mehr. Die Schwester setzte ihre Andacht fort und be=netzte mit ihren Thränen die Stelle, von der man das Bild ihres Hei=landes weggenommen hatte, und siehe, der todte Stein gewinnt Leben, aus der Wand wächst ein Kreuz hervor und an dem Kreuze das Bild des Gekreuzigten, zur unaussprechlichen Freude der Begnadig=ten, zum heilsamen Schrecken der übrigen Nonnen. Von dieser Zeit an stand das miraculöse Crucifix bei den Bewohnern der Stadt in der größten Verehrung. Als in Folge der französischen Revolution

---

[1]) Forst, Beiträge, 1818, Nr. 7. Lacomblet, II, Seite XV.

das Kloster aufgehoben wurde, brachte man das Bild zuerst nach St. Pantaleon und später zur Pfarrkirche in der Schnurgasse. Nach Gelenius trug das Crucifix folgende Inschrift: „Im Jahre des Heiles 1230, als das Kloster der h. Maria Magdalena, gewöhnlich zu den weißen Frauen genannt, erneuert wurde, ist dieses wunderbare Christusbild aus einer todten Masse in dem Umgange des Klosters auf das inbrünstige Gebet einer frommen Klosterschwester, durch Gottes Zulassung, hervorgewachsen."[1]

Der Zudrang zu dem Kloster wurde wahrscheinlich in Folge dieses Ereignisses so groß, daß Erzbischof Sigfried im Jahre 1294 eine Verfügung erließ, wonach die Zahl der Klosterfrauen wieder auf 30 beschränkt werden mußte.

Da das Klostergebäude fest an das alte Bachthor anstieß, so überließ die Stadt 1345 das letztere den Schwestern „lediglich um Gottes willen" (pure propter deum), jedoch unter der Bedingung, daß, wenn die hochweisen Rathsherren es zurückverlangten, das Kloster gegen die Rückgabe keinen Widerspruch erheben würde.[2]

Unter dem Abte Simon trug sich ferner das erschütternde Ereigniß zu, welches den erzbischöflichen Stuhl zwar mit dem Glanze eines heiligen Martyrers schmückte, aber zugleich von der schrecklichen Verwilderung der damaligen Zeit ein trauriges Zeugniß ablegt. Es war die Ermordung des Erzbischofes Engelbert durch seinen Neffen, den Grafen Friedrich von Isenburg, am 7. Nov. 1225. — Eine furchtbare Strafe sollte zur Sühne dieses ruchlosen Verbrechens dienen. Der Mörder wurde auf der Flucht ergriffen und mit vier seiner Helfershelfer am 14. Nov. 1226, wie Tritheim berichtet, in Gegenwart seiner Mutter, der Schwester des Ermordeten, vor dem Severinsthore auf's Rad geflochten, nachdem der Henker ihm vorher alle Glieder zerschlagen hatte. Tritheim bemerkt, daß anfangs zahlreiche Wunder am Grabe des h. Engelbert geschehen seien, daß die-

---

[1] Gelen. de adm. magn. S. 555.
[2] Ennen und Eckertz, Urk., Bd. IV., S. 291.

selben aber vom Tage der Hinrichtung des Mörders an bis auf den jetzigen Tag aufgehört hätten. Vielleicht wollte er andeuten, daß dem h. Engelbert, der selbst seinem Mörder gewiß von Herzen verziehen hatte, eine so schreckliche Ahndung seines Todes nicht möge gefallen haben.[1])

Zwei Jahre später war es einem Wolf im Schafskleide gelungen, sich in die Klostergemeinde von St. Pantaleon einzuschleichen. Rudolph, ein falscher Bruder,. so erzählen die großen Kölner Jahrbücher, hatte unter dem Vorwande der Bekehrung verdächtige Frauenzimmer herangezogen, und Bürger aus der Stadt es sogar unternommen, benselben auf dem Grund und Boden der Kirche, neben dem Weinberge des Klosters, ein Haus zu bauen. Bald wurde jedoch der Heuchler entlarvt und auf Befehl des Papstes eingeschlossen; die Brüder widersetzten sich dem Weiterbaue des Hauses, erlitten aber dadurch großen Schaden, da die Bürger aus Rache mehrere Häuser des Klosters zerstörten, um sie später freilich zum Schadenersatz wieder neu aufbauen zu müssen.

Von dem Nachfolger Simon's, dem Abte Heinrich IV. (1230 bis 1242), sagt die Klosterchronik:

Disciplina cadit, plus Nobilitate valente,
Henricus praesul, dum sacra sceptra tenet.
Unter dem Abt Heinrich sank Zucht im Kloster und Ordnung;
Mehr, als auf Ordensberuf, sah man auf hohe Geburt.

Es begann eine traurige Zeit für die Abtei Pantaleon. Der Adel drängte sich in solcher Zahl und mit solchen Ansprüchen in das Kloster, daß es aufhörte, eine Stätte der Frömmigkeit und der Entsagung zu sein, sondern zu einer Versorgungs-Anstalt für nachgeborene Söhne der Großen herabsank. Die Einkünfte des Klosters reichten nicht mehr aus und Heinrich's Nachfolger, Hermann Graf von Kessel (1242—1255), sah sich genöthigt, eine päpstliche Bulle zu erwirken, welche die Zahl der Mönche auf 50 beschränkte. Derselbe Uebelstand herrschte auch in andern Klöstern; viele wurden sogar

---

[1]) Chron. Hirs. I, S. 536.

durch Beschluß der vornehmen Klosterherren aus einem Mönchskloster in ein Canonicatstift umgewandelt, und Tritheim sagt: ex malis monachis facti sunt pejores canonici (aus schlechten Mönchen wurden noch schlechtere Canoniker).

3. Heinrich (1243, 1245).

Wir finden ihn als plebanus von St. Mauritius in einer Urkunde aus dem Jahre 1243, worin der Ritter Hermann von Löwenich 55 Morgen Land nebst zwei Hofstätten dem Kloster St. Mauritius für 90 Mark verkauft. Ebenso meldet eine Urkunde von 1245, daß die Meisterin Jutta von St. Mauritius dem dortigen Pfarrer Heinrich eine an die Pastorat angrenzende Hofstätte gegen einen Kanon (Jahreszins) von zwei Solidi zur Erbpacht übergibt.[1]

4. Arnoldus (1264, 1270).

Er empfing seine Investitur vom Abte Embrico, welcher 1255 die Regierung antrat. Zuerst begegnet er uns als Zeuge in einer Urkunde aus dem Jahre 1264, wodurch Elisabeth, Oberin des Klosters St. Mauritius, einer gewissen Methildis ein an der Griechenpforte gelegenes Wohnhaus in Erbpacht überläßt.[2]

Denkwürdige Ereignisse fallen in die Zeit dieser beiden Pfarrer. Mit dem Jahre 1238 schließen die großen Kölner Jahrbücher (Annales maximi, chronica regia), eine der hervorragendsten Geschichtsquellen des Mittelalters, welche für uns eine doppelte Bedeutung haben, da, nach der gewöhnlichen Meinung, ihr Verfasser Gottfried ein Mönch aus dem Kloster St. Pantaleon war. Eine seiner letzten Mittheilungen über Köln aus dem Jahre 1238 lautet: „Am Tage des h. Albinus fiel ein furchtbarer Hagel in der Größe von Taubeneiern und zerschlug besonders in der Nähe von Köln die Weinberge, Gemüse und Saaten. Manche versichern, ein Hagel-

---

[1] Beide Urkunden im Staats-Archive in Düsseldorf.
[2] Urkunde im Staats-Archive.

korn von der Länge einer halben Elle und vier Zoll dick gesehen zu haben (!). Ein furchtbarer Sturmwind riß an vielen Orten Bäume mit der Wurzel aus, warf Häuser um, und mehrere Menschen und Thiere wurden erschlagen." Diesem Bilde der Verwüstung glich auch der politische Zustand der damaligen Zeit; denn so lauten die letzten Worte des Geschichtschreibers: „allenthalben entbrennen heftige Fehden, derentwegen bewaffnete Angriffe, Räubereien und Brände in großer Zahl stattfinden".

Es war eine wildbewegte, aber große Zeit. Der gewaltige Conrad von Hochstaden war 1238 auf den erzbischöflichen Stuhl gelangt. Unter ihm barg Köln die größten Geister der damaligen Zeit und der folgenden Jahrhunderte in seinen Mauern: Albertus Magnus und seinen Schüler Thomas von Aquin. Und wie die Wissenschaft, stand auch die Kunst auf dem Höhepunkte ihrer Blüthe; Conrad legte 1248 den Grundstein zu einem der großartigsten und prachtvollsten Werke der christlichen Baukunst, zum Kölner Dom.

Neben diesem edeln und friedlichen Wettkampfe gab es aber auch ein gewaltsames, blutiges Ringen zwischen der Stadt und dem Erzbischofe, bei der einen um größere Freiheit, bei dem andern um Befestigung seiner Macht und Herrschaft. Durch die Bundesgenossen, welche beide Parteien zu Hülfe riefen, gewann dieser Kampf immer größere Ausdehnung. Auf Seiten der Stadt stand der mächtige Graf Wilhelm von Jülich. Zwei Erzbischöfe, Conrad und dessen Nachfolger Engelbert II. von Falkenburg, wurden von ihm überwunden und gefangen genommen. Ersterer saß neun Monate, letzterer länger als drei Jahre, bis 1271, in schwerer Haft auf dem festen Schlosse zu Niedeggen. Von Engelbert sagt die Chronik: „Er lag in so starken, eisernen Fesseln und in einem so unbequemen Kerker, daß er beinahe davon gestorben wäre. Dazu wurde ihm ein eisernes Gitter, wie ein Vogelkorb, außen an der Mauer angebracht, und er mußte so oft in diesen Käfig hineinsteigen, wie es dem Grafen gefiel." — Wenn dies wahr ist, so hat Wilhelm seinen Frevel schwer büßen müssen. Bei einem verunglückten

Ueberfall, durch welchen er die Stadt Aachen in seine Gewalt zu bringen gedachte, wurde er in dem Augenblicke, wo er sich in eine Kirche flüchten wollte, von einem Schmiede ergriffen und mit einer Eisenstange erschlagen.

Wir haben dieser Streitigkeiten erwähnt, weil gerade unsere Pfarre der Schauplatz eines der blutigsten Auftritte in denselben gewesen ist. Unter dem Erzbischof Engelbert war es zwischen seinen Gegnern, an deren Spitze das Geschlecht der Overstolzen stand, und seinen Parteigenossen, unter der Führung der Herren von der Mühlengasse, oder der Weisen, zu einem heftigen Straßenkampfe gekommen. Die Letztern wurden überwunden und aus der Stadt gewiesen. Sie sammelten sich in Bonn, warben Bundesgenossen, unter ihnen den Bruder des Erzbischofs, Dietrich von Falkenburg, und Herzog Walram von Limburg, und rathschlagten, wie sie durch List sich der Stadt bemächtigen und ihre Gegner überwältigen sollten. Durch Bestechung gelang es, einen armen Schuhflicker und Hausirer, welcher unter einem Bogen der Stadtmauer in der Nähe der Ulrepforte (am Ausgange der Ulrichsgasse) wohnte, für ihre Sache zu gewinnen. Er sollte hinter seiner Wohnung unbemerkt ein Loch durch die Stadtmauer brechen, groß genug, daß ein Mann durch dasselbe hindurchschlüpfen könne. In einer dunkeln Octobernacht des Jahres 1269 (nach Ennen 1268), vor dem Feste der h. Mooren (15. Oct.), sammelten sich die Verschworenen im Stadtgraben an der Ulrepforte. Die Ritter drangen zuerst durch das Loch in die Stadt; dann öffneten sie mit Gewalt das Thor und ließen auch die Uebrigen hinein. Man wollte die Hauptgegner im Schlafe überfallen und tödten und hoffte dann, auf das Volk gestützt, desto leichter mit den Andern fertig zu werden.

Allein, noch ehe sie angefangen hatten, ihr Vorhaben auszuführen, war ihr Plan schon verrathen. Ein Bürger, Hermann von Vinkelbart, hatte sie zufällig belauscht und war schnell zu den Overstolzen geeilt, um sie von der drohenden Gefahr in Kenntniß zu setzen. Matthias Overstolz, das Haupt der Familie, rief sofort seine

Genossen zu den Waffen und zog dem Feinde entgegen. Es kam zu einem blutigen Kampfe in den Gärten des Martinsfeldes. Dietrich von Falkenburg fiel; aber auch Matthias Overstolz wurde tödtlich getroffen. Schon neigte das Glück sich auf die Seite der an Zahl überlegenen Eingedrungenen; da trat das Volk, auf dessen Hülfe sie gerechnet hatten, zu den Gegnern über. Die Weisen wurden abermals geschlagen und mußten sich ergeben. Walram von Limburg und eine ganze Reihe von Rittern wurden gefangen genommen. „Ind dat gescheide up der Platze tuschen der Uylregassen by den Carthusern und sent Pantaleon, in den Moyssgarden (Gemüsegärten), dat nu Wyngarden syn. Und also wurden die Heren in dem Moyssgarden, da sie der Gemeyne gewarbet hatten, erslagen von der gemeynde".

Noch heute zeigt ein schönes Denkmal in der Stadtmauer an der ehemaligen Ulrepforte die Stelle, wo der verrätherische Einfall in die Stadt bewerkstelligt wurde.

Den Pfarrer Arnoldus finden wir in der denkwürdigen Capitel-Sitzung des gesammten Klerus von Köln im Jahre 1270, worin die Richter, Schöffen und Bürgermeister der Stadt erschienen und der Stadtschreiber Gottfried von Hagen im Namen derselben feierlich Protest einlegte gegen das Verfahren des päpstlichen Nuntius Bernard von Castenate. Dieser hatte nämlich schon 1268, nachdem der Erzbischof Engelbert vom Grafen Wilhelm von Jülich auf die Burg Niedeggen abgeführt worden war, die Bürger der Stadt unter Androhung der Excommunication aufgefordert, „das unrechtmäßige Regiment (adulterinum regimen) in der Stadt zu beseitigen, zur Befreiung des Erzbischofes ihm starke Hand zu leihen und die Einkünfte des erzbischöflichen Stuhles keinem andern einzuhändigen, als dem Erzbischofe selbst oder seinem Nuntius". Die Bürger protestirten gegen diese Zumuthung und erklärten, „daß es kein unrechtmäßiges Regiment in der Stadt gebe, daß sie keinem Andern gehorchten, als wem sie dazu nach Recht, Gewohnheit und Freiheit der Stadt verpflichtet seien; daß sie zur Be=

freiung des Erzbischofes nicht mitwirken könnten, weil sie selbst durch ihn und seine Anhänger zu viel gelitten, auch über den Bereich der Stadtmauer hinaus keine Verpflichtungen gegen ihn hätten; daß sie es aber auch nicht wagten, wegen der Gefahren, die ihnen aus der bedeutenden Macht des Grafen von Jülich erwachsen würden. Was endlich die Einkünfte des Erzbischofes beträfe, so ständen diese zur Stadt in keiner Beziehung. Zum Schlusse appelliren sie in Betreff der angedrohten Excommunication an den Papst selbst". Das Protokoll über diese Sitzung wurde von sämmtlichen Anwesenden unterschrieben. Unter den Unterschriften findet sich auch die von Arnoldus plebanus scti. Mauritii. Sein Siegel zeigt einen Ritter mit Lanze und Schild, auf letzterm einen Löwen, daneben eine kniende Figur.[1]

Trotz dem Proteste wurde die Excommunication ausgesprochen und in der Domkirche am 27. September 1270 verkündigt. — Arnoldus war lange Pfarrer in St. Mauritius, denn wir finden ihn bei Forst noch im Jahre 1292 als solchen verzeichnet. Im darauffolgenden Jahre bestimmte ein gewisser Hermann Rufus einen Theil des Erbzinses von einem Hause auf dem Buttermarkt im Betrage von sechs Schillingen für die Kirche St. Mauritius „zu einer Kerze, welche in der h. Messe bei der Aufhebung des allerheiligsten Leibes Jesu Christi gehalten werden solle".[2]

5. Wilhelm Robin [1294—1312].

Ueber seine Person und seine Lebensverhältnisse wird uns nichts anderes mitgetheilt, als daß er am 13. März 1301 eine Urkunde mit untersiegelte, worin der Bäcker Tillmann sich verpflichtet, dem Kloster St. Mauritius die Pacht von vier Solidi für ein Haus zu entrichten. (Urk. im Staats-Archiv.) Dagegen war das Kloster St. Pantaleon inzwischen unter seinem Abte Embrico zu hoher Blüthe gelangt. „Die Zahl der Religiosen war auf 50 gestiegen und hierzu

---

[1] Ennen u. Eckertz, III, S. 19. — [2] Ennen u. Eckertz, III, 354.

kamen noch zehn Laienbrüder, welche barbati genannt wurden." Auch erfahren wir aus der Kloster-Chronik von Brauweiler, daß Embrico und die Aebte von St. Martin, Deutz, Gladbach, Siegburg und Grafschaft den Abt Heinrich von Brauweiler als ihren Vertreter zum Concil von Lyon (1273) abordneten.[1]) Embrico starb am 29. Dec. 1283. Ihm folgte **Gottfried von Bell** (1284—1313). In die Zeit seiner Regierung fällt die furchtbare Schlacht bei Worringen (5. Juni 1288), in welcher der kampflustige Erzbischof **Sigfried von Westerburg** gegen Johann von Brabant, den Verbündeten der Stadt, erlag und gefangen genommen wurde. Er saß im Kerker des Grafen Adolph von Berg bis 1289, wo er am 6. Juli unter sehr harten Bedingungen die Freiheit wieder erlangte. Sigfried hielt sich an sein Wort nicht gebunden, weil es ihm mit Gewalt sei abgepreßt worden. Auch der Papst Nicolaus IV. erklärte jene Bedingungen für ungültig, weil die Kirche von Köln dadurch zu sehr geschädigt werde. Durch einen förmlichen Richterspruch, an dem auch der Abt Gottfried von St. Pantaleon Theil nahm, wurde der Erzbischof seiner Verpflichtungen entbunden, und als die Stadt Köln diesen Spruch nicht annahm, das Interdict über sie ausgesprochen, 1291. Durch eine besondere Begünstigung des Papstes war es dem Abte und der Klostergemeinde von St. Pantaleon gestattet, „stille Messen zu lesen, jedoch nur bei verschlossenen Thüren, ohne Glockenzeichen und mit Ausschluß der Gegenwart solcher, welche namentlich excommunicirt und interdicirt waren". (Kloster-Chronik).

Erzbischof Sigfried starb 1297 in Bonn. Unter seinem Nachfolger Wikbold wurde das Interdict, welches länger als sieben Jahre auf der Stadt Köln gelastet hatte, aufgehoben und der lang entbehrte Friede kehrte endlich wieder in die Stiftslande zurück.

Der Abt Gottfried brachte den Zehnten von Boisheim an die Abtei; auch wurde unter ihm die große Glocke der Kirche St.

---

[1]) Chronica Brunwylr. Annalen des niederrhein. histor. Vereins. Heft 17, S. 172.

Pantaleon zum vierten Male umgegossen und erhielt die Inschrift:

> Me veterem fidus renovat Abbas Godefridus,
> Fudit Suwardus; mea vox dulcis quasi nardus.
> Annis millenis ter C tres addita denis,
> Quater sum nata, quater Christina vocata.

Dreizehnhundert und dreizehn Jahr seit Christi Geburt sind's,
Daß mich wieder erneute der würdige Abt Godefridus.
Suward goß mich um; mein Klang ist süß wie die Narde;
Vier Mal ward ich geboren und vier Mal hieß ich Christina.

In demselben Jahre 1313, sagt die Chronik: „was ouch der grose brant up dem Kriechmarte in sent Peter's kirspel".

6. Johannes (von Bachheim).

Nach der Angabe von Forst kommt unter dem Namen Johannes ein Pfarrer von St. Mauritius vor in den Jahren 1319, 1322 und 1332. Wahrscheinlich war er der Nachfolger von Robin. Unter ihm erwirkte, wie wir gesehen, der Abt Theodorich von Papst Johannes XXII. im Jahre 1326 die Incorporation der Pfarre mit dem Kloster St. Pantaleon. Ohne Zweifel ist er auch eine und dieselbe Person mit Johannes von Bachheim, welcher in der Urkunde über die wirkliche Vollziehung der Incorporation (1346) als letzter Inhaber der Pfarrstelle genannt wird. Auffallend ist, daß diese Urkunde es unbestimmt läßt, ob die Pfarre durch Tod oder freien Verzicht erledigt worden. Es heißt dort: „quam (sc. ecclesiam s. Mauritii) vacare dicebant ex morte seu libera resignatione quondam domini Joannis de Bacheim, ultimi ipsius ecclesiae rectoris". Da die Zeit der Erledigung jedenfalls zu kurz war, als daß die Art und Weise derselben schon dem Gedächtnisse hätte entschwunden sein können, so scheint es, als ob Johannes, vielleicht wegen zu hohen Alters, die Stelle niedergelegt habe und bald darauf gestorben sei.

Zu seiner Zeit fand die erste öffentliche Ausstellung der Gebeine des h. Albinus statt. Die Kaiserin Theophania hatte den Leib dieses englischen Martyrers um das Jahr 986 aus Rom gebracht und der Kirche St. Pantaleon geschenkt, indem sie ihre Krone auf das Haupt des Heiligen niederlegte. Abt Heinrich von Hurne († 1196), der Nachfolger Wichmann's, ließ für diese h. Reliquie einen kostbaren Schrein anfertigen, in dem sie auch jetzt noch ruht. Wegen der großen Verehrung, welche der Heilige im Volke fand, nahm der Abt Theodorich im Jahre 1330 „den noch unversehrten Leib des ruhmvollen Martyrers" aus der alten Umhüllung, „in welcher er seit ungefähr 344 Jahren verborgen gelegen hatte, heraus, um ihn zum ersten Male dem Volke zu zeigen". (Kloster-Chronik.)

Nach den gedruckten Mittheilungen des Pfarrers Schaffrath wurde derselbe am Ende des vorigen Jahrhunderts von ruchloser Hand verstümmelt und zugleich der Reliquienschrein der vergoldeten Silberplatten beraubt, die in halb erhabener Arbeit die Bogenfelder ringsum bedeckten.

Auf den Abt Theodorich folgte Emundus von Cusin (1337 bis 1344). Unter ihm begann für das Kloster Pantaleon eine neue Zeit des Verfalles. Die Ursache war das persönliche Eigenthum (peculium), welches der Abt den Mönchen gestattete, und das wie ein tödtlicher Krebsschaden den klösterlichen Geist zerstörte.

Corrupit monachos proprietatis amor.
Durch ihre Gier nach Besitz gingen die Mönche zu Grund. (Chronik.)

Auch sein Nachfolger Conrad von Berga (1344—1363) ließ das Uebel fortbestehen, „nicht so sehr aus Mangel an guter Gesinnung, sondern weil sich die Gewohnheit des Besitzes schon so tief eingewurzelt hatte, daß die Mönche keinen Verstoß gegen die Ordensregel mehr darin fanden". Nach der Bemerkung des Kloster-Chronisten brachte „diese verderbliche Erlaubniß und diese fluchwürdige Gewohnheit es allmälig dahin, daß das gemeinschaftliche Leben der Mönche aufhörte, jeder seine eigenen Einkünfte für sich verzehrte und das Klostervermögen fast lediglich in Präbenden oder persönliche Quoten getheilt wurde". Erst unter dem Erzbischofe Dietrich von Mörs, wo die Erneuerung des Benedictinerordens durch die Burs=

felder Congregation stattfand, wurde diesem Unwesen des Peculium ein Ende gemacht. (Vergl. Cap. 10.)

Nach der Incorporation wird zuerst, jedoch ohne Angabe einer Jahreszahl, genannt:

7. Hermann von Seger.[1]

Wahrscheinlich fallen in seine Zeit die Streitigkeiten, welche zwischen den neunzehn Pfarrern der Stadt (rectores parochialium) und den Orden der Dominicaner, Franciscaner, Augustiner und Carmeliter in Betreff der Verwaltung des Bußsacramentes ausgebrochen waren. Nach einer Urkunde aus dem Jahre 1360 hatten die Pfarrer von den Ordensgeistlichen, welche dem Bischofe als Beichtväter für die Stadt waren vorgeschlagen worden, ein Zeugniß verlangt, daß sie auch wirklich von diesem die Erlaubniß oder Zulassung erhalten hätten. Die Orden weigerten sich, dieser Forderung nachzukommen, da sie hierzu nicht verpflichtet seien, solches auch früher nie stattgefunden habe. Der Streit wurde von beiden Seiten in und außer der Kirche mit großer Heftigkeit geführt und erregte kein geringes Aergerniß. Auf Veranlassung des Erzbischofes Wilhelm von Gennep (1349—1362) kam eine Vereinigung zu Stande, worin die Orden sich verpflichteten, die Namen der Beichtväter entweder dem Erzbischofe oder seinem Commissar schriftlich einzureichen, worauf dieser sie dann jedem einzelnen Pfarrer, oder auch in der Synode allen insgesammt bekannt machen würde. Hiermit sollten die Pfarrer zufrieden sein und die in solcher Weise zugelassenen Beichtväter nicht weiter mehr um ein besonderes Zeugniß angehen; auch sollte es den Gläubigen gestattet sein, bei diesen Ordensgeistlichen ihre Beichte abzulegen, ohne deshalb von ihren Pfarrern Erlaubniß erbeten oder erlangt zu haben.[2]

---

[1] Forst läßt Heinrich von Bergheim ihm vorangehen; dieser lebte aber später.

[2] Ennen und Eckertz, Urk. IV, 461.

Unter den Rectoren der Pfarreien ist auch der von St. Mauritius aufgezählt, ohne daß zwischen ihm und den übrigen ein Unterschied gemacht wäre. Man sieht daraus, daß die Incorporation der Pfarre in der amtlichen Stellung ihres Seelsorgers keine Aenderung hervorgerufen, insbesondere das Recht der Synode ihm nicht genommen hatte.

Bei der Unterdrückung des Aufstandes der Weberzunft im Jahre 1373 hatte sich einer der Haupträdelsführer, der zum Tode verurtheilte, aber auf der Richtstätte von den Webern gewaltsam befreite Henkin vom Thurme, in das Kloster St. Pantaleon geflüchtet, um hier unter dem Schutze der Immunität seinem drohenden Geschicke zu entrinnen. Es herrschte dort der Nachfolger des Abtes Gottfried, Heidenrikus von Rondorf (1363—1373). Dies Mal wurde aber das Recht der Immunität nicht beachtet. Die Erbitterung gegen den Empörer war zu groß. Henkin wurde aus seinem Verstecke herausgezogen und auf dem Heumarkte auf einem vor den Gewandhäusern der Weber aufgeschlagenen Gerüste enthauptet.[1]

Unter dem Abte Hilger von Wichterich (1373—1391) brannte ein großer Theil des Klosters in einer plötzlich entstandenen Feuersbrunst ab. Durch die Bemühungen des Abtes wurde indessen das Zerstörte nicht bloß bald wieder hergestellt, sondern es gelang ihm auch, die von seinen Vorgängern verpfändeten Güter wieder einzulösen.

8. Sigwin [um 1378].

Zu dem Jahre 1377 bemerkt die Kölner Chronik, daß der Bischof — es war Friedrich III. von Saarwerden — im März vor der Schaafenpforte Jagd abhielt, daß bei dieser Gelegenheit einer von Köln in den Graben fiel und dort erschlagen wurde. „Sie trugen ihn aus dem Graben und da brach der Bischof zuerst die

---

[1] Ennen, Gesch. der Stadt Köln, II, 678.

Sühne und ließ den armen Knecht hängen; damit that der Bischof Unrecht." ¹)

Die Sühne zwischen dem Erzbischofe Friedrich und der Stadt war am ersten Montag in der Fastenzeit desselben Jahres, also nur kurze Zeit vorher, zu Stande gekommen. In der Chronik, wie die Jahrbücher des histor. Vereins für den Niederrhein (H. 23, S. 55) sie mittheilen, wird jener Vorfall in das Jahr 1372 (nach unserer Zeitrechnung 1373) verlegt.

9. Heinrich, genannt Engel von Medebach [um 1387].

Seine Zeit ist dadurch bemerkenswerth, daß im Jahre 1388 die Universität zu Köln durch Papst Urban VI. gegründet wurde. Auch war in demselben Jahre „up sent Cathrinen-Dach der Rin also cleine, dat de pert de schiff mibben in deme Rine up tredden, dat in mans gedenken nie geschach, und de putze (Brunnen) waren verdruget, dat man rinwasser veil hatte up den Gassen". (Chroniken, II, 46.) Ferner erzählt uns die Chronik der Stadt von einem schrecklichen Gewitter aus dem Jahre 1401: „Am 16. Juni, da kam zur Vesperzeit ein großer Donnerschlag hinter St. Mauritius und verbrannte dort zwei Scheunen, einen Schafstall, sowie Bäume und Weingärten. Derselbe schlug bei den Carmeliterbrüdern oben zum Dache der Kirche hinein und es war eine feurige Flamme im Chor, so daß die Mönche, wohl 69 an der Zahl, alle niederfielen; von da fuhr der Blitz in einen Schrank der Sacristei (gerkamer), schlug eine Monstranz entzwei, eine Perlenkrone von dem Haupte des guten St. Laurentius, verbrannte ein Bild an der Wand und schlug ein tiefes Loch in die Erde u. s. w."

10. Arnestus (1402).

Nach einer Urkunde des Jahres 1402 (im Staats-Archiv) empfangen die Eheleute Heinrich und Christina Zündorf von dem

---

¹) Chroniken der Stadt Köln, II, S. 44.

Priester Arnestus, Rector des h. Michaels-Altares in der Krypta der Mauritiuskirche, das „in Engelant" genannte Haus auf dem Filzengraben zum Jahreszins von zehn Mark in Erbpacht. Unter dieser Krypta kann nur die schön gewölbte und fast einer Kapelle gleich gebaute Thurmhalle gemeint sein, welche noch bis in die neueste Zeit Krypta genannt wurde, aber mit der Kirche auf gleicher Bodenhöhe lag. Ob Arnestus (Ernestus) wirklich Pfarrer von St. Mauritius oder nur Beneficiat des genannten Altares war, bleibt ungewiß. Für das erstere möchte der Umstand sprechen, daß gerade zu dieser Zeit ein anderer Pfarrer nicht genannt wird.

11. Heinrich von Bergheim [1408—1427].

Gemäß den Notizen von Forst lebte um diese Zeit ein Pfarrer von St. Mauritius, welcher zugleich Canonicus von St. Georg war. Sein Name ist nicht genannt. Der Nekrolog von St. Georg sagt: „Er wohnte bei seiner Pfarrkirche, erfüllte die Pflichten seiner Präbende und bezog das Einkommen derselben. Er war Pastor 1408 und starb 1427 am 14. September". Dieser Ungenannte kann kein anderer sein, als Heinrich von Bergheim; denn letzterer wird in einer Urkunde vom 11. Juli 1419 und in einer solchen vom 1. Februar 1427 ausdrücklich als Pastor von St. Mauritius bezeichnet. In der ersten Urkunde verkauft Wilhelm von Cusin, genannt von dem Wulve, eine Erbrente von 18 Mark — und zwar vier Mark von drei unter einem Dache gelegenen Häusern im Mauritiuskirchspiel am Pütz und einer dabei gelegenen Hofstatt nach dem Pfuhle zu in der Hundsgasse (Huhnsgasse), und 14 Mark von einem Morgen Weinberg nebst zwei Häusern in der Hundsgasse hinter St. Mauritius — dem Kloster St. Mauritius und dem Pastor der Mauritius-Pfarrkirche Heinrich von Bergeyn (Bergheim). Dieser soll 10 Mark 30 Schillinge und einen Gulden erhalten zur Abhaltung einer Memorie und eines Anniversars für die Eheleute Conrad und Bela von Lechenich. In der zweiten Urkunde von 1427 bestätigt die Schwester Wilhelm's, Corda, Conventualin des Klosters

Bürvenich, den vorgenannten Rentenverkauf zu Gunsten des Conventes St. Mauritius und des dortigen Pfarrers Heinrich von Bergheim. Noch in einer dritten Urkunde, bei welcher aber leider das Datum nicht ausgefüllt ist, bezeugt der Pastor Heinrich von Bergheim für sich und seine Schwester Bela, daß beide zu ihrer Leibzucht einen Weingarten, gelegen am Mauritiussteinweg, für drei Mark fünf Schillinge jährlichen Zins vom Kloster St. Mauritius erhalten hätten.[1]

Zwischen Heinrich und dem zuerst nach ihm genannten Pfarrer Andreas ist eine Lücke von 29 Jahren. Wir füllen dieselbe aus, indem wir die Geschichte des Klosters St. Pantaleon nachholen. Hier waren auf Hilger von Wichterich die Aebte Henricus Muell (1391 bis 1401) und Hermannus Zeuwelghin (1401—1419) gefolgt. Unter dem Letztern entstand das Kloster Weidenbach, 1417. (Vergl. Cap. 9.) Er erwarb zwei Höfe, in Elsdorf und Barrenstein (bei Allrath). Dann sagt die Kloster-Chronik von ihm: „Dieser wird als der erste bezeichnet, welcher eine Pastorat mit einem Mitgliede seines Klosters besetzte (exposuit) und seinen spätern Nachfolger in der Abtswürde, Johannes von Cusin, an unserer Kirche zu Boisheim als Pfarrer anstellte." Dieses muß in so weit auffallend erscheinen, als der Abt Johannes Schunde erst im Jahre 1463 vom Papste die Erlaubniß erhielt, die Pfarreien St. Mauritius, Süchteln und Langel mit Ordensgeistlichen zu besetzen. Nach dem Tode Hermanns wurde Johannes von Cusin (de Cussino), aus einem altkölnischen Patriziergeschlechte, gewählt. Er regierte bis zum Jahre 1425, wo er freiwillig auf seine Würde verzichtete. Papst Martin V. setzte an seine Stelle Wilhelm von Jülich, den bisherigen Coadjutor des Abtes Wilhelm Röver von Gladbach, einen durch Reinheit der Sitten ebenso sehr, wie durch Wissenschaft und Gewandtheit ausgezeichneten Ordensmann. Leider wurde er zu früh seiner Wirksamkeit entrissen. Er starb schon im Anfange des folgenden Jahres 1426. — Unter

---

[1] Diese drei Urkunden im Staats-Archive zu Düsseldorf.

seinem Nachfolger, Ludwig von Olmesheim (1426—1446), entstand ein bedauernswürdiger Streit um den Besitz der Abtswürde. Während die meisten Klosterbrüder dem vorgenannten Ludwig ihre Stimme gegeben, war es einem unter ihnen, Heinrich Overstolz, gelungen, durch falsche Vorspiegelungen vom Papste Martin V. eine Bulle zu erschleichen (bullas licet subreptitias), worin dieser ihn zum Abte von Pantaleon ernannte. Allein das Kloster widersetzte sich seiner Anerkennung; es bestand auf seinem Rechte der freien Abtswahl, und selbst die Androhung der schwersten Censuren, der Suspension und der Excommunication von Seiten des Papstes und des Erzbischofes vermochten nicht, die Brüder in ihrem Widerstande zu erschüttern. Nachdem der Streit fast ein Jahr lang gedauert hatte, wurde er dadurch beigelegt, daß Heinrich gegen eine jährliche Pension und den Abtstitel zu Gunsten Ludwig's verzichtete. Das Kloster gerieth in die äußerste Noth, weil es nun zwei Aebte zu unterhalten hatte und zudem das Klostervermögen durch den persönlichen Besitz der Mönche zerrüttet war. Eine durchgreifende Erneuerung that noth. Sie wurde dem Kloster zu Theil unter dem Nachfolger Ludwig's, dem ausgezeichneten Abte Johannes Forst, von dem wir in dem Capitel über die Bursfelder Congregation das Nähere mittheilen werden.

Hier möge noch eine Notiz der Kölner Chronik zum Jahre 1434 ihre Stelle finden: „In der Nacht vor dem Dionysiusfeste (9. Oct.) erhob sich zwischen 10 und 11 Uhr ein so heftiger Sturmwind, daß er Kirchthürme umwarf, und es war keine Kirche in Köln, der nicht großer Schaden geschah: zu St. Revilien (St. Ursula) an dem Thurme; bei den Predigern wurde der Thurm ab und die großen Eichen aus der Erde geworfen. Item fiel ein großer Stein in dem Dom über den hh. drei Königen aus dem Gewölbe, ohne jedoch an ihrem heiligen Leibe oder an dem Kasten Schaden zu thun [1]); item fielen auf dem Fischmarkte drei Häuser um und eine Frau blieb dabei

---

[1]) Die Stelle ist noch jetzt durch eine Inschrift im Gewölbe bezeichnet.

tobt. In St. Mauritius großer Schaden, das Dormenter (Schlafsaal) der Nonnen und Gehäuse stürzten zusammen; in St. Pantaleon fielen große Eichen nieder; in St. Aposteln blieb ein Kind todt; in der Propstei St. Gereon blieb ein Edelmann todt, es war der Herr von Manderscheidt, Bruder des Bischofes von Trier u. s. w." (Chroniken von Köln, II, S. 70.)

12. Andreas (1456—1464).

Die Kloster-Chronik sagt von ihm, daß es zweifelhaft sei, ob er Ordensgeistlicher gewesen oder nicht. Da aber Papst Pius II. erst im Jahre 1463 gestattete, an den incorporirten Pfarreien Klostergeistliche anzustellen, so ist es wahrscheinlicher, daß Andreas dem Weltklerus angehörte.

13. Heinrich Gesselen oder von Geistel (1464—1483).

Er ist der erste Pfarrer, von dessen persönlichen Verhältnissen uns Näheres ist aufgezeichnet worden. Herstammend aus edlem Geschlechte, war er zuerst in den Carthäuser-Orden eingetreten, welcher sich durch eine strengere Klosterregel von den übrigen Orden unterschied. Als Papst Pius II. nach der Resignation des Abtes Johannes Veet 1459 den Prior des benachbarten Carthäuserklosters, Johannes Schunde, an dessen Stelle berief, „damit er das Kloster (St. Pantaleon), welches durch die sorglose und unkluge Verwaltung seiner Vorgänger so sehr mit Schulden überhäuft und ebenfalls in geistlichen Dingen so tief herabgesunken sei, wieder herstelle, neu belebe und mit verdoppelter Sorge auf die äußere und innere Wohlfahrt desselben bedacht sein möge," — da wurde ihm zugleich gestattet, aus seinem bisherigen Kloster einen Priester als Cellerarius und außerdem noch fünf andere Carthäuserbrüder zur Wiederbelebung eines bessern Geistes mit sich nach St. Pantaleon hinüberzunehmen. Jener Priester war unser Heinrich Gesselen. Seiner musterhaften Verwaltung gelang es auch, die zerrütteten Vermögensverhältnisse des Klosters wieder herzustellen, und als der Abt Schunde im

Jahre 1464 starb, konnte er die Klostergüter dem Nachfolger desselben in geordnetem Zustande übergeben.

Wir haben bereits angeführt, daß der Abt Johannes zur Aufbesserung des Kloster-Einkommens von Papst Pius II. 1463 die Erlaubniß erlangt hatte, die incorporirten Pfarreien mit Klostergeistlichen zu besetzen. Heinrich von Geistel wurde in Folge dessen im Jahre 1464 zum Pfarrer von St. Mauritius ernannt. Da man aber einen so tüchtigen Verwalter im Kloster nicht gern entbehren mochte, so erbat man für ihn ausnahmsweise die Erlaubniß, auch nach seiner Anstellung als Pfarrer eine Zeit lang das Amt eines Cellerarius noch fortführen zu dürfen. Heinrich erfreute sich wegen seiner vielen Verdienste der besondern Gunst des päpstlichen Legaten Onofrius, und deshalb hielt die Gewährung der Bitte nicht schwer. Da die Kloster-Chronik von ihm sagt, er sei 19 Jahre lang Cellerarius in St. Pantaleon gewesen, so hätte er dieses Amt von 1459 bis 1478, also noch 14 Jahre gemeinschaftlich mit seinem Pfarramte verwaltet. Vielleicht hängt mit dieser doppelten Beschäftigung zusammen, daß Papst Sixtus IV. im Jahre 1472 ihn mit einer eigenen Bulle beehrte, worin er ihn vom Chordienste, von der strengern Abstinenz, sowie von andern beschwerlichen Dienstleistungen dispensirte.

In St. Pantaleon war als Nachfolger des Abtes Schunde Gottfried von Lechenich (1464—1481) gewählt worden. Er entsprach den Erwartungen nicht, welche man bei seiner Wahl gehegt hatte. Wie vorher bei Johann Beet, so wiederholte sich auch bei ihm mit dem Wechsel der Person zugleich ein trauriger Wechsel in den Zuständen. Das Kloster gerieth von neuem in Verfall; die Zucht sank immer tiefer; das Vermögen wurde verschwendet und der treue Cellerarius Heinrich mußte sehen, wie der unter dem vorigen Abte so blühende Zustand des Klosters jetzt mit raschem Schritte dem Ruin entgegenging. Im Jahre 1473 wurde Gottfried in Folge einer Visitation, womit der Erzbischof Rupert von der Pfalz den Abt von St. Martin und noch zwei andere Aebte beauftragt hatte, abgesetzt und an seine Stelle der fromme und gewissenhafte Jacob von Stege aus St. Martin erwählt, welcher aber nur kurze Zeit dem Kloster vorstand.

Auch für die Pfarre St. Mauritius, namentlich für den außerhalb der Stadt gelegenen Theil derselben, war diese Zeit voll schwerer Bedrängniß. Wir haben schon in der Geschichte des Klosters Weiher bemerkt, daß in Folge des unseligen Streites zwischen dem Erzbischof Rupert mit dem Stifte der Herzog Karl der Kühne von Burgund in das Land einfiel und Neuß belagerte, und daß die Stadt Köln aus Furcht vor einem Ueberfall das Kloster Weiher und andere Gebäude, darunter auch das Kloster Mechtern und das Maladenhaus (Melaten), im Jahre 1474 abbrechen ließ. Zu derselben Zeit wurden vier Höfe von St. Pantaleon, Badorf, Köttingen, das weiße Haus und der Hof in Sülz mit der dortigen Kapelle, ebenso ein Hof des Mauritiusklosters zu Hönningen (bei Rondorf) zerstört, alle Baumpflanzungen abgehauen, überhaupt alles niedergerissen, was dem Feinde zur Deckung hätte dienen können. Der hieraus erwachsene Schaden wurde nicht ersetzt, weil die Stadt jene Zerstörung auf Befehl des Kaisers vorgenommen hatte. Nur die Nonnen vom Kloster Weiher erhielten ihre bleibende Wohnstätte in dem Stiftskloster St. Cäcilia und das Kloster Mechtern wurde auf Kosten der Stadt wieder aufgebaut. Im Jahre 1475 kam der Friede zu Stande; Karl von Burgund zog ab und der Kaiser Friedrich hielt seinen Einzug in die Stadt und zwar durch das Weiherthor, über die Weiherstraße und „nahm seine Wohnung dem Kloster Pantaleon gegenüber, neben dem Weidenbach, in einem Hause, welches die Nummer 6278 trägt". So Forst in seinen Beiträgen, Nr. 18; er bemerkt zugleich, es sei dasselbe Haus gewesen, von dem Gelenius sagt: „eine Burg mit Gräben umgeben, jetzt die Wohnung des hochedeln Petrus von Wolfsleel"[1]); später sei das Haus in den Besitz der Familie Judden übergegangen und habe zuletzt an St. Pantaleon gehört.

---

[1]) Gelen. de magnit. S. 82.

An die Stelle Rupert's war im Jahre 1473 Hermann, Landgraf von Hessen, als Administrator der Erzdiöcese gewählt worden. Mit dessen Hülfe gelang es dem abgesetzten Abte Gottfried, im November 1475 aus Rom einen Spruch zu erwirken, wodurch er in sein Amt wieder eingesetzt wurde, wie die Chronik bemerkt, „zum größten Unglück des Klosters". Wie wenig er die damals gegebenen Versprechungen hielt, beweist ein Brief, den der Rath der Stadt 1479 an den Herzog von Jülich schrieb: „Da das Kloster St. Pantaleon durch schlechtes Regiment und Kriegswirren sehr zurückgegangen und in Schulden gerathen ist, haben sich die Visitatoren des Ordens veranlaßt gesehen, mit Hülfe einiger Prälaten und ehrbaren Herren von der Pfaffschaft, sowie unserer dazu bevollmächtigten Rathsfreunde ein anderes ehrbares Regiment zu des Klosters und der Gläubigen Besten einzuführen." [1]

Der Abt wurde in Folge dieser neuen Visitation zum zweiten Male abgesetzt 1481, und starb zu Buchholz 1483; in demselben Jahre verschied auch der Pfarrer Heinrich von St. Mauritius.

14. Giso oder Gisbert Tessen (Fessen?) Utemwerth (aus dem Werth)

war Pfarrer von St. Mauritius und Canonicus in St. Aposteln. Die Kloster-Chronik von St. Pantaleon erwähnt ihn nicht. Wahrscheinlich war er auf Grund des im Jahre 1470 erworbenen Privilegiums, wonach es dem Abte von Pantaleon freistand, auch Weltpriester vorübergehend auf die incorporirten Pfarreien zu berufen, gewählt worden. Jedenfalls verwaltete er sein Amt nicht lange, da schon im Jahre 1486 sein Nachfolger genannt wird. Er war der letzte Pfarrer, welcher nicht aus den Mitgliedern des Klosters genommen wurde. Mit ihm schließt der zweite Abschnitt unserer Geschichte.

---

[1] Ennen, Gesch. der Stadt Köln, III, 770.

Wir haben jedoch noch zwei Ereignisse nachzuholen, deren wir bis dahin nur im Vorübergehen gedenken konnten, weil wir die Reihenfolge der Pfarrer nicht unterbrechen wollten: es ist die Errichtung des Klosters Weidenbach und die Klosterreform in St. Pantaleon und bei den Nonnen im Kloster St. Mauritius, oder die Einführung der sogenannten Bursfelder Congregation unter dem Abte Johannes Forst.

Neuntes Capitel.
Das Kloster Weidenbach.

Das Kloster Weidenbach wurde im Anfange des fünfzehnten Jahrhunderts gegründet von zwei Mitgliedern des Ordens der regulirten Chorherren des h. Augustinus, Johannes Roßmit und Heinrich von Ahaus. Sie brachten diesen Orden aus den Niederlanden. Stifter desselben war der Canonifer Gerhard de Groote von Utrecht († 1384), welcher in Paris studirt und in Köln eine Zeit lang mit Beifall Theologie gelehrt hatte. Seine Absicht war, sowohl Laien als Priester zu einem gemeinsamen gottseligen Leben zu vereinigen, ohne sie durch förmliche Klostergelübde für immer zu binden. Die Laien der Congregation nannten sich **Brüder des gemeinsamen Lebens**. So lange sie dem Orden angehören wollten, waren sie zur Keuschheit und zum Gehorsam gegen die Regel verpflichtet; ein Jeder betrieb sein Handwerk; dem Austritte stand keine Strafe entgegen. Die Geistlichen, welche sich dem Orden anschlossen, hießen **Kleriker des gemeinsamen Lebens**. Ihre Beschäftigung bestand vorzüglich in der Anleitung der Jugend zu den höhern Studien und im Abschreiben von Büchern. Sie trugen ein graues Oberkleid und eine graue Kappe (cuculla), weshalb sie auch hier und da Kugelherren genannt wurden.

Ein Zweig der Genossenschaft nahm die Ordensregel des heiligen Augustinus an und errichtete 1385 in Windesheim sein erstes Kloster.

8*

Die Mitglieder trugen den Namen regulirte Chorherren des h. Augustinus.

Zu besonderm Ansehen gelangte die Stiftung Gerhard's durch seinen Schüler Florentius Radewyn in Deventer. Unter der Leitung dieses würdigen Priesters vollendete auch der gottselige Thomas von Kempen seine theologischen Studien; ihm verdankt er die erste Anregung zu seiner erleuchteten, ascetischen Geistesrichtung, aus welcher das unsterbliche goldene Buch von der Nachfolge Christi hervorging. Thomas von Kempis trat selbst, wie früher schon sein Bruder Johannes, in den Orden und starb 1471 als Subprior des Klosters Agnetenberg bei Zwoll.

Das Kloster dieses Ordens in Köln wurde errichtet auf einem Grundstücke, welches der Abtei St. Pantaleon angehörte und ihr gegenüber auf dem Weidenbach gelegen war. Jetzt steht dort die große Infanterie=Caserne. Erzbischof Dietrich von Mörs und der Dompropst Gerhard von Berg, Kanzler der Universität, begünstigten die neue Niederlassung, ebenso die Aebte von St. Pantaleon. Im Jahre 1440 erhielt sie die Bestätigung des Papstes Eugenius IV. und 1449 durch den päpstlichen Legaten Johannes, Cardinaldiakon St. Angeli, mehrere Indulte.

Wir haben schon erwähnt, daß Kaiser Friedrich III. nach dem Friedensschlusse mit Karl dem Kühnen im Jahre 1475 bei seinem Aufenthalte in Köln in der Nähe des Klosters Weidenbach seine Wohnung nahm. Bei dieser Gelegenheit beehrte er die Brüder mit seinem Besuche. Welchen Eindruck das stille, anspruchslose Leben und Schaffen derselben auf ihn gemacht, erkennen wir aus dem Diplome, wodurch er sie zu kaiserlichen Kaplänen erhebt. Wir theilen dasselbe im Auszuge mit, so wie Gelenius es uns hinterlassen hat (Gelen. de magn. S. 451):

„Deshalb wollen wir euch, Vorsteher, Priester und Cleriker, sammt der ganzen Genossenschaft des Hauses Weidenbach, unsere kaiserliche Huld und Gnade um so reichlicher zuwenden, da die Frömmigkeit eueres Lebens, euer schlichter und unbescholtener Wandel und der Ruhm euerer Tugenden nicht bloß durch den Ruf Anderer zu unserer Kenntniß gelangt ist, sondern weil wir uns selbst von der Wahrheit alles dessen überzeugt haben. Und so ernennen wir euch denn — die ihr so einfach und anspruchslos, in gemeinschaftlichem Gebrauche euerer Güter, ohne Eigenthum und doch ohne Sammlung von Almosen, durch euerer Hände Arbeit, nach der von den Aposteln durch Lehre und Beispiel empfohlenen Weise, ehrbar und anständig, keusch, einträchtig und unter dem Gehorsam, ganz so, wie es sich für Canoniker, auch wenn sie Weltgeistliche sind, geziemt — euch und euere Nachfolger in diesem Hause ernennen wir zu unsern und des römischen Reichs Vicaren und Kaplänen für jetzt und immer, in Kraft unserer kaiserlichen Gewalt. Ebenso nehmen wir euere Klosterkirche, welche der allerheiligsten Dreifaltigkeit, der glorreichen, immerwährenden Jungfrau und Mutter Gottes Maria, sowie den hh. Engeln geweiht und durch apostolische Vollmacht schon zu einer Collegiatkirche erhoben ist, für unser und des röm. Reiches Collegium und erklären sie ausgenommen und frei von jeglicher Gewalt und Gerichtsbarkeit, von Zwang und Befehl, von Servituten, Lasten und Leistungen aller Art, und stellen euer Haus, euch selbst und euere Nachfolger unmittelbar unter das heilige römische Reich u. s. w. Köln 1475, am 23. September."

Nichtsdestoweniger scheinen sie, weil ihr Kloster auf dem ursprünglichen Eigenthum der Abtei Pantaleon gebaut war, in irgend einem Abhängigkeits-Verhältniß zu dieser gestanden zu haben; denn sie wurden von den Pantaleoniten „unsere Vasallen" genannt.

In der Kirche bewahrten sie, außer verschiedenen andern Reliquien, eine Herme mit einem Theile vom Kriegsmantel des h. Mauritius, dann einen Theil des Ober-Armes der h. Agnes. An letztere Reliquie knüpft sich folgende Sage. Nicht lange nach Errichtung des Klosters, als die Brüder noch in ihrem ersten Eifer allzu große Gastfreundschaft ausübten, kehrte ein Priester aus Utrecht, welcher angeblich nach Rom pilgerte und anderswo kein Unterkommen gefunden hatte, bei ihnen ein und wurde auf's freundlichste aufgenommen.

Dieser entwendete die in Seide gehüllte und mit Perlen reich geschmückte Reliquie der h. Agnes und schlich sich früh Morgens aus dem Kloster, um seine Reise fortzusetzen. Aber, o Wunder! nirgends fand er einen Ausgang aus der Stadt; er wandert rings um die Wallstraßen, aber die Mauern lassen an keiner Stelle ein Thor erblicken. Unruhig irrt er umher; die heilige Last, die er bei sich trägt, wird immer schwerer; ermüdet und erschöpft sinkt er endlich vor demselben Kloster nieder, von wo er ausgegangen. Da erkennt er mit Schrecken die strafende Hand Gottes, die seine Augen geblendet hatte. Voll Schmerz und Reue bekennt er den Brüdern seine Frevelthat und übergibt ihnen die geraubte Reliquie wieder; darauf fühlt er sich plötzlich erleichtert und gekräftigt und vermag nun seine Reise ungehindert fortzusetzen.

Auch die Kölner Brüder dieses Ordens beschäftigten sich mit Abschreiben von Büchern, so lange die Buchdruckerkunst noch nicht allgemein verbreitet war. Die hiesige Seminar-Bibliothek bewahrt noch Chorbücher mit prächtigen Initialen, die gegen Ende des fünfzehnten Jahrhunderts im Kloster Weidenbach geschrieben wurden.

Zehntes Capitel.

Die Bursfelder Congregation und ihre Einführung in den Klöstern St. Pantaleon und St. Mauritius.

Der alte, ehrwürdige Benedictiner-Orden, welcher in Köln die beiden Abteien St. Pantaleon und St. Martin und das Nonnenkloster St. Mauritius besaß, war im Laufe der Jahrhunderte von seiner ursprünglichen Höhe sehr herabgesunken. Die Vermehrung der Güter, der Andrang des Adels in den Orden, der Aufwand der Prälaten, die Unterlassung der Provincial-Capitel und besonders der Mißbrauch des Privatbesitzes — dies alles hatte dazu beigetragen, den rechten Ordensgeist zu untergraben, die Strenge der Disciplin zu lockern und die Klöster in Stätten des Wohllebens umzuwandeln. Das Concil von Constanz suchte deshalb eine Erneuerung des Ordens herbeizuführen, den man, wie es heißt, „durch allzu große Ungebundenheit des Lebens zerfallen und sowohl in den männlichen, als auch in den weiblichen Klöstern elendiglich verwüstet" sah (nimia vivendi licentia collapsum et totum paene miserabiliter in utroque statu desolatum. Tritheim Chr. Hirs. II, 346). Sämmtliche Aebte des Ordens waren zur Theilnahme an dem Concil eingeladen. Ende Februar des Jahres 1417 traten sie zusammen und beschlossen, durch neue Regeln dem gesunkenen Zustande ihrer Klöster in materieller und geistiger Beziehung wieder aufzuhelfen. Diese Regeln wurden vom Concil genehmigt und sämmtliche Aebte mußten sich verpflichten, innerhalb eines Jahres die beschlossene Reform in ihren Klostergemeinden einzuführen, die Capitel-Versammlungen wieder einzurichten und Visitatoren für die einzelnen Klöster zu ernennen. Es war vorauszusehen, daß die heimkehrenden Aebte bei der Ausführung ihres Beschlusses auf große Schwierigkeiten stoßen würden. Nur wenige Klöster nahmen die Reform an, die meisten wiesen sie zurück. Unter den erstern waren Bursfeld bei Minden an der Weser und St. Matthias in Trier.

Die Abtei Bursfeld war gegründet im Jahre 1098 vom Grafen Heinrich von Nordheim, gerieth aber im Laufe der Zeit so sehr in Verfall, daß in den Tagen des Concils von Constanz nur noch ein einziger Mönch in den ärmlichsten Verhältnissen das Kloster bewohnte. Bald sollte es zu neuem Glanze sich erheben und für ganz Deutschland die Stätte der Wiedergeburt des Benedictiner-Ordens werden.

Johannes, ein Mönch des Klosters Rheinhausen (Diöcese Mainz), war von seinem Abte als dessen Stellvertreter nach Constanz gesandt worden und hatte dort, wie auch die übrigen Aebte, die Verpflichtung übernommen, seine Klostergenossen zur Annahme der Reform zu bewegen. Allein seine Bemühungen waren vergebens. Da wandte er sich an den ihm bekannten Herzog Otto von Braunschweig, und durch dessen Vermittelung wurde er zuerst in Clusa bei Hildesheim und bald darauf in dem armen, verwaisten Bursfeld als Abt ernannt. Hier begann er das Werk der Reform mit dem glücklichsten Erfolge. Von dem Abte Johannes Rode in St. Matthias zu Trier, der in gleichem Sinne sein Kloster erneuert hatte, erbat er sich vier Brüder, um mit ihrer Hülfe einen ganz neuen Aufwuchs von berufstreuen Mönchen heranzubilden. Der Ruf seines Klosters verbreitete sich in kurzer Zeit über einen großen Theil Deutschlands; von allen Seiten verlangte man Anschluß an seine Regel. So entstand die sogenannte Bursfelder Congregation. Sie war eine Verbindung derjenigen Benedictinerklöster, welche sich der in Bursfeld geltenden Regel unterworfen hatten. An der Spitze stand ein Präses, welcher aus den hervorragendsten Aebten gewählt wurde; ihre übrige Organisation war durch besondere Statuten festgesetzt.

In der Erzdiöcese Köln war es vorzüglich der Erzbischof Dietrich von Mörs, den wir schon als Gönner des Klosters Weidenbach und in der Geschichte des Klosters Weiher kennen gelernt haben, der sich auch die Erneuerung des Benedictiner-Ordens angelegen sein ließ. Als der Abt Johannes Rode von Trier 1439 gestorben war, hatte dessen Nachfolger, der eben so eifrige und kräftige Johannes Forst die Umgestaltung der dortigen Klostergemeinde fortgeführt und vollendet. Dies veranlaßte den Erzbischof Dietrich, ihn 1446 nach Köln zu berufen, um als Nachfolger des Abtes Ludwig von Pantaleon auch hier das Werk der Erneuerung vorzunehmen. Außer dem Erzbischofe nahm dessen Bruder Friedrich Graf von Mörs und Saarwerden kräftigen Antheil an der Verbesserung der Klöster. Er unterstützte den neuen Abt in seinem schwierigen Unternehmen und suchte auch die äußere Lage des Klosters Pantaleon durch reichliche Geldspenden und dadurch zu heben, daß er ihm ein Haus „juxta clusam" und den Hof von Borne mit Zehnten und Rechten schenkte. Die Chronik von Pantaleon zählt ihn deshalb zu den Wohlthätern des Klosters und nennt ihn „den vorzüglichsten

Beförderer der Reform desselben" (principalis reformationis nostri monasterii sollicitator).

Nach vielen Kämpfen und Mühen gelang es endlich der Beharrlichkeit und dem geistigen Uebergewichte des Abtes, das Kloster Pantaleon im Jahre 1448 zum Anschlusse an die Bursfelder Congregation zu bewegen. Diejenigen, welche sich der neuen Regel nicht unterwerfen wollten, wurden entlassen und erhielten eine Pension, welche aber nur außerhalb des Klosters verzehrt werden durfte. Der größte Theil des Adels trat aus und wurde durch andere ersetzt. (Gelenius sagt: Eliminatis his, qui genere quidem illustres erant, sed moribus omnino obscuri.) Nachdem der Abt Johannes hier sein Werk vollendet hatte, wartete seiner dieselbe Aufgabe an einer andern Stelle. Auch das Kloster St. Maximinus in Trier verlangte, durch ihn reformirt zu werden, und wählte ihn im Jahre 1449 zum Abte, so daß ihn die Chronik von Pantaleon trium monasteriorum abbas et felicissimus reformator nennt. Er starb zu Köln 1452 und ruht im Chörchen des h. Paulus in St. Pantaleon. Wie tief der verweltlichte Sinn der Mönche eingewurzelt war, sollte jedoch schon bald unter seinem nächsten Nachfolger zu Tage treten. Wir haben bereits erzählt, wie unter dem schwachen Abte Johannes Veet die Zucht im Kloster wieder zu sinken anfing und wie unter dem unglücklichen Gottfried von Lechenich so traurige Zustände eintraten, daß die geistliche Obrigkeit nur durch wiederholtes Einschreiten den gänzlichen Verfall der Klostergemeinde abzuwehren im Stande war. Erst später gelangte der neue, bessere Geist zum völligen Durchbruche.

Auch das Kloster St. Martin hatte im Jahre 1448 die Reform angenommen und der Bursfelder Congregation sich angeschlossen. Die dortigen Mönche leisteten weniger Widerstand, als in Pantaleon. „Sie haben sich auf Anstehen ihres Obern und unserer Freunde einigermaßen gutwillig darein ergeben," so lautet ein Schreiben des Rathes der Stadt vom 23. Oct.[1])

---

[1]) Ennen, Gesch. der Stadt Köln, III, 769.

Das Kloster der Benedictinerinnen von St. Mauritius erhielt seine Erneuerung und seinen Anschluß an Bursfeld im Jahre 1488 unter der Oberin Helene von Lülsdorf. Es geschah durch den Abt Johann Dünze aus St. Matthias in Trier und den Commissar Udalrikus Kreitweiß, Dr. theol. Als erster Beichtvater nach dieser Reform wurde Pater Johann Blatzheim ernannt.

Dritter Abschnitt.

Vom Ausgange des Mittelalters bis zur neuen Pfarr-Organisation.
(1486—1802.)

Erstes Capitel.
Die Pfarre St. Mauritius und das Kloster St. Pantaleon.

Während der ganzen nun folgenden Periode blieb das bisherige Verhältniß der Pfarre zum Kloster Pantaleon unverändert. Die Incorporation dauerte fort; die Klostergemeinde besetzte die Pfarrstelle. Nachdem das Privilegium der willkürlichen Abberufung des Pfarrers durch das Concil von Trient aufgehoben worden war, verwaltete dieser sein Amt auf Lebenszeit, es sei denn, daß er zu einer höhern Würde befördert oder auf seinen Wunsch in's Kloster zurückgerufen wurde.

Die Bullen des Papstes Paul von 1465 und 1470 gestatteten zwar dem Abte, den Pfarrer sowohl aus den Ordensgeistlichen als auch aus dem Weltklerus zu wählen. Allein nach Gisbert Utemwerth sind bis zur französischen Revolution sämmtliche Pfarrer ohne Ausnahme aus dem Schooße der Klostergemeinde genommen worden. In der Regel waren es erfahrene und erprobte Männer, welche schon längere Zeit dem Orden angehörten; die meisten hatten bereits das Amt eines Cellerarius (Klosterverwalter) oder auch das Priorat bekleidet. Mehrere Male war das Pfarramt die Vorstufe der höchsten Klosterwürde. Sieben Aebte, darunter vier der ausgezeichnetsten:

Lunink, Brower, Aegidius Romanus und Schallenberg, waren vorher Pfarrer von St. Mauritius gewesen.

Die Wahl des Pfarrers geschah durch den Abt nach Anhörung des Klosterconventes. Der Erwählte wurde dann dem Archidiakon, welcher die Stelle des jetzigen General-Vicars einnahm, präsentirt und empfing von diesem die geistlichen Vollmachten oder die Investitur; darauf wurde er vom Abte in seine Stelle eingeführt oder in den Besitz (possessio) derselben gesetzt, installirt.

Wahrscheinlich hatten die Vorsteher der Kirchengemeinde im Laufe der Zeit Ansprüche auf Mitwirkung bei der Wahl des Pfarrers erhoben. Ennen läßt sogar viel früher schon die Kirchspielsleute einen Candidaten zum Pfarramte präsentiren.[1]) Wie wenig indessen die Aebte von St. Pantaleon geneigt waren, einen solchen Eingriff in ihr Patronatsrecht zu dulden, beweist der Bericht, den Abt Aegidius Romanus selbst über die Einführung des Pfarrers Martinus Ververs im Jahre 1667 aufgezeichnet hat:

„Nachdem die Investitur (des neuen Pfarrers) vom Archidiakon ertheilt war, habe ich keinen der Kirchmeister von St. Mauritius von der Einführung desselben in Kenntniß gesetzt und zwar hauptsächlich aus dem Grunde, weil sie mich und das Kloster bei dem hochwürdigsten Official darüber verklagt hatten, daß ich, gestützt auf mein Recht und die Bitte der Conventualen, ihnen nicht den Kaplan der Kirche, sondern einen Ordensgeistlichen aus dem Kloster zum Pfarrer bestellt hatte. So bin ich denn in meiner Ordenstracht (flocco paratus)[2]) mit dem neuen Pfarrer in Begleitung des Secretairs und des Cubicularius (Aufseher der Kloster-Garderobe) nach St. Mauritius gezogen, wo einige Pfarrgenossen in der Kirche versammelt waren. Bald darauf kamen auch der Syndik Dr. Rensingh, der Pater Prior, der Cellerarius des Klosters und der Notarius

---

[1]) Ennen, Geschichte der Stadt Köln, I, 709.
[2]) Bei der Einführung des Pfarrers Aldenbrück 1745, erschien der Abt mit Mitra, Stab und Chorkappe.

Schmitz. Alle Anwesenden mußten die Kirche verlassen; dann schloß ich die Thüre zu und forderte den Notarius auf, bei dieser Einführung wohl darauf zu achten, daß alles, was zu einer solchen Handlung erforderlich sei, auch vorschriftsmäßig befolgt werde, damit er eine genaue Urkunde über die stattgefundene Besitzergreifung aufzunehmen vermöge. Vor der Kirchthüre, auf dem Kirchhofe stehend, las derselbe nun auf meinen Befehl zuerst meine Präsentation und darauf die Investitur des Archidiakon vor; dann nahm ich aus den Händen des Küsters die Schlüssel, übergab sie dem neuen Pfarrer, und indem er auf mein Geheiß die Thüre öffnete, nahm ich ihn bei der Hand und führte ihn in die Kirche. Ihm folgte der Prior, der Cellerarius, der Kaplan, Dr. Rensingh, der Notarius Schmitz, der Secretair Heinrich Mulrath, der Cubicularius Wilhelm Lessenich, der Küster und die Bewohner der Nachbarschaft, welche sich an der Kirche versammelt hatten.

„Zuerst wurde nun der ernannte Pfarrer zum Hochaltare geführt; nachdem er denselben in der Mitte geküßt hatte, ging er auf die Epistelseite, wo er das Meßbuch öffnete und wieder schloß. Darauf öffnete er das Tabernakel und schloß es nach kurzer Anbetung des Allerheiligsten wieder zu. Dann bestieg er die Kanzel, segnete das Volk und verließ dieselbe ohne Predigt. Hierauf wurde er zum Taufbrunnen, zur Sacristei, zum Beichtstuhle und zum Glockenthurme geführt, wo er mit Hülfe des Küsters die Glocke anzog. Endlich geleitete ich ihn zum Chore und in den für den Pastor bestimmten Chorsitz und stimmte dann das Te deum laudamus an mit den üblichen Collecten. Nachdem stille der Segen gegeben war, zogen wir ab zur Pastorat, um auch diese in Besitz zu nehmen. Zuletzt kehrten die genannten Herren mit uns nach St. Pantaleon zurück, wo beim Frühstück der neu eingeführte Pfarrer zwei Rathszeichen (signa senatoria, eine Münze) übergab."

So eifersüchtig man auf die Wahrung des bestehenden Rechtes bedacht war, so gern kam man bescheidenen Ansprüchen entgegen. Bei der Einführung des folgenden Pfarrers Brauweiler im Jahre

1669 wurden die Kirchmeister vorher in Kenntniß gesetzt. Der Aelteste von ihnen erbat sich von dem Küster (aedituus) die Schlüssel und überreichte sie dem Abte Aegidius, als dem übergeordneten Hirten (pastori superiori), mit der Bitte, „er möge ihnen einen solchen zum Pfarrer geben, welcher durch Wort und Beispiel den Erwartungen der Pfarrgenossen entsprechen werde," worauf der Abt in wenigen Worten, der Syndik in längerer Rede antwortete.

Selbst im Tode noch behauptete der Abt von St. Pantaleon sein Recht als Patron über die Pfarre St. Mauritius. „So oft ein solcher starb, wurde seine Leiche durch deren Bezirk getragen und zwar aus dem Kloster über den Weidenbach, die Weiherstraße und Huhnsgasse, durch die Mauritiuskirche, um den Pfarr-Altar, welcher in der Mitte stand, dann über den Mauritiussteinweg und den Rothgerberbach, durch das Weißenfrauenthor (alte Bachthor) bis an einen gewissen Stein, welcher auf der Straße, ungefähr dem Hochaltar der Weißenfrauenkirche gegenüber, stand, und von da durch die Wahlengasse (Waisenhausgasse) über den Trutzenberg wieder zu Abteikirche zurück."[1]

Nach der Installation verließ der Pfarrer das Kloster und nahm seinen Wohnsitz im Pfarrhause; er wurde deshalb Expositus genannt. Im Uebrigen blieb er Mitglied der Klostergemeinde, trug fortwährend das Ordenskleid der Benedictiner und behielt sein Anrecht auf die Tischportion (portio refectorialis), „die er sich jedoch durch seine Magd in einem Speise-Einsatze holen lassen mußte". — Kehrte er in das Kloster zurück, so trat er, wenn er früher zu den Capitularen desselben gehört hatte, nicht wieder an seiner vorigen Stelle ein, so daß ein jüngeres Mitglied des Capitels ihm hätte weichen müssen, sondern ein solcher confrater expositus mußte, wenn das Capitel inzwischen vollzählig geworden war, warten, bis eine Stelle desselben frei wurde.[2]

---

[1] Forst, Beiträge, 1819. Nr. 12.
[2] Kloster-Chronik, S. 852.

In der Regel dauerte dies nicht lange, weil durch die Wahl seines Nachfolgers in den meisten Fällen ein anderes Mitglied des Capitels wieder aus dem Kloster ausschied.

Was das Einkommen oder die Competenz des Pfarrers betrifft, so besitzen wir im Pfarr-Archiv ein Competenzbuch aus dem Jahre 1683, worin der damalige Pfarrer Anselmus Krott das altherkömmliche Einkommen der Pastorat von St. Mauritius bis in's Detail verzeichnet hat. Hiernach bestand dasselbe 1. aus den Naturalien, welche das Kloster St. Pantaleon in Folge der Incorporation dem Pfarrer zu liefern verpflichtet war; 2. aus dem Ertrage des Weinberges in dem Pastoratsgarten; 3. aus verschiedenen kleinen Renten; 4. aus einer jährlichen Remuneration, welche der Kirchenrendant auszahlte; 5. aus den Anniversarien und sonstigen Stiftungen; 6. aus den Stipendien und Stolgebühren und 7. aus dem Ertrage des Handschuhs (Ostergang).

Indem wir diese Titel im Einzelnen aufführen, fügen wir zugleich den ungefähren Geldwerth bei, wie er im Jahre 1776 unter dem Pfarrer Cosmas Kleu abgeschätzt wurde.

I. Naturalien aus der Abtei St. Pantaleon.

1. Portio refectorialis	Rthlr. 100 Alb. —
2. 150 Pfd. Ochsenfleisch ⎫	„ 38 „ 16
3. Vier holländische Käse ⎭	
4. Ein fettes Schwein von 200 Pfd. .	„ 15 „ —
5. Sechs Malter Korn und drei Malter Weizen	„ 30 „ —
6. Ein halb Sümmer Erbsen und eben so viel Bohnen . . . . ⎫	„ 5 „ —
7. 30 Pfd. Stockfisch, 100 Häringe und ein Viertel Salz . . . . . ⎭	
8. Vier Ohm rothen Wein (26 Rthlr. 52 Alb.) und acht Ohm Bier, welches großentheils für die Arbeiter im Weinberge und für das Fest der Weinlese verwendet wurde	„ 58 „ 52
Zu übertragen . .	Rthlr. 246 Alb. 68

Uebertrag Rthlr.	246	Alb. 68
9. Bei jeder Einkleidung, Profession und Primiz im Kloster zwei Flaschen Wein und ein Huhn . . . . „	2	„ —
10. Außerdem wurden früher noch 50 Pfd. Butter, ein Viertel Klüppelholz, 1000 Schänzgen und drei Säcke Busch= kohlen, sowie alle zwei Jahre sechs Ellen englisches Tuch für Kleidungs= stücke geliefert, wovon der Werth nicht angegeben ist.		
Rthlr.	248	Alb. 68
II. Weinberg im Pastoratsgarten (vinea domus) nach Abzug der Culturkosten „	30	„ —
III. Renten.		
1. Vom Hatzfeldergut auf der Pferdgas= seneck, dem Weidenbach gegenüber . „	—	„ 48
2. Von dem Wolferhof „an Grundpfahr" „	4	„ 12
3. Von drei Viertel Gartenland am Junckerenkirchhof . . . . . „	3	„ 72
4. Vom Kloster St. Reinold . . . . „	—	„ 12
5. Vom Kloster Weidenbach für die Oster= kerze . . . . „	2	„ 20
6. Vom Kloster der Weißen Frauen . . „	—	„ 20
7. Von der Hufschmiede auf der Weiher= straße, dem Engel gegenüber . . „	—	„ 64
Rthlr.	12	Alb. 8
IV. Jährliche Remuneration aus der Kirchenkasse für Abhaltung verschie= dener Feste . . . . „	40	„ —
V. Anniversarien (28) und sonstige Stiftungen . . . . „	59	„ 18
VI. Stipendien und Stolgebühren, "welche nicht näher bestimmt werden können", aber gewiß schwach waren.		
VII. Der Handschuh . . . . „	30	„ —
Total . . Rthlr.	420	Alb. 14

Das Gesammt-Einkommen erreichte also, außer den Stipendien und Stolgebühren, die für jene Zeit nicht unbeträchtliche Summe von 420 Rthlr. und 14 Albus. Im Laufe der Zeit traten einzelne Veränderungen ein. So wurde unter dem Abte Aemilius Elberz ein Uebereinkommen mit dem Pfarrer getroffen, wonach die Posten I, 2, 3 und 10 aus der Klosterlieferung in Zukunft mit 72 Rthlr. Baarzahlung compensirt werden sollten. Daß es auch nicht an Mißhelligkeiten gefehlt habe, beweisen einzelne Bemerkungen in dem Competenzbuche. So beklagt sich der Pfarrer Anselmus Krott, „daß der Abt im Jahre 1684 ihm keinen Wein habe liefern wollen, weil keiner gewachsen sei; dies sei aber kein Grund, denn was ihm ohne Bedingung alljährlich zugestanden worden, das gebühre ihm immer, möge Wein wachsen oder nicht. Uebrigens sei in den Klosterkellern noch Wein genug vorräthig. Er habe deßhalb auch auf seinem Rechte bestanden und eine Ohm Wein erhalten, den Rest sich vorbehaltend". Anselmus, den wir später als bedeutenden Kanzelredner werden kennen lernen, scheint überhaupt bei seinem Eintreten in das Pfarramt darauf bedacht gewesen zu sein, das Einkommen zu ordnen und die rechtlichen Ansprüche des Pfarrers mit Nachdruck geltend zu machen. So unterläßt er auch nicht, zu bemerken, daß im September des Jahres 1688 ihm der vierteljährig zu liefernde holländische Käse sei vorenthalten worden. „Warum? Ich weiß es nicht; Gott aber weiß es." Und er fügt nicht ohne Bitterkeit hinzu: „Möchten doch alle Prälaten so vollkommen sein, daß sie sich nicht von Leidenschaften beherrschen ließen!"

Da in der Geschichte unserer Pfarrer die verschiedenen Kloster-Aemter wiederholt genannt werden, so lassen wir hier zum bessern Verständniß eine kurze Uebersicht über die innere Organisation der Benedictinerklöster folgen.

An der Spitze der ganzen Klostergemeinde stand der Abt, Abbas, Vater. Schon sein Name bedeutet, daß er mehr die Stelle eines Familienvaters, als die eines Herrn bekleidete. Darum sagt die Regel des h. Benedictus: „Er befiehlt Allen und soll doch Allen zu Dienste sein; seine Pflicht ist es, mehr **fürzusehen**, als **vorzustehen**" (sciat, sibi oportere magis prodesse, quam praeesse). Als Haupt des Klosters hatte er die Oberleitung in allen geistlichen und weltlichen Angelegenheiten; in seiner Hand lag die letzte Entscheidung. Doch handelte er nicht unumschränkt; in wichtigen Dingen war er an die Zustimmung des Capitels, welches den ganzen Klosterconvent vertrat, gebunden. Dieses bildete seinen Rath und seine Stütze, aber auch seine Schranke. Darum findet sich in so vielen Urkunden, namentlich wo es sich um vermögensrechtliche Angelegenheiten handelt, neben dem Abte fast immer auch der conventus monasterii genannt.

Die Wahl des Abtes geschah durch die stimmberechtigten Mitglieder der Klostergemeinde. Als Abzeichen seiner Würde trug er den Ring, das Brustkreuz und den Stab. In St. Pantaleon wurde bei feierlichen Umzügen der letztere von dem Kaplan von St. Mauritius dem Abte vorgetragen. Wir haben schon früher bemerkt, daß Papst Benedict VII. im Jahre 977 die Aebte von St. Pantaleon dadurch auszeichnete, daß er ihnen das bischöfliche Vorrecht verlieh, Dalmatik und Sandalen zu tragen; hierzu kam später, unter dem Abte Spickernagel 1624, noch die Inful oder Mitra.

Unter dem Abte stand zunächst der **Prior**. Er vertrat die Stelle des Abtes in dessen Abwesenheit oder Verhinderung; er führte die unmittelbare Aufsicht über das Leben der Mönche, überwachte Zucht und Ordnung im Kloster, bestimmte für die Einzelnen ihre Beschäftigung und leitete den Gottesdienst. Nach der ursprünglichen Bestimmung wurde er vom Abte gewählt, damit in die Leitung des Ganzen kein zwieträchtiger Geist sich einschleiche. Im dreizehnten und vierzehnten Jahrhundert aber, wo der Aufwand mancher Aebte das Klostervermögen zu sehr in Anspruch nahm, und auf der andern Seite unter den Mönchen ein mehr demokratischer Geist sich geltend machte, gelang es einzelnen Klöstern, die Wahl des Priors, des Verwalters (cellerarius) und des Kämmerers dem Convente zu übertragen. So in München-Gladbach im Jahre 1292.¹)

In größern Abteien, wie in St. Pantaleon, stand dem Prior noch ein Subprior zur Seite. Als solchen haben wir schon im Anfange des sechzehnten Jahrhunderts den gelehrten Florentius kennen gelernt. (Vergl. S. 16.)

Auf den Prior folgte an dritter Stelle der Cellerarius oder der Oekonom des Klosters. Ihm lag vorzüglich die Verwaltung des Klostervermögens ob; er besorgte die Einnahme und Ausgabe und mußte am Ende des Jahres dem Abte Rechnung legen. Unter ihm stand Küche und Keller, überhaupt der ganze Haushalt des Klosters. Sein Amt war wichtig und erforderte große Umsicht und Gewissenhaftigkeit. Er mußte sparsam sein, ohne die klösterliche Hospitalität zu beeinträchtigen; er mußte die Rechte des Klosters den Pflichtigen gegenüber wahrnehmen, ohne hart zu werden und die Liebe zu verletzen. Oft wurde ihm seine Stellung sehr schwer gemacht, besonders in den Zeiten, wo die ursprüngliche Einfachheit einem üppigern Leben gewichen war. Hier mußte er entweder den übertriebenen Anforderungen der Mönche entgegen, oder seinem Gewissen zu nahe treten. Vielleicht geschah es zum Lohne für dieses schwierige und mühevolle Amt, daß in den meisten Fällen der Cellerarius später zum Pastor einer vacanten Klosterpfarre gewählt wurde.

Als Gehülfen standen ihm zur Seite der spindarius, Schaffner oder Aufseher der Speisekammer (Spinde), der culinarius oder Küchenmeister, und der cubicularius oder camerarius, Kämmerer oder Aufseher der Garderobe.

Die wissenschaftliche Ausbildung der Klostergenossen lag in den Händen eines Präses und der Lectoren (lectores theologiae et philosophiae); die ascetische Leitung und die unmittelbare Vorbereitung zum Eintritte in den Orden war dem Novizenmeister (novitiorum magister) anvertraut.

---

¹) Eckertz, Geschichte der Benedictiner-Abtei. M.-Gladbach, S. 111.

Zweites Capitel.
Die Reformation.

Es ist bekannt, welche Anstrengungen gemacht wurden, um die Stadt Köln, das Bollwerk der katholischen Kirche im Westen des deutschen Reiches, mit in den Strudel der Reformation hineinzuziehen. Der heftige Kampf der sogenannten Humanisten (Aufgeklärten) gegen die glaubenstreuen Professoren der hiesigen Universität — ein Kampf, in welchem mehr bissiger Witz und Spott, als ernstes Interesse für die religiöse Wahrheit, die Waffen darbot; die geheimen Wühlereien einzelner Familien, welche, meistens von Außen hergekommen, der neuen Lehre zugethan waren; der Eifer der Prädicanten des neuen Evangeliums in und außer der Stadt; vor allem jedoch das traurige Beispiel zweier Erzbischöfe, welche durch Schwäche des Charakters oder durch unwürdige Leidenschaft zum Bruche mit der Kirche fortgerissen wurden — das waren gewiß große Versuchungen für das gläubige Volk. Allein Köln hat seinen Ehrentitel als treue Tochter Roms in jener schweren Zeit zu bewahren gewußt. Das Domcapitel und der Magistrat tragen in gleichem Maße das Verdienst und den Ruhm, nicht bloß die Stadt, sondern das ganze Erzstift von der drohenden Gefahr des Abfalles gerettet zu haben.

Leider ist die Pfarre von St. Mauritius nicht ohne Makel geblieben. Crombach berichtet in seiner handschriftlichen Chronik der Stadt Köln (S. 608) aus dem Jahre 1557: „Einen ähnlichen Beweis seiner Wachsamkeit gab Caspar (der Bruder des berühmten Johannes Gropper) im Monate December, als der Pastor von St. Mauritius, der Häresie verdächtig, aus der Stadt vertrieben worden war (cum ad sanctum Mauritium pastor suspectus de haeresi ejectus esset ex urbe) und der Seelsorger (curia) von St. Lupus zu höhern Functionen berufen wurde. Er unterhandelte (als erzbischöflicher Official) im Vereine mit dem Grafen von Mansfeld im Namen des Erzbischofes und des Domcapitels mit Johannes Rhetius (Regens des Jesuitencollegiums), daß zwei Patres in den beiden Pfarreien die Predigt übernehmen möchten. Rhetius selbst predigte in St. Lupus, und Andreas Bocatius in St. Mauritius."

Auf Grund dieser Mittheilung Crombach's hat man allgemein den Pfarrer von St. Mauritius des Uebertrittes zum Protestantismus beschuldigt. So sagt Ennen in seiner Geschichte der Stadt Köln IV, 771: „In St. Mauritius trat der Pfarrer offen zu der neuen Lehre über, ohne auf sein Pfarramt zu verzichten." Auch Dr. Liessem erwähnt in seiner Schrift: „Johannes Gropper" (Programm des Kaiser-Wilhelm-Gymnasiums 1876) „der Vertreibung des im Verdachte des Uebertrittes zum Protestantismus stehenden Pfarrers von St. Mauritius".

Wer war nun jener unglückliche Apostat? Sein Name wird auffallender Weise von keinem seiner Ankläger genannt, allein die Jahreszahl 1557 läßt ihn errathen. Vom Jahre 1554—1564 war nämlich, nach Ausweis des Verzeichnisses der Pfarrer, **Michael Geist** Pastor von St. Mauritius. Hören wir nun, welches Zeugniß die Kloster-Chronik von ihm ablegt: „Michael Geist, Mönch und Cellerarius dieses Klosters (St. Pantaleon) wurde, nachdem sein Vorgänger, Johannes von Süchteln, zur Erde bestattet war, vom Abte als Pfarrer der Kirche St. Mauritius vorgesetzt und, **nachdem er zehn Jahre hindurch die Seelsorge mit Eifer ausgeübt** (curam sollicitam), starb er am 11. October 1564." Wie vereinigt sich nun dieses Zeugniß mit dem Vorwurfe der Apostasie? Wäre der Chronist mit Stillschweigen über ihn hinweggegangen, so fänden wir dies erklärlich, weil es schwer fallen mochte, ein solches Vergehen von einem so hervorragenden Mitgliede der Klostergemeinde zu verzeichnen. Allein einem Apostaten das Zeugniß „eifriger Seelsorge bis zum Tode" auszustellen, wäre doch eine gar zu herausfordernde Lüge. Der Bericht Crombach's hat uns deshalb von Anfang an bedenklich geschienen und der Einblick in die genauern

Quellen hat unsern Verdacht bestätigt. Reiffenberg berichtet in seiner historia de Soc. Jes. tom. I., S. 57 dieselbe Begebenheit mit den Worten: „Als der Pfarrer (parochus) von St. Lupus anderswohin berufen worden und der Ecclesiastes von St. Mauritius vom rechten Glauben abfiel, baten der Graf von Mansfeld und Caspar Gropper, daß wir das Amt des Predigers daselbst übernehmen möchten, damit nicht die Heerde, von ihrem Hirten verlassen, in dasselbe Verderben stürze" (ne desertus a pastore grex in idem rueret exitium). Hier wird der Abgefallene ecclesiastes genannt und dieser Ausdruck offenbar dem vorangegangenen Worte parochus gegenüber gestellt. Ecclesiastes aber bezeichnet im gewöhnlichen Sinne den Prediger an einer Kirche und weiset deshalb auf eine andere Person hin, als auf den Pfarrer. Indessen macht der Zusatz „die von ihrem Pastor verlassene Heerde" es wieder zweifelhaft, ob nicht dennoch hier der Pfarrer gemeint sei. Reiffenberg beruft sich auf die Tagebücher des Rhetius, welcher dem Ereignisse persönlich nahe stand, und dieser läßt über die Bedeutung des Wortes Ecclesiastes an unserer Stelle keinen Zweifel mehr übrig. Er bemerkt ad 4 calendas Januarii (also 29. Dec.) 1857: „Eodem die, quia Concionator apud S. Mauritium propter haeresiam amotus fuit ... dominus Andreas (Boccatius) concionem apud S. Mauritium suscepit", während Rhetius selbst den erledigten Predigtstuhl in St. Lupus einnahm.[1]

Hiernach war also der Abgefallene nicht der Pfarrer, sondern der Prediger, also der Hülfsgeistliche an St. Mauritius. Daß man namentlich zur Zeit der Reformation an den einzelnen Kirchen besondere Prediger anstellte, um der Verbreitung der neuen Lehre entgegenzuwirken, ist geschichtliche Thatsache (Gams, Kirchengesch., III, S. 74); daß aber die Pfarrer meistens denselben das Predigtamt allein überließen, während sie selbst den übrigen seelsorglichen Pflichten oblagen, beweist die Bemerkung unseres Kloster-Chronisten zu

---

[1] P. Rhetii, primi regentis Gymn. novi 3 Coronarum, Ephimerides. Manuscript auf der Bibliothek der Schulverwaltung.

dem Leben des Pfarrers Theodor Pfingsthorn von St. Mauritius (1625—1634): „daß er der erste gewesen sei, welcher die Kanzel bestiegen und gegen allen bisherigen Gebrauch (more alias inusitato) vor dem Volke gepredigt habe".

Man möge es dem Verfasser zu gute halten, wenn er diese Erörterung etwas weit ausgesponnen hat; es mußte demselben eine besondere Freude bereiten, die Reihenfolge seiner Vorgänger von der Beschuldigung der Apostasie reinigen und zugleich die Hauptquelle unserer Geschichte, die Chronik von St. Pantaleon, gegen den Vorwurf der Unzuverlässigkeit sicher stellen zu können.

Der Name und die weitern Schicksale des abgefallenen Hülfsgeistlichen sind unbekannt geblieben; auch wurde der Eindruck seines beklagenswerthen Schrittes durch die Predigten des Jesuiten Boccatius sehr bald in der Gemeinde verwischt. Dagegen finden wir am Ende des Jahrhunderts einen abtrünnigen Mönch unter den Klostergeistlichen von St. Pantaleon: Pater Henricus Fabricius aus Bonn. Die Chronik berichtet nichts weiter von ihm, als: „apostata factus est". — Damals herrschten traurige Zustände in der dortigen Abtei. Auf den kräftigen Abt Gottfried Borken, früherer Pfarrer von St. Mauritius, war der schon bejahrte, fromme, aber schwache Gottfried Hülß aus Anrath (1597 bis 1606) gefolgt. Vorher war er Pfarrer von Süchteln gewesen, hatte dort viel Gutes gestiftet und großes Ansehen genossen. Allein durch die unselige Glaubensspaltung war ein großer Theil seiner Pfarreingesessenen zu den Häretikern übergetreten. Dies hatte ihn niedergebeugt und zudem sein Einkommen so sehr geschädigt, daß er eine Zeit lang in bitterer Noth zubrachte. Da starb der Abt Gottfried Borken, 1597, und Hülß wurde an dessen Stelle gewählt. Seinem Nachfolger in Süchteln, dem frühern Cellerarius und Prior von St. Pantaleon, Hensäus Scharpenseil, gelang es durch seinen erleuchteten Eifer und sein heiligmäßiges Leben, im ersten Jahre schon 300 Verirrte wieder zu seiner Heerde zurückzuführen und so die Pfarre Süchteln der katholischen Kirche zu erhalten. Aber das Kloster Pantaleon eilte unter der kraftlosen Leitung seines neuen Abtes einem raschen Verfall entgegen. „Wegen seiner allzu milden und weichen Natur stand er zwar dem Kloster vor, sorgte aber nicht für das Kloster (praefuit, non tamen usquequaque profuit). Unter ihm verblich der Stern der Religiösität, das Kloster wurde abermals in Schulden gestürzt und sein Vermögen kam so sehr herab, daß die Klosterbrauerei still stand und der tägliche Bedarf an Bier aus den Brauereien der Stadt geholt werden mußte (quod cerevisia refectorialis ex civitate quaesita fuerit per obbam (Teut) ex braccinia)." Diese Zustände waren allerdings geeignet, den Schwachen zum Wanken, den Wankenden zum Falle zu bringen, und es ist fast weniger zu verwundern, daß ein Mitglied der Klostergemeinde seinen Glauben verlor, als daß nur eines der neuen Geistesrichtung zum Opfer fiel. Zum Glücke sah Abt Gottfried ein, daß er nicht mehr im Stande sei, den weitern Verfall des Klosters aufzuhalten. Er ließ sich deshalb den Heinrich Spickernagel, damals Pfarrer in Boisheim, eines der tüchtigsten Mitglieder der Klostergemeinde, als Coadjutor zur Seite stellen, welcher sogleich mit kräftiger Hand eingriff und das drohende Verderben abwandte. Gottfried starb im Jahre 1606.

Daß in einer Pfarre, welche fast ausschließlich von einfachen Landleuten und Gärtnern bewohnt war, die Reformation keinen günstigen Boden fand, ließ sich erwarten; um so mehr ist der Abfall einer ihrer hervorragendsten und besten Familien, der Rincken, zu beklagen.

Drittes Capitel.
Der Rincken-Hof.

Das Geschlecht der Rincken, welches den auf dem Rinckenpfuhl gelegenen Rinckenhof bewohnte, war nach Ennen[1]) im Anfange des fünfzehnten Jahrhunderts aus Corbach, der alten Haupt-

---

[1]) ‚Kölner Nachrichten' 1870, Nr. 235 u. 236.

stabt des Fürstenthums Walded, nach Köln übergesiedelt und hatte hier ein Handelshaus gegründet. Durch Fleiß und umsichtige Geschäftsführung war es den Rinden gelungen, zum Range der ersten Kaufleute sich emporzuschwingen; sie waren Mitglieder der Hansa und besaßen Factoreien in London und andern großen Handelsplätzen. In der Mitte des fünfzehnten Jahrhunderts genossen sie bereits ein solches Ansehen und Vertrauen bei ihren Mitbürgern, daß viele Corporationen sie zu ihren Vorstehern und Amtsmännern wählten. Im Jahre 1468 wurde Hermann Rind Mitglied des Stadtrathes und seitdem folgten ihm noch viele andere Mitglieder seiner Familie in dieser Würde. Bei dem blutigen Aufstande der Zünfte gegen den Rath der Stadt im Jahre 1482 finden wir den Stadtrentmeister Hermann Rind unter denjenigen, welche der Rath zu den empörten Volksmassen absandte, um sie zu beschwichtigen und mit ihnen zu unterhandeln. Als darauf im Jahre 1513 das Volk von neuem sich erhob und blutige Rache an seinen frühern Gegnern nahm, war es wieder ein Mitglied unserer Familie, der Rathsrichter Adolph Rind, den die Stadt mit dem Aufträge betraute, den Kaiser Maximilian zu bewegen, von der angedrohten Züchtigung der Aufrührer abzustehen. Auf dem alten Stadtplane von Goffarth, welcher auch die Bürgermeister der Stadt mit ihren Wappenschildern aufführt, sind drei Rinden als Bürgermeister verzeichnet: Hermann Rind mit drei Stäben (drei Mal auf drei Jahre gewählt) von 1480—1489), Johann Rind mit einem Stabe, von 1513—1516, und Adolph Rind mit neun Stäben von 1514—1541, so daß zwei Jahre hindurch, von 1514—1516 zwei aus derselben Familie zugleich das Bürgermeisteramt verwalteten. Ihr Wappen bestand aus einem Adler, welcher einen Ring im Schnabel trug. Als später, im Jahre 1526, abermals ein Hermann von Rind in den Rath gewählt worden, mußte er auf diese Ehrenstelle verzichten, weil er sowohl beim Kaiser als auch bei dem Könige von England die Stelle eines Rathes bekleidete, „und den städtischen Rechten gemäß Niemand Mitglied des Magistrates sein konnte, welcher einem andern Herrn durch den Eid der Treue verpflichtet war". Das Rathhausprotokoll vom 22. Juni 1526 lautet: „Als Hermann Rinck am nächstvergangenen Dinstag vom Windeck zum Rathe gekoren gewesen, und auf heute seine Entschuldigung gethan, daß er Kaiserlicher Majestät und auch Königlicher Majestät von England Diener und mit Huld und Eid verpflichtet sei, haben unsere Herren vom Rath, Herrn Johann von Rheidt, Bürgermeister, Herrn Johann Huyppen, Rentmeister, und Gerhard Kannegießer als Herren von derselben Gaffel, befohlen, ihre Gesellschaft zu versammeln und einen andern Herrn zu wählen".[1]

Johann Rinck war vom Kaiser Maximilian in den Ritterstand erhoben worden. Er baute darauf als seinen Rittersitz den stattlichen Rinckenhof, das einzige Patrizierhaus in unserer Pfarre, welches sich bis auf den heutigen Tag erhalten hat. Sein schöner, schlanker Thurm mit der durchbrochenen Galerie und seinen zierlichen Wappenschildern zeugt von dem Reichthum und von der hervorragenden Stellung seines Erbauers, und bildet noch jetzt den Schmuck der ganzen Umgebung. Der Garten des Hauses umfaßte beinahe den ganzen Raum zwischen dem Rinkenpfuhl und dem Mauritiussteinweg.

Wie die Familie in ihrer bürgerlichen Stellung zu den ersten der Stadt zählte, so gehörten ihre Mitglieder bis dahin auch zu den eifrigsten Anhängern der Kirche und zu den größten Wohlthätern ihrer Institute. Unter ihnen wird vorzüglich Peter Rinck, Doctor der Rechte, genannt. Er ließ im hiesigen Carthäuserkloster den kleinen gewölbten Umgang bauen und schmückte denselben mit Glasgemälden aus, welche die Geschichte des alten Testamentes darstellten. Später schenkte er demselben Kloster noch zwei werthvolle Gemälde, die Kreuzigung Christi und den Apostel Thomas, die Ennen in die Zeit der Lyversberger Passion versetzt.[2]

---

[1] Ennen, loc. cit.
[2] Ennen, Gesch. der Stadt Köln, III, 1024.

Derselbe Dr. Peter Rinck überwies im Jahre 1501 dem Kloster Pantaleon die Hälfte von sieben Florin als jährliche Rente, und den armen Findlingen, „welche im Dom zu sitzen pflegen", eine solche von 20 Gulden.

Im Jahre 1514 errichtete der mehrmals genannte Johannes Rinck das Kloster der Augustinerinnen „zum Lämmchen auf der Burgmauer", welches 1805 ein Raub der Flammen wurde und an der Stelle stand, wo jetzt der Appellhof gebaut ist. Gelenius führt als Jahr der Errichtung des Klosters 1502 an und bemerkt, es habe an jener Stelle bereits ein altes Frauenconvent (vetustum reclusorium) von der Regel des h. Augustinus bestanden, aber Johannes Rinck habe in jenem Jahre die Fonds desselben reichlicher ausgestattet und durch den Bau einer Kirche das Reclusorium zu einem vollständigen Kloster erweitert (ad perfectam monasterii formam auxit.). Ennen läßt das Kloster noch früher, nämlich in den Jahren 1480—1490 von Hermann Rinck und seiner Gemahlin Gertrud von Dalen gegründet werden. Wir stützen unsere Jahreszahl 1514 auf die Inschrift eines alten Bildes aus jener Zeit, welches ursprünglich dem Kloster Lämmchen zugehörte, jetzt aber im Besitze des Klostervorstehers der Alexianer sich befindet:

    Cum sol quingentos post mille retexuit annos
      Et jam bis septem calculus actus erat,
    Hanc sacram Joannes exstruxit Rinckius aedem,
      Nomen et Agnelli pulsa recepit ovis.

Vielleicht lassen sich die verschiedenen Angaben dahin vereinigen, daß Hermann Rinck den Grund zur Stiftung legte und Johann Rinck dieselbe zuerst im Jahre 1502 erweiterte und dann 1514 durch den Bau der Kirche zur Vollendung brachte. Auch die Kirche der Kreuzbrüder in der Kreuzgasse erfreute sich der Wohlthaten der Familie Rinck. Es war ein anderer Hermann Rinck, welcher im Jahre 1513 mit seiner Gemahlin Margaretha Strauß den Kreuzbrüdern zwei alte Häuser, „der große und kleine Kneiart" genannt, abkaufte und an deren Stelle ein großes Gebäude „zum goldenen

Ring" errichtete. Bald darauf bauten sie vorn am südlichen Schiffe der Klosterkirche eine Kapelle zu Ehren der h. Mutter Gottes und schmückten sie aus. Das dankbare Kloster bereitete ihnen dafür eine würdige Grabstätte in derselben Kapelle. Im Streite der Humanisten mit den Universitäts-Professoren finden wir die Rincken auf Seiten der Letztern. Sie galten als eben so große Beförderer der Wissenschaft und Kunst, wie als strenggläubige Katholiken; ihnen ist es am meisten zuzuschreiben, daß der Druck protestantischer Bibeln, welche für England bestimmt waren, in Köln hintertrieben wurde.

In der letzten Hälfte des sechszehnten Jahrhunderts trat in der religiösen Gesinnung der Familie Rinck eine beklagenswerthe Veränderung ein. Die frühern Gegner der neuen Bewegung wurden jetzt ihre Gönner. Wahrscheinlich rührte dies her von dem Verkehre mit den zahlreich eingewanderten Geusen aus Holland, welche in Köln eine Zufluchtsstätte gegen das strenge Regiment des Herzogs Alba gesucht hatten. Unter ihnen befand sich auch die Prinzessin Anna von Sachsen, Gemahlin des Prinzen Wilhelm von Oranien, mit ihren beiden noch ganz kleinen Kindern. Sie nahm ihren Wohnsitz in dem Rinckenhofe. Hier entspann sich zwischen dieser leichtfertigen Frau und ihrem Rechts-Anwalte Dr. Johannes Rubens aus Antwerpen, dem Vater des berühmten Malers, jenes ehebrecherische Verhältniß, aus welchem eine Tochter, Christina Dietz genannt, entsproß. Die Prinzessin mußte 1570 die Stadt Köln verlassen. Sie vertraute ihre Kinder und Kleinodien dem Dr. Johannes Rubens an und dieser zog nun mit seiner Gattin, seinen vier eigenen Kindern und den beiden Kindern Anna's in den Rinckenhof.

Der Bruder des Prinzen Wilhelm, Graf Johann von Nassau, rächte die Schmach, die seinem Hause zugefügt war, dadurch, daß er den Rubens aufheben und nach Siegen in sichere Verwahrschaft bringen ließ. Hierhin folgte ihm auch seine edele Gattin und hier war es, wo Peter Paul Rubens, um dessen Wiege so lange zwischen Antwerpen und Köln gestritten ward, im Frühjahr 1577 das Licht der Welt erblickte.

Die Rincken scheinen um diese Zeit förmlich zum Protestantismus übergetreten zu sein. Auffallend ist, daß auch von derselben Zeit an der Stern der Familie, welcher so rasch und so glänzend aufgegangen war, eben so schnell wieder verblich. Die männlichen Sprossen derselben verschwinden ganz aus der Geschichte der Stadt. Von den weiblichen erwähnt Ennen in seiner Geschichte der Stadt Köln (IV, 831) einer **Margaretha Rinck**, welche 1628 auf dem Geusenkirchhofe begraben wurde, und in den 'Köln. Nachr.' (1870, 136) einer **Christina Rinck** aus dem Jahre 1654, welche ebenfalls der protestantischen Gemeinde angehörte. Das Haus „zum goldenen Ring" finden wir von jener Zeit an im Besitze der Herren von Lyskirchen; der „Rinckenhof" aber ging bald darnach auf die Familie von **Berlipsch** über und wurde deshalb auch später der Berlipsche Hof genannt.

Am 14. Februar 1674 war der Rinckenhof und seine unmittelbare Umgebung der Schauplatz einer Begebenheit, welche ihres politischen Charakters wegen eine außergewöhnliche Bedeutung erlangte; es war die Verhaftung des Domherrn und kurfürstlichen Ministers, Landgrafen **Wilhelm von Fürstenberg**.

Damals bewohnte den Rinckenhof die Gräfin Charlotte von der Mark mit ihren Kindern. Ihr Gemahl war blödsinnig und die Vormundschaft über die Kinder ihrem Verwandten, dem erwähnten Prinzen Wilhelm v. Fürstenberg, übertragen. Es war die traurige Zeit des Krieges zwischen dem ländersüchtigen Könige Ludwig XIV. von Frankreich und den emporstrebenden holländischen Generalstaaten. Dem unheilvollen Einflusse Fürstenberg's, welcher zu den eifrigsten Anhängern des französischen Königs gehörte, war es gelungen, seinen Herrn, den Kurfürsten Max Heinrich von Köln, zu bewegen, mit Ludwig XIV. ein Bündniß zu schließen und unter dem Vorwande, das Erzstift gegen die Angriffe der protestantischen Holländer zu schützen, diesen letztern den Krieg zu erklären. Der Kurfürst hielt auch dann noch an diesem Bündnisse fest, als die Absichten Ludwig's auf die benachbarten Reichsländer immer deutlicher hervortraten und der Kaiser Leopold sich genöthigt sah, um dem Reichsfeinde entgegenzutreten, mit den Holländern sich zu vereinigen. Das Gebiet des Kurfürsten wurde nun der Tummelplatz der beiderseitigen feindlichen Truppen. Bald waren es die Soldaten des französischen Marschalls Turenne, bald die Kriegsschaaren Wilhelm's von Oranien, welche verwüstend das Land durchzogen und die armen Bewohner auf schreckliche Weise brandschatzten.

Im November 1673 wurde Bonn, die Residenz des Kurfürsten, von kaiserlichen und oranischen Truppen eingenommen. Max Heinrich war vorher geflohen und hatte zu Köln im Kloster Pantaleon eine Zufluchtsstätte gefunden. Wilhelm von Fürstenberg war ihm dahin gefolgt. Seinen Intriguen war es vorzugsweise zuzuschreiben, daß die Friedens-Unterhandlungen, welche durch einen Congreß zu Köln gepflogen wurden, zu keinem Resultate gelangten. Da beschloß man in Wien, dem verderblichen Treiben dieses Mannes ein Ende zu machen und seiner Person sich zu bemächtigen. Als er am Abende des 14. Febr. 1674, nach einem Besuche bei der Gräfin von der Mark, aus dem Rinckenhofe abfuhr, um sich zum Kurfürsten nach St. Pantaleon zu begeben, wurde er auf ein gegebenes Zeichen plötzlich von einem Trupp kaiserlicher Reiter überfallen und umzingelt. Da der Landgraf, vorher gewarnt, nicht ohne starke Begleitung war, entspann sich ein hartnäckiger Kampf, in welchem von den Kaiserlichen ein Lieutenant blieb und der Anführer der Reiter, Marquis Obizzi, so schwer verwundet wurde, daß man ihn in das Kloster St. Reinold bringen mußte. Von der Begleitung Fürstenberg's wurde dem Ritter von Cort, als er aus dem Wagen steigen wollte, eine Kugel durch den Kopf geschossen; die Uebrigen waren verwundet. Der Kutscher verbarg sich auf dem Kirchhofe von St. Mauritius; sein Herr war aus dem Wagen gesprungen und suchte durch die Weinberge zu entfliehen. Allein er wurde eingeholt und gezwungen, wieder einzusteigen. Der Graf Bagnasko setzte sich mit gezogenem Degen dem Landgrafen zur Seite. Der Wagen wurde umgedreht und fuhr am Hahnenthor hinaus, um die Stadt bis zur Mülheimer Heide. Hier wurde übergesetzt und der Gefangene über Siegburg nach Bonn und von da nach Wiener-Neustadt gebracht. Dort wurde ihm als Hochverräther der Proceß gemacht und das Todes-Urtheil über ihn ausgesprochen.

Von Seiten der Mächte, welche auf dem Congresse zu Köln vertreten waren, liefen sehr energische Proteste gegen die Gewaltthat beim kaiserlichen Hofe ein. Man erklärte sie als eine Verletzung des allgemeinen Völkerrechtes und als ein Attentat auf den unverletzlichen Charakter eines Gesandten, als welcher Fürstenberg beim Congresse fungirt habe. Hierauf erwiderte das Wiener Cabinet: „daß es auch einem Gesandten nicht gestattet werden könne, Verbrechen zu begehen oder Dinge zu treiben, welche zur Verachtung und Schmälerung der obersten Gewalt Kaiserlicher Majestät dienten. Es sei aber aller Welt bekannt, welche Unternehmungen zum Schaden des ganzen Reiches der nunmehr verhaftete Prinz sich erlaubt habe; daß er der vorzüglichste Anstifter des gegenwärtigen Krieges gewesen, und daß er allen abmahnenden Mandaten seines Kaisers den Gehorsam verweigert habe. Seine Gefangennehmung sei nur in der Absicht erfolgt, um ihn zu verhindern, fernerhin zum Nachtheile des Kaisers und des Reiches zu agitiren und den für die ganze Christenheit so nothwendigen Frieden noch länger zu vereiteln."

Nur der eindringlichen Verwendung des päpstlichen Nuntius Albergati gelang es, die Todesstrafe des Prinzen in Haft umzuwandeln; dagegen blieben alle Vorstellungen, welche seine sofortige Freilassung bezweckten, ohne Erfolg. Erst nach dem Abschlusse des Friedens von Nymwegen, 1678, wurde auf Betreiben Ludwig's XIV. in einem besondern Artikel vom 5. Febr. 1679 die Entlassung Fürstenberg's aus seiner Haft durchgesetzt.[1]

---

[1]) Ennen, Frankreich und der Niederrhein, I, S. 326 ff.

In der letzten Zeit besaß und bewohnte den Rinckenhof der Freiherr Franz Xaver von Ghisel, welcher unverheirathet am 14. Mai 1866 in demselben starb. Er hat sein Andenken gesegnet durch eine Stiftung von 4000 Thalern, deren Revenuen die Pfarrer von St. Mauritius und St. Peter je vier armen, unbescholtenen Familien ihrer Pfarre zuwenden sollen. Von seinen Erben gelangte das Gut durch Kauf in den Besitz der Familie Pauli.

Viertes Capitel.
Die Pfarrer vom Jahre 1486 bis 1802.

Auf Gisbert Utemwerth, welcher die Reihe der Pfarrer aus dem vorigen Zeitabschnitte geschlossen hatte, folgte im Jahre 1486

15. Johannes Luninck (1486—1502; Abt 1502—1514).

Er stammte aus einem altkölnischen Adelsgeschlechte und trat in das Kloster Pantaleon ein zur Zeit des Abtes Gottfried von Lechenich. Wir haben bereits gesehen (S. 89), welches traurige Zerwürfniß damals im Kloster herrschte und wie die innern und äußern Verhältnisse desselben darunter litten. Welchen Eindruck diese Zustände auf den jugendlichen Luninck gemacht, erkennen wir aus den Worten der Kloster-Annalen: „Da er sich im Anfange den ungebundenern Mönchen anschloß, so nahm er bald, wie es immer zu geschehen pflegt, ihren verderbten Geist an und er würde unter den Verkehrten der Verkehrteste geworden sein, wäre er nicht durch eine besondere Fügung Gottes aus ihrer Gemeinschaft herausgerissen und eine Zeit lang in andere Klöster seines Ordens geschickt worden, wo er ein besseres Leben kennen lernte und wie an Alter, so auch an Weisheit zunahm." Nachdem er zuletzt noch in dem Kloster Groß-Martin, welches sich durch strengere Zucht auszeichnete, „in der Frömmigkeit befestigt worden," kehrte er nach St. Pantaleon zurück. Hier wurde er bald darauf Cellerarius und verwaltete dies schwierige

Amt mit großer Sorgfalt und Umsicht. Im Jahre 1486 wählte ihn der Abt **Wilhelm von Boichholz** (1481—1487) zum Pastor von St. Mauritius. Am 11. April desselben Jahres war die Pfarre Zeuge von dem feierlichen Einzuge des Kaisers Friedrich und seines Sohnes, des in Aachen neugekrönten Königs Maximilian. Dieser Einzug geschah durch das Weierthor, über die Weierstraße, den Bach hinab über den Heumarkt und Altenmarkt bis zum Dom. „König Max ritt in vollem Harnisch, an seiner Seite die Erzbischöfe von Köln und Mainz, vor ihm der Erzbischof von Trier, hinter ihm die andern Fürsten und Herren. Bevor jedoch der König durch das Thor einritt, mußte er die städtischen Privilegien zu achten geloben, wogegen die Bürgermeister ihm Namens der Stadt den Eid der Treue leisteten." Die Chronik der Stadt bemerkt, daß bei dem darauffolgenden Turnier der Pfalzgraf Philipp den König Max aus dem Sattel hob. — Luninck wirkte sechszehn Jahre hindurch in seiner Pfarrstelle mit dem segensreichsten Erfolge. Während dieser Zeit lebte im Kloster Pantaleon der vortreffliche und gelehrte Abt **Andreas Küchler** aus Breslau (1487—1502); seine Grabschrift gibt ihm das rühmliche Zeugniß:

> Insignis virtute fuit, gravitate modestus,
>   Dogmate multiplici praeditus ille simul.
> Pacificus, clemens, justus, vitaeque magister,
>   Fratribus exemplum mite piumque dedit.

Luninck hatte sich durch seine seelsorgliche Wirksamkeit ein solches Ansehen und Vertrauen erworben, daß man ihn nach dem Tode des Abtes Andreas einstimmig zu dessen Nachfolger erwählte. Er war der erste Pfarrer von St. Mauritius, welcher zu dieser hohen Würde gelangte. Es heißt von ihm: „er befestigte die Disciplin, brachte die Einkünfte des Klosters auf ihren frühern blühenden Stand, hob den Gottesdienst, baute viel, restaurirte noch mehr, so daß auf ihn die Worte der h. Schrift angewendet wurden: »Er hat die zerstörten Mauern wieder aufgerichtet, die Thore befestigt und unsere Häuser wieder aufgebaut.« (Sir. 49). Von ihm rührt auch das prachtvolle Doxal in der Kirche St. Pantaleon." (Kloster-Chronik.) Er starb 1514 als einer der tüchtigsten Vorsteher dieses Klosters.

16. Johannes Glessen aus Dülken (1502—1530).

Wie sein Vorgänger, war auch er zuerst Mönch und Cellerarius von St. Pantaleon, wurde von Luninck gleich nach dessen Erwählung zum Abte 1502 als Pastor von St. Mauritius ernannt und am 29. November installirt. Aber schon im folgenden Jahre, am 2. Oct. 1503, sah sich der Abt veranlaßt, klagend gegen ihn aufzutreten „wegen Anmaßung und Widersetzlichkeit". Worin diese letztere bestanden habe, sagt uns die Kloster-Chronik nicht. Nach einer sehr weitschweifigen, schwer zu lesenden Urkunde aus dem Jahre 1507 (im Staats-Archiv) scheint es, als habe der Abt den Pfarrer dessen Stellung als Vicarius des Klosters zu sehr fühlen lassen und das Einkommen desselben allzu sparsam zugemessen, dieser dagegen in seinem Widerspruche die Schranken der schuldigen Ehrfurcht zu weit überschritten. Im Verlaufe des Streites muß es zu einer förmlichen Auflehnung des Pfarrers gekommen sein, denn der Cardinal-Legat Raymund entsetzte ihn seines Amtes, sprach die Excommunication über ihn aus und verurtheilte ihn zur Einschließung. Glessen wandte sich nach Rom. Während man dort seine Angelegenheit verhandelte, wurde die Seelsorge über die Pfarre einem Weltgeistlichen (ecclesiasticus), Daniel Ruhen, übertragen, und als dieser 1510 starb, der Erzbischof Antonio de Siponto vom Papste Julius II. beauftragt, den Heinrich Goldlin, Priester der Constanzer Diöcese, an die streitige Pfarrstelle zu setzen, „welche bald von Weltgeistlichen, bald von Mönchen aus dem Kloster (St. Pantaleon) versehen zu werden pflegte".[1] Der Proceß wurde jedoch schon in demselben Jahre und zwar gegen den Abt zu Gunsten des Pfarrers entschieden und dieser, nach vorangegangener Einigung mit jenem in sein Amt wieder eingesetzt, das er von da ab bis an sein Ende, 1530, verwaltete.

---

[1] Urkunde vom Jahre 1510 im Staats-Archiv.

17. Benedict Kessel (1530—1538; Abt 1538—1556).

Er war der Sohn eines vornehmen Patriziers aus Köln. Nach vollendeten Studien trat er in das Kloster Pantaleon, wurde wegen seiner vortrefflichen Geistesgaben zuerst Cellerarius und Syndik des Klosters und darauf im Jahre 1530 an die Stelle des verstorbenen Glessen zum Pfarrer von St. Mauritius gewählt. „In allen diesen Stellen zeichnete er sich durch Frömmigkeit, Seeleneifer und Klugheit aus, so daß er in und außer dem Kloster großes Lob und Ansehen erwarb." Für die Pfarrkirche machte er sich noch besonders dadurch verdient, daß er sie „erweiterte und ausschmückte". Die Erweiterung bestand höchst wahrscheinlich in dem Anbau eines zweiten Seitenschiffes an der Südseite der Kirche, welches in seinem spätgothischen Stile auf diese Zeit hinwies. Ob unter der Ausschmückung vielleicht die Wandmalereien zu verstehen sind, welche sich beim Abbruche in einem freilich sehr schadhaften Zustande unter der Tünche zeigten, wagen wir nicht zu entscheiden.

Im Jahre 1538 starb der Abt Johannes von Euskirchen, welcher 1514 auf Luninck gefolgt war. Er hatte von seinem Vorgänger nicht bloß das Amt, sondern auch die vortreffliche Leitung des Klosters überkommen. Von ihm berichtet der gleichzeitige Prior Damian von Essen: „In den Ordensregeln wohl bewandert, in der Disciplin geübt, stand er dem Kloster in geistlichen und weltlichen Dingen rühmlichst vor. Er sorgte für die Armen, tröstete die Betrübten, versöhnte die Uneinigen, war ein Vorbild der Frömmigkeit und Gerechtigkeit, ein Freund des Friedens und der Billigkeit. Unter den Milden und Demüthigen gab es keinen Demüthigern; aber gegen die Gottlosen und Hochmüthigen auch keinen Strengern, als er, so daß keiner seiner Vorgänger ihn an Frömmigkeit, Güte, Klugheit und Erfahrung übertraf." Er baute einen eigenen Kranken- und Studiensaal und schmückte letztern mit werthvollen Fenstern. „Alle weinten, als man ihn zur Erde bestattete." (Kloster-Chronik.)

Als Nachfolger desselben wurde einstimmig unser Pfarrer Benedict Kessel gewählt. Nur ungern nahm er die Wahl an; der Rückblick auf seine ausgezeichneten Vorgänger erfüllte ihn mit Zagen. Aber die Demuth machte ihn stark. Er führte sein Amt in demselben Geiste und mit demselben glücklichen Erfolge, wie jene, fort. Strenge in Handhabung der Zucht, würdigte er doch die Verhältnisse seiner Zeit. Bis dahin hatte in St. Pantaleon noch die ursprüngliche Verordnung des h. Benedictus bestanden, welche den Mönchen nur Fischspeisen gestattete. Als aber mehrere andere Klöster der Bursfelder Congregation vom apostolischen Stuhl das Indult, Fleisch zu essen, erlangt hatten, nahm er keinen Anstand, mit Erlaubniß des Papstes auch seinen Klostergenossen einen mäßigen Fleischgenuß zu bewilligen. Er starb im October 1556.

Auf seinen Wunsch hatte man schon am 3. August den 22jährigen Diakon und Neffen des Abtes, Henricus Mülhem, zu seinem Coadjutor gewählt. Dieser trat nicht in die Fußstapfen seines Onkels:

> Disciplina cadit, fit magna ruina bonorum,
> Dispergit juvenis, parta labore senis.

> Tief sinkt Strenge und Zucht, es schwindet das Klostervermögen,
> Was das Alter erwarb, richtet die Jugend zu Grund.

Als Pfarrer von St. Mauritius war an die Stelle Benedict's getreten:

18. Gisbert Greidthausen (1538—1539).

Er hatte vorher im Kloster das Amt eines Spindarius und später des Priors versehen; auch war er Beichtvater im Kloster St. Mauritius gewesen. Kaum ein Jahr nach seiner Ernennung tauschte er mit seinem frühern Klostergenossen, dem Pfarrer von Langel, und dieser kam, mit Zustimmung des Abtes nach St. Mauritius. Es war

19. Gerhard von Köln (1539—1545).

Die Kloster-Chronik meldet von ihm, daß er sein Amt „auf rühmliche Weise" bis zu seinem Tode verwaltet habe. Letzterer erfolgte am 13. Sept. 1545. Auf ihn folgten rasch nach einander:

20. Adrian von Soest (1545 bis 20. Mai 1548).

21. Johannes von Süchteln genannt „zum Pütz"
(1548—1554).

Vorher Prior in St. Pantaleon, starb er nach kaum sechsjähriger Wirksamkeit in St. Mauritius am Pfingstfeste 1554.

22. Michael Geist (1554—1564).

Wie so viele seiner Vorgänger war er Cellerarius des Klosters Pantaleon gewesen. Nach zehnjähriger eifriger Seelsorge in unserer Pfarre segnete er das Zeitliche am 11. October 1564. Er hatte das Mißgeschick, bei den spätern Geschichtschreibern mit seinem Hülfsprediger verwechselt und als Abtrünniger betrachtet zu werden. (Siehe Seite 132.) Nach seinem Tode kehrte Gisbert Greidthausen auf Verlangen des Abtes Heinrich Mülhem von seiner Pfarre Langel wieder nach St. Mauritius zurück, mußte aber schon im darauffolgenden Jahre wegen Altersschwäche seine Stelle niederlegen. Er starb im Kloster als Senior im Jahre 1577.

23. Gottfried von Vorden aus Werden (1565—1572;
Abt von 1572—1597).

Aus einer vornehmen Familie entsprossen, gewann er sich im Kloster wegen seines freundlichen und sanften Charakters die Herzen aller Brüder. „Den Bienchen gleich," heißt es in der Chronik, „hatte er schon gleich von Anfang an den Honig eines bessern Lebens eingesogen und den süßen Wohlgeruch seines frommen und tugendreichen Wandels in solchem Maße verbreitet, daß Alle ihn liebten und im Dufte seiner Salben ihm nachfolgten." Nachdem er vorher Prior gewesen, folgte er am 30. Januar 1565 dem abgetretenen altersschwachen Greidthausen als Pfarrer von St. Mauritius, jedoch unter der Bedingung, daß dem verdienten Greise eine bestimmte Anzahl von Wochenmessen, sowie ein Theil des Einkommens bis an sein Ende verbleiben sollte. Gottfried verwaltete sein Amt beinahe acht

Jahre lang als „wachsamer, eifriger und Allen zugänglicher Seelenhirt".

Während dieser segensreichen Wirksamkeit starb in dem Kloster Pantaleon der bereits genannte Abt Heinrich Mülhem im Jahre 1572. Vortreffliche Geistesanlagen, sowie sein gewinnendes Auftreten hatten seinen Onkel, den frühern Abt Kessel, bestimmt, ihn dem Capitel als seinen Nachfolger zu empfehlen, und dieses war schwach genug gewesen, ihn trotz seines jugendlichen Alters und obgleich er noch erst Diakon war, zu ihrem Oberhaupte zu wählen. Bald zeigte es sich, daß Heinrich zu einer so hohen und schwierigen Stelle die nöthige Reife und Erfahrung nicht besaß. Ein Mißgriff folgte auf den andern; die Güter des Klosters wurden von neuem mit Schulden belastet und verpfändet; die Brüder verloren die Achtung vor dem unbesonnenen Abte und dieser nahm eine gereizte Stellung gegen die Brüder an. Die Zucht sank rasch und so sehr, daß der Erzbischof Johann Gebhard von Mansfeld im Jahre 1559 eine Visitation des Klosters vornehmen ließ. Dies scheint den Abt zur bessern Erkenntniß gebracht zu haben. Er schlug einen andern Weg ein und suchte das Vergangene wieder gut zu machen. Er ordnete das Rechnungswesen, bereicherte die Klosterbibliothek mit neuen Werken, ließ zwei neue Glocken gießen und schien zuletzt die anfangs gehegten Hoffnungen erfüllen zu wollen, als ein früher Tod ihn am 12. November 1572 im 39. Jahre seines Lebens hinwegnahm. Es galt, ihm einen tüchtigen Nachfolger zu geben, und die Stimmen sämmtlicher Brüder vereinigten sich auf den Pfarrer von St. Mauritius, Gottfried Borcken. Als Abt stellte er die Zucht wieder her, löste die verpfändeten Güter in Süchteln ein, erwarb durch Güte und Sanftmuth die Liebe Aller, baute eine neue Sacristei und starb endlich, nachdem er 25 Jahre lang zum Segen des Klosters den Abtsstab geführt hatte, am 17. December 1597. Die Wahl seines Nachfolgers war unglücklich; sie traf den bisherigen Pfarrer von Süchteln, Gottfried Hültz, einen tugendhaften Mann, welcher auch in seiner frühern Stellung sich große Verdienste erworben hatte, nun aber, durch Alter und Leiden gebeugt, und wegen zu großer Weichheit des Charakters zu energischem Einschreiten unfähig, seiner neuen Stelle nicht gewachsen war. Welche traurige Folgen daraus für das Kloster erwuchsen, ist oben bereits mitgetheilt worden. (Siehe S. 136.)

24. Nicolaus Thaler aus Gladbach (1573—1604).

Er trat an die Stelle von Gottfried Borcken, als dieser zum Abte gewählt wurde, empfing die Investitur am 29. März 1573, war 31 Jahre hindurch Pfarrer von St. Mauritius und starb am 14. März 1604, „reich an Arbeit und Verdienst (laborum manipulis gravis)". Ihm folgte der Prior:

25. Severin Vinckenberg, genannt Beggendorff (1604—1623).

Unter ihm entstand am 6. April 1609 „ein großer Brand in dem Apostelskirspell auf der Schaffenstraße an der Pforten, daß mehr als 30 Häuser abgebrannt, ohne Scheuren und Ställe; auch vieles Vieh verbrannt". (Kölner Chronik in den Annalen des Niederrheines, Heft 30, S. 153.) „Nachdem er seiner Heerde 19 Jahre lang als musterhafter Hirt vorangegangen," starb er am 17. Oct. 1623.

26. Johannes Lullius (1623—1625).

Geboren 1582, trat er mit 19 Jahren in den Orden, wurde 1606 zum Priester geweiht, erwarb sich als Novizenmeister und Prior von St. Pantaleon große Verdienste, trat am 27. Oct. 1623 die Pfarrstelle von St. Mauritius an, vertauschte dieselbe aber schon nach zwei Jahren mit der leichtern Pfarrei Badorf bei Brühl und stand dieser Gemeinde 40 Jahre hindurch „in der lobwürdigsten Weise" vor, bis er am 14. Mai 1665 als 83jähriger Greis in die Ewigkeit abberufen wurde.

27. Theodor Pfingsthorn aus Köln (1625—1636).

Nachdem er eine Zeit lang Prior des Klosters St. Pantaleon gewesen, wurde er 1625 zum Pfarrer von Badorf bestimmt, tauschte aber in demselben Jahre noch mit dem damaligen Pfarrer Lullius von St. Mauritius. „Außer andern Verdiensten und ausgezeichneten Tugenden, erwies er sich noch besonders dadurch als seeleneifrigen Hirten, daß er gegen allen bis dahin herrschenden Gebrauch von den Pfarrern zuerst die Kanzel bestieg, und zwar am ersten Sonntag nach Ostern, und über das Thema: »Ich bin der gute Hirt« zum Volke predigte." (Kloster-Chronik.)

Im Jahre 1634 wurde er zum Abte in Haselfeld bei Bremen gewählt und in der hiesigen St. Pantaleonskirche von dem Weihbischofe Otto Gereon feierlich consecrirt. Seine Wahl fiel in verwickelte Zeitverhältnisse, und es scheint, als hätten sich der Besitzergreifung jener Stelle große Schwierigkeiten entgegengesetzt, denn er verwaltete bis zum Jahre 1636 die Pfarrei von St. Mauritius fort, und erst in diesem Jahre wurde ihm ein Nachfolger an letzterer Stelle ernannt. Er starb, vom Tode übereilt, am 15. August 1639, auf der Reise nach seiner neuen Bestimmung, in Hamburg, „inmitten der Mühseligkeiten".

28. Placidus Brower (1636—1641; Abt 1641—1646).

Placidus war Kölner von Geburt und von gewöhnlicher Herkunft: sein Vater war Maurer. Aber er zeichnete sich aus durch ungewöhnliche Gaben des Geistes und des Körpers. „Sein eminenter Verstand, seine hohe Gestalt und vor allem die milde Würde, welche sich auf seinem Angesichte abspiegelte (gratissima vultus sublimitas)" zeigten, daß er seinen Namen „placidus, milde, freundlich" nicht vergebens trug. Er war 1621 unter dem Abte Spickernagel in den Orden getreten und 1630 Prior geworden. Die Wahl des Pfarrers Pfingsthorn von St. Mauritius zum Abte in Haselfeld berief ihn zum Hirten der verwaisten Heerde am 11. Oct. 1636.

Leider wurde er derselben schon nach fünf Jahren der segensreichsten Wirksamkeit durch seine Beförderung zum Abte von St. Pantaleon wieder entrissen. Zur Zeit Browers, im Jahre 1637, wurde das Kloster der unbeschuhten Carmeliterinnen (Discalceaten) in der Schnurgasse gegründet, deren Gotteshaus seit 1820 die Pfarrkirche von St. Pantaleon geworden ist. Wir werden später auf dieses Ereigniß zurückkommen.

Auch erschütterten unter ihm im Jahre 1640 heftige Erdbeben die Stadt, und der Sommer war so heiß, „daß es schiene, als ginge Feuer aus der Erden, und war in langer Zeit kein Regen vorhanden; ja, das Erdreich war so dürre, daß alle Brunnen, Weiher und fließende Wasser versiegten. Der Rhein war so klein, daß man dadurch reiten konnte. Die Frucht im Felde verdorrte, ja, es war ein so großes Elend und Jammer, daß viele Menschen aus Hungersnoth gestorben".[1]

Im darauffolgenden Jahre, am 17. Mai 1641, starb der vortreffliche Abt Spickernagel, welcher nach dem Tode des Gottfried von Hültz (1606) 35 Jahre lang dem Kloster vorstand. Mit ihm hatte eine Zeit der Blüthe für die Abtei Pantaleon begonnen, wie sie in der frühern und spätern Geschichte derselben nicht vorkam. Drei Aebte, eben so ausgezeichnet durch ihre Gesinnung, wie durch ihr thatkräftiges Wirken, folgten sich und wetteiferten mit einander, das innere Klosterleben immer mehr zu vervollkommnen und zugleich den äußern Glanz der Abtei zu heben. Von Spickernagel heißt es in der Kloster-Chronik: „Er war ein Liebling Gottes und der Menschen, den Höchsten und den Geringsten angenehm, diesen freundlich, jenen ehrwürdig, Allen theuer, gegen Nothleidende freigebig, gegen sich selbst sparsam. Und da er gleichsam auf den Leuchter gestellt war, verbreitete er den Glanz seiner Tugenden und seines Eifers für das Gute nach allen Seiten." Darum wurde er auch unter freudiger Zustimmung aller Ordensmitglieder zum Präses der Bursfelder Con-

---

[1] Kölner Chronik. Annalen des histor. Vereins, Heft 30, S. 154.

gregation gewählt, 1613. Ihm gelang es, den alten Ruhm des Benedictiner-Ordens wieder herzustellen. Er pflegte die Wissenschaften, errichtete ein Seminar für die angehenden Ordensgeistlichen und erwarb von Papst Urban VIII. im Jahre 1626 das Privilegium, mit noch fünf andern Aebten, nämlich von St. Martin, Brauweiler, Deutz, Gladbach und Grafschaft, die Mitra oder Pontifical-Inful zu tragen. Besonders verdient bemerkt zu werden die Umgestaltung der St. Pantaleonskirche, die er im Innern mit einem neuen Gewölbe und im Aeußern mit neuem Giebel und zierlichem Thurme (Dachreiter) schmückte. Eine Inschrift im Chor sagt:

> Henricus dictus Spichernagelius abbas
> 	Ex Ubiis ortus, fornicis author erat;
> Hic tectum turremque novam construxit in altum:
> 	Sit merces operis vita beata sui.
>
> Heinrich der Abt, Spickernagel genannt, eine Zierde des Ordens,
> 	Welcher aus Köln entsproß, wölbte die Kirche zuerst,
> Schmückte sie dann mit herrlichem Thurm und schützendem Dache:
> 	Lohne der Himmel ihm jetzt, was er auf Erden gethan!

Als das Ende seines Lebens herannahte und der Kranke die heilige Oelung empfangen hatte, richtete er sich auf und ermahnte stehend die versammelte Klostergemeinde auf das wärmste, daß sie doch von jeglichem Laster und besonders von der eiteln Begier nach persönlichem Besitze (a turpi praesertim proprietatis amore) sich enthalten möchte. Sein Grab war in der Mitte der Kirche vor dem Altare des h. Albinus. Während seiner Regierung war der dreißigjährige Krieg entbrannt. Es war ein Glück, daß in dieser traurigen Zeit die Leitung nicht bloß des Klosters Pantaleon, sondern auch der über einen großen Theil von Deutschland verbreiteten Bursfelder Congregation in so sicherer und kräftiger Hand lag.

Noch sei bemerkt, daß im Jahre 1611 der Pantaleonit Heinrich Ducker, Pfarrer von Pingsdorf und Badorf, ein eifriger Seelenhirt, wegen seiner Strafpredigten von einem Ruchlosen vor seiner Wohnung ermordet wurde. (Forst, Beiträge.)

An die Stelle Spickernagel's wurde einstimmig Placidus Browerus gewählt. Wenn man Großes von ihm erwartete, so hat er diese Hoffnungen nicht getäuscht. Er wandelte treu in den Fußstapfen seines ausgezeichneten Vorgängers, hielt strenge auf die Klosterzucht, schärfte die genaue Befolgung der Ordensregel ein, war ein besonderer Förderer des Studiums, bereicherte die Bibliothek mit werthvollen Büchern, namentlich mit den Werken der heiligen Väter, und Viele gelangten unter ihm zu den höhern theologischen Graden. Leider mußte das Kloster in der damaligen Zeit vieles leiden, „besonders waren es die hessischen Truppen, welche mehrere Höfe desselben mit Feuer und Schwert heimsuchten und verwüsteten". Dies wirkte mit dazu, daß der Abt nach kaum fünfjähriger, aber an Verdiensten reicher Wirksamkeit einem allzu frühen Tode erlag, am 5. Januar 1646.

> Annis implacidis Placidus bene rexerat annos;
> Ni morte ablatus, plus placiturus erat.

> Wild war die Zeit, doch waltete mild Placidus seines Amtes;
> Kam sein Tod nicht so rasch, größer noch wäre sein Ruhm.

29. Aegidius Romanus (1641—1646; Abt 1646—1684).

Geboren zu Köln unter Sachsenhausen in dem Brauhause „auf Rom" (infra sedecim domos in braccinio „auff Rom") von sehr angesehenen Eltern im August 1604, studirte er zuerst auf dem Montaner Gymnasium, wurde dann vom Abte Spickernagel im September 1622 in das Kloster Pantaleon aufgenommen und 1628 zum Priester geweiht. Er machte solche Fortschritte in dem Geiste seines heiligen Ordensstifters und in den höhern wissenschaftlichen Studien, daß er in rascher Folge Novizenmeister, Lector und Licentiat der Theologie und Prior des Klosters wurde. Im Jahre 1641 am 27. Juni an. Stelle des zum Abte beförderten Placidus als Pastor von St. Mauritius eingesetzt, „verwaltete er dieses Amt mit großer Liebe und Güte des Herzens, mit unablässigem Eifer und segensreichem Erfolge, erbaute die ihm anvertraute Heerde durch Wort und Beispiel, errichtete einen schönen Marmor-Altar in der Pfarrkirche und hinterließ noch viele andere Beweise seiner unermüdlichen Wirksamkeit". Der erwähnte marmorne Kreuz-Altar im Renaissance-Stil befand sich in einem Nebenschiffe, das dem ursprünglichen nördlichen Seitenschiffe angebaut war. Wir vermuthen, daß dieser Anbau mit flacher Decke, welcher der alten Kirche nicht gerade zur Zierde gereichte, mit dem Altare gleichzeitig errichtet und ein Werk des Aegidius war. — Wie sehr dieser das Vertrauen seiner Pfarrgemeinde besaß, zeigte sich darin, daß seine Beichtkinder auch nach seiner Erhebung zum Abte ihn baten, er möge ihnen doch wenigstens noch eine Zeit lang gestatten, ihre Beichte bei ihm abzulegen. Aegidius ließ zu diesem Zwecke auf ihre Kosten einen besondern Beichtstuhl in St. Pantaleon, und zwar in der Kapelle des h. Paulus errichten, welcher auch später noch fortbestehen blieb, als die Menge seiner Abtsgeschäfte ihm selbst das Beichthören nicht mehr gestattete.

Nach dem Tode des Abtes Placidus 1646 fand man keinen, der so würdig war, an seine Stelle zu treten, als Aegidius Romanus, bei dem sich Frömmigkeit, Wissenschaft und Thatkraft in seltenem Maße vereinigten. Anfangs widerstand er der Wahl; zuletzt gab er den Bitten der Brüder nach, und so folgte er demselben in der Würde des Abtes, dessen Nachfolger er auch im Pfarramte zum h. Mauritius gewesen war. Die Kloster-Annalen sind unerschöpflich in seinem Lobe. Sie nennen ihn „einen Mann, welcher durch angeborene Milde, Klugheit, Besonnenheit, Sanftmuth, Freigebigkeit, Barmherzigkeit, Frömmigkeit, Demuth, Freundlichkeit, durch reiche Erfahrung, Reife des Urtheils und durch mannichfaltige Gaben des Geistes und Körpers, in Stadt und Land (urbi et orbi), dem Klerus und dem Volke gleich theuer gewesen sei". — Er baute das jetzt noch bestehende „weiße Haus" und richtete es zu einer Sommerwohnung des Abtes ein; ebenso wurde die Villa Brockendorf, welche schon zwei Mal abgebrannt war, durch ihn aus dem Schutte wieder hergestellt. Er schmückte den Hauptgiebel der Pantaleonskirche mit zwei zierlichen Seitenthürmchen, erbaute eine neue Orgel und entfaltete nach allen Seiten hin eine rastlose Thätigkeit. Von ihm rührt auch das jetzt noch gebrauchte, werthvolle Processionskreuz in der Kirche zur Schnurgasse.

Im Jahre 1667, am Sonntage nach St. Bartholomäus, wurde Aegidius einstimmig zum Präses der Bursfelder Congregation gewählt und gab für dieselbe 1669 in Antwerpen ein mit schönen plantinianischen Typen gedrucktes Brevier heraus. 1673 gewährte er dem aus Bonn geflohenen Kurfürsten Maximilian Heinrich gastfreundliche Aufnahme in den Räumen der Abtei. Während dieses Aufenthaltes trug sich auch die bereits erzählte Gefangennehmung des kurfürstlichen Ministers Wilhelm von Fürstenberg zu. (Seite 140.)

So freundlich und bereitwillig der Abt auf der einen Seite war, so unbeugsam bestand er anderseits auf allem, was er als sein gutes Recht erkannt hatte. Wir sahen dies bereits oben (S. 124) bei der Einführung des Pfarrers Ververs; wir werden später noch ein Mal darauf zurückkommen bei der Ernennung des Kaplans Gregor Bullingen an St. Mauritius.

Nach 38jähriger Regierung in schweren Zeiten starb Aegidius Romanus am 5. Juli 1684, nachdem er vorher noch ein Mal alle Brüder auf das nachdrücklichste zu gegenseitiger Liebe ermahnt und diese nochmals seine väterliche Hand geküßt und seinen Segen empfangen hatten, im Alter von beinahe 80 Jahren.

In welchem Ansehen der Verstorbene bei Allen gestanden, bewies die Theilnahme an seinem Leichenbegängniß, von dem die Kloster-Annalen sagen, daß die Stadt Köln seit vielen Jahren kein ähnliches gesehen habe. „Dreihundert Trauergedichte auf großem Doppelblatte mit dem Bildnisse des Abtes wurden vertheilt. Die Leiche wurde von den Cellitenbrüdern (Alexianer) durch die ganze Pfarre, zuerst bis zu unserer Stampfmühle (pistrinum), dann über die Weiherstraße, über die Hundsgasse (plateam caninam, jetzt Huhnsgasse), durch die Kirche St. Mauritius, über den Steinweg bis zu den lapides jurisdictionis (d. i. bis zu jenen Steinen auf dem Blaubach, wo die Grenzen der Pfarre und die Gerichtsbarkeit des

Abtes von St. Pantaleon aufhörten) und von da zurück in die Abteikirche getragen." (Kloster-Chronik, S. 124.)

Aegidius Romanus war offenbar der größte in der langen Reihe der Aebte von St. Pantaleon. Unter ihm erreichte das Kloster den Höhepunkt seines Ruhmes und seines Glanzes. Mit Recht heißt es von ihm:

> Aegidius praeses Jubilarius ipse columna
> Ordinis et claustri Pantaleonis erat.

> Aegidius, Pantaleon's Abt, Jubilar und die Säule
> Nicht seines Klosters allein, sondern des Ordens zugleich.

Das Wappen des Aegidius war eine Hand mit einer Rose zwischen einem Hirschgeweihe und mit der Devise: „terret et allicit". Schön und geistvoll wird dasselbe erklärt durch folgende Verse des Chronisten Adam Schallenberg:

> Quid rosa, quid signant Romani cornua patris?
> Forsan blanditias Praesul habetque minas?
> Exhibet affectum suavis Rosa, cornua zelum,
> Terrent ista malos, allicit illa bonos.
> En terres et amas, sed plus vis Praesul amari,
> Cornua non timeo, te quia Praesul, amo.

> Was willst du mit der Rose, Romanus, was mit den Hörnern?
> Schmeichelst du süß vielleicht, drohest du strenge zugleich?
> Liebe bedeutet die Ros', auf Zorn hin weisen die Hörner;
> Ziehest die Guten du an, schreck'st du die Bösen zurück?
> Ja du liebst und schreckest zugleich; willst mehr doch geliebt sein.
> Weil ich dich liebe so sehr, fürchte die Hörner ich nicht.

30. Pantaleon Immendorf (1646—1667).

Er war geboren zu Köln 1606, trat in den Orden 1625, wurde zum Priester geweiht 1630, Novizenmeister 1640 und im darauffolgenden Jahre Pfarrer von Süchteln, wo er jedoch nur wenige Jahre wirkte, da der Abt Aegidius ihn 1646 an die von ihm selbst bis dahin bekleidete Stelle von St. Mauritius berief und am Feste des h. Joseph investirte. Er ließ den vordern Theil des alten Pfarrhauses neu aufbauen, verwendete besondere Sorgfalt auf die Ausbesserung und Verschönerung der Kirche und errichtete in derselben einen neuen Altar zu Ehren des h. Servatius, vor welchem er auch später seine Grabstätte fand.[1]) Unter ihm brach die furchtbare Pest aus, welche vom August 1665 bis Ende September 1666 die Stadt in schrecklicher Weise heimsuchte. Schon im Juli hatten sich die ersten Spuren der Seuche in der Weberstraße gezeigt; im August vermehrten sich die Todesfälle so sehr, daß die Alexianer beauftragt wurden, „die Zahl der Absterbenden alle Wochen den Stimmmeistern anzuzeigen". Am 31. August wurde in der Kapelle des Rathhauses ein feierliches Amt mit Aussetzung der Reliquien des h. Stephanus aus der St. Laurenzkirche gehalten, um Gott für Abwendung der schweren Heimsuchung anzurufen. Eine besondere Pestcommission wurde ernannt und in aller Eile außerhalb der Stadt zwischen dem Eigelstein und dem Thürmchen ein Pesthaus errichtet. Auf's strengste wurde befohlen, die Straßen von Schmutz und Abfällen rein zu halten, das Herumlaufen der Schweine in denselben zu verhindern und deren Aufenthalt und Mastung nicht anders, als an den Wällen gestattet. Der Bach wurde gereinigt und sein Lauf frei gemacht, der gesammelte Wust an der Büttgasse weggeschafft und an der St. Georgskirche der versperrte Abfluß des Wassers wieder hergestellt. Besondere Männer, 50 an der Zahl, wurden beauftragt, diejenigen Häuser ausfindig zu machen, in denen die Pest ausgebrochen war. „Dieselben wurden geschlossen und die Speisen für deren Bewohner durch eine eigens dazu an der Hausthüre angebrachte Oeffnung gereicht. Durch diese empfingen die Kranken auch die

---

[1]) Der h. Servatius, Bischof von Tongern († 384), war Patron der Gerber. Diese begingen sein Fest am 13. Mai durch ein feierliches Hochamt in der Kirche St. Mauritius, welche ihnen als Zunftkirche diente und wo das Bild ihres Schutzheiligen mit der Gaffelkerze aufgestellt war. Als im Jahre 1803 die Abteikirche von St. Pantaleon zur Pfarrkirche umgewandelt wurde, ist die Andacht zum h. Servatius dorthin und später in die Kirche zur Schnurgasse verlegt worden.

Arznei und das h. Abendmahl." Zur Warnung stand vor jedem inficirten Hause das Zeichen des Erlösers (salvator mundi salva nos); wer ein solches Bild entfernte, wurde mit Geld oder Haft bestraft. Ferner wurde den Alexianern, denen die traurige Pflicht oblag, die Verstorbenen zu begraben, „alles geselligens mit und bei gesunden Leuten" untersagt, ebenso den Warte=Nonnen, und zwar bei Strafe von jedes Mal zehn Rthlrn. In jeder Pfarre wurde ein besonderer Zimmermeister bestellt, auf Kosten der Stadt die Todtensärge anzufertigen; allein die Ausgaben steigerten sich so sehr, daß man schon bald mit Collecten der Stadtkasse zu Hülfe kommen mußte.

Köln bot in dieser Zeit einen traurigen Anblick dar. Handel und Gewerbe lagen darnieder; aller Verkehr mit auswärtigen Ortschaften war abgeschnitten; die Straßen lagen verödet, die Häuser wurden ängstlich zugehalten; die traurigen Zeichen des Salvatorbildes erinnerten überall an die Nähe des Würgengels, welcher in einzelnen Straßen von Haus zu Haus ging und ganze Familien ausrottete.

Im October erreichte die Krankheit ihren Höhepunkt, 40—50 Personen starben täglich; die Alexianer reichten nicht mehr aus, andere Leute mußten das Leichentragen besorgen; einzelne Kirchhöfe faßten die Todten nicht mehr. Der Magistrat veranstaltete noch zwei besondere Bettage in der Rathskapelle, und die Rathsmitglieder beteten selbst abwechselnd die Litanei von allen Heiligen sammt den damit verbundenen Fürbitten. In der Pfarrkirche St. Brigitta wurde damals die Rochusbruderschaft gestiftet und Papst Alexander VII. verlieh einen vollkommenen Ablaß allen denen, welche sich der armen Pestkranken annahmen. Eine besondere Zufluchtsstätte für die schwer heimgesuchten Bürger war der Calvarienberg an St. Gereon, welcher, im Jahre 1493 errichtet, im Laufe der Zeit verfallen war, jetzt aber wieder hergestellt wurde. Um den traurigen Anblick der fortwährenden Beerdigungen in etwa zu beseitigen, verschob man das Begraben der Todten vorzüglich auf die Nacht; das nächtliche Beten und Betteln aber wurde verboten.

Die Pest dauerte bis zum September des folgenden Jahres. Im Ganzen erlagen derselben circa 9000 Menschen. Unsere Pfarre scheint weniger als die andern gelitten zu haben. Das Kloster Pantaleon verlor keines seiner Mitglieder; von Mering schreibt dieses den vielen Gerbereien zu, welche sich in der Nähe der Abtei befanden. Dagegen fiel als Opfer seiner Hingabe für die armen Pestkranken der Kaplan von St. Mauritius, Gregor Bullinger aus Köln, am 9. August 1666 im Alter von 39 Jahren. Außerdem wurden von der Seuche hingerafft anfangs September 1665 der Pfarrer Theodor Clisorius von St. Severin, am 2. October Pfarrer Hieronymus Isenberg aus Lyskirchen, am 12. October Johann Hoeving, Pfarrer von St. Christoph; ferner in demselben Jahre Johannes Meshoven, Canonicus von St. Aposteln, und der Augustinermönch Hattinger. Am härtesten sah das Kloster der Alexianer sich getroffen. Schon in den ersten vier Monaten starben fast sämmtliche Professbrüder, im Juli drei, im August fünf, im September sieben, im October fünf. Im December erlagen auch noch die beiden letzten Novizen und das Kloster war ausgestorben, außer dem Vorsteher, Pater Gottfried Badorf. „Dieser hing die Habite auf die Communionbank ihrer Kirche und Jeder, der Lust hatte, konnte sie ergreifen, ohne die sonst vorgeschriebenen Eintrittsgelder zu erlegen."

Am Feste Mariä Lichtmeß 1667 wurde zuerst am Hochaltare im Dom das Hochamt wieder gehalten, nachdem fünfzehn Monate hindurch an diesem Altare kein Gottesdienst mehr stattgefunden hatte. Am 16. März desselben Jahres erklärte endlich die medicinische Facultät, daß die Pest in der Stadt Köln als gänzlich erloschen zu betrachten sei.[1]

Am 25. Januar 1667 war der Pfarrer Immendorf nach zwanzigjähriger segensreicher Wirksamkeit in St. Mauritius gestorben. Ihm folgte:

---

[1] von Mering, Die Pest in Köln 1665—1666. Annalen des histor. Vereins, 5. Heft.

31. Martinus Ververs (1667—1669).

Er war geboren zu Venlo 1630, wurde zur Profession zugelassen 1651 und nach drei Jahren zum Priester geweiht. Nachdem er zuerst in Gladbach (1658) und darauf (1660) in Pantaleon das Amt eines Lectors verwaltet hatte, wurde er zum Licentiaten der Theologie promovirt und stand als Regens dem Benedictiner-Seminar „auf'm Hunnenrücken nahe der Kirche zur h. Ursula" vor bis zum Jahre 1667, wo der Abt Aegidius Romanus ihn zum Pfarrer von St. Mauritius berief und in der oben (S. 124) erzählten ostensibeln Weise in sein Amt einführte. Zu seiner Zeit (1668) starb im Kloster St. Pantaleon Adam Schallenberg, einer von den Verfassern der Kloster-Chronik. Ververs resignirte schon 1669 auf seine Stelle in St. Mauritius und wurde Pastor in Boisheim, wo er am 14. September 1680 starb.

32. Johannes Brauweiler (1669—1683).

Geboren zu Köln 1625, legte er die Gelübde ab 1644, wurde zum Priester geweiht 1649, war Prediger in St. Pantaleon, darauf Novizenmeister in Siegburg, dann ein „wachsamer Pastor" in Elstorf und zuletzt Pfarrer in St. Mauritius. Wenn die Kirchmeister bei seiner Installation den Abt baten, „er möge ihnen einen Pfarrer geben, der in Wort und Beispiel den Wünschen der Pfarrgenossen entspreche", so wurde dieser Bitte in vollem Maße Genüge geleistet. Denn wie die Chronik sagt, „stand Brauweiler wegen seiner Bescheidenheit, Demuth und Leutseligkeit, sowie durch seine besondere Rednergabe, womit er sich auch den Ungebildeten anzubequemen wußte, nicht bloß bei allen Pfarrgenossen, sondern auch bei den Auswärtigen in großer Liebe und Verehrung". Er starb, allgemein betrauert, in Folge eines Beinbruches, den er sich durch einen unglücklichen Fall zugezogen hatte und zu welchem der Brand hinzugetreten war, am 10. März 1683, im Alter von 58 Jahren. An seine Stelle trat der früher schon genannte

33. Anselmus Krott (1683—1713).

Er war ein Kölner, am 28. Februar 1650 geboren, mit zwanzig Jahren in den Orden getreten und 1675 zum Priester geweiht worden. Mehrere Jahre hindurch versah er die Stelle eines Predigers in St. Pantaleon und zeichnete sich aus durch seine Beredtsamkeit und durch seine umfassenden Kenntnisse in der Theologie. Seine Predigten wurden gedruckt unter dem Titel: „Einfältige Seelenspeis. 1697". — Sein ernstes und würdevolles Benehmen, sowie sein energischer Charakter gewannen ihm das Vertrauen des Abtes Aegidius, der ihn zu seinem Geheim-Secretair erwählte und nach dem Tode des Pfarrers Brauweiler ihm die Pfarrei St. Mauritius übertrug. Dreißig Jahre lang verwaltete er diese Stelle und ließ es sich besonders angelegen sein, die äußern Verhältnisse derselben in Ordnung zu bringen. Zeuge dessen ist das von ihm „zu seiner und seiner Nachfolger Belehrung" angelegte Competenzbuch oder Einkünfte-Verzeichniß der Pfarre St. Mauritius. (Siehe oben S. 127.)

Unter ihm starb der Abt Aegidius Romanus, 1684, und an dessen Stelle trat Reinoldus Greuter aus Süchteln, welcher aber nur drei Jahre, 1684—1687, regierte und den Kölner Conradus Kochem zum Nachfolger hatte. Conrad wurde am 2. Oct. 1687 erwählt; er stand bei Hohen und Niedrigen in großem Ansehen, war geistlicher Rath und legte im Auftrage des Kurfürsten Joseph Clemens im Jahre 1703 den ersten Stein zu der wieder neu erbauten Kirche St. Johannes Evangelista auf dem Domhofe. Nach einer fast dreißigjährigen Regierung starb er am 1. März 1717.

Im Jahre 1688, am 3. Juni, war auch der Kurfürst Max Heinrich gestorben. Elf Jahre hindurch[1]), bis zum Todestage des Abtes Aegidius, hatte er in dem Kloster Pantaleon ein sicheres, aber

---

[1]) So die Kloster-Chronik. Nach andern nur bis zum Frieden von Nymwegen 1678.

beschränktes Unterkommen gefunden. Das Zimmer, welches er bewohnte, heißt noch bis heute „das baierische". Zum Danke dafür vermachte er der Abtei zur Stiftung eines Jahrgedächtnisses die Summe von 2000 Rthlr., welche auf die Herrschaften Kempen und Lommersum angewiesen wurden.

Es ist bereits mitgetheilt, wie sehr dieser Fürst in politischer Beziehung von seinem Minister Wilhelm von Fürstenberg abhing. Leider trat dessen reichsfeindlicher Einfluß auch nach dem Frieden von Nymwegen wieder zu Tage und förderte dadurch nicht wenig das Werk der Reunionen, durch welche Ludwig XIV. so viele Städte und namentlich das schöne und reiche Straßburg dem deutschen Reiche entriß.

In kirchlicher Beziehung hat der Kurfürst Max Heinrich sich ein unvergeßliches Denkmal gesetzt in der Diöcesan-Synode, welche er am 20. März 1666 und an den folgenden Tagen in hiesiger Domkirche abhielt. In seiner Berufungs-Urkunde vom 1. Febr. theilt er uns mit, „daß er vom Anfange seines Hirtenamtes an den sehnlichsten Wunsch gehegt habe, diese Synode zu veranstalten und persönlich auf derselben den Vorsitz zu führen, daß aber bis dahin nicht bloß die Erzbiöcese, sondern ganz Deutschland durch den langjährigen, schrecklichen Krieg erschöpft, die Geistlichen aus ihrem Besitzthum vertrieben, die Hirten geschlagen und die Schafe, fast ohne Hoffnung der Wiedervereinigung, zerstreut gewesen; nun aber wolle er die eingetretene Ruhe dazu benützen, um seinen längst gehegten Wunsch in Ausführung zu bringen".

Unter den Synodalrichtern bemerken wir auch den Abt Aegidius Romanus und die beiden Brüder Franz Egon von Fürstenberg, damaligen Domdechant und spätern Bischof von Straßburg, und den oft genannten Wilhelm von Fürstenberg, welcher als Chorbischof und Scholasticus aufgeführt ist.

Die Statuten dieser Synode zeichnen sich eben so sehr durch ihre Gelehrsamkeit wie durch den Eifer für die Förderung des kirchlichens Lebens aus. Sie umfassen das ganze Gebiet der Seelsorge und der Verwaltung und bilden noch jetzt einen wesentlichen Bestandtheil der kirchlichen Gesetzgebung unserer Erzdiöcese.

Zur Zeit des Pfarrers Anselmus endigte auch der blutige Volksaufstand, den der Lintenkrämer **Niklas Gülich** angestiftet hatte. Diesem kühnen und leidenschaftlichen Manne war es gelungen, das durch Kriegssteuern ausgesogene und deshalb unzufriedene Volk gegen den Magistrat aufzuhetzen und mehrere Jahre hindurch ein Schreckensregiment in der Stadt auszuüben, dem er jedoch zuletzt selbst zum Opfer fiel. Am 23. Febr. 1686 wurde das Urtheil gegen **Gülich** und noch zwei andere Haupträdelsführer, **Sachs** und **Westhof**, verkündigt. Es lautete gegen den Erstern: „daß er, ihm selbst zur wohlverdienten Strafe und Andern zum abscheulichen (abschreckenden) Exempel, dem Nachrichter an die Hand gegeben, daß die zwei vordern Finger an der rechten Hand auf einem Stock abgeschlagen, er hernach mit dem Schwerte vom Leben zum Tode gerichtet, der Leib auf dem Galgenplatz bei Mülheim begraben, der Kopf aber auf eine eiserne Stange zu Köln an den Bayen-Thurm gesteckt und alle seine Güter dem kaiserlichen fisco zu Gutem eingezogen, sein Wohnhaus niedergerissen und geschleift, der Platz nimmer bebauet, sondern eine Säule allda aufgerichtet und zu des Aechters (Geächteten) ewiger Schande dessen Unthaten und Verbrechen beschrieben werden sollen".[1]) Sachs wurde ebenfalls hingerichtet und sein Kopf auf St. Cuniberts-Thurm aufgesteckt; Westhof wurde mit Ruthen aus der Stadt gepeitscht und des Landes verwiesen.

Die auf dem Platze des niedergerissenen Hauses des Rebellen Gülich aufgerichtete Schandsäule wurde am 17. Sept. 1797 von den Freunden der französischen Revolution zerstört; der Platz selbst heißt bis heute „Gülichsplatz".

Anselmus Krott war 30 Jahre Pfarrer von St. Mauritius. Sein Bild ist erhalten: es zeigt eine stattliche Figur mit ernster, impo-

---

[1]) Theatr. europ. 13, 93. — Ennen, Frankreich und der Niederrhein I, 458.

nirender Haltung. Sein Wappen besteht aus einem Schilde, dessen obere Hälfte eine beflügelte Kugel, die untere eine Schildkröte darstellt mit der Devise: „festina lente", „Eile mit Weile". Er starb am 27. Februar 1713.

Gleichzeitig mit ihm lebte im Kloster St. Pantaleon der Kölner Gerhard Wülfrath, Lector und Licentiat der Theologie, auch eine Zeit lang Prediger und Novizenmeister daselbst. Er hat sich besonders dadurch verdient gemacht, daß er die Annalen des Klosters, welche der Pantaleonit Heinrich Ermertz von Grave (starb 1636 als Pfarrer von Langel) und nach ihm Adam Schallenberg 1667 aus frühern Aufzeichnungen zusammengestellt hatten, ergänzte und fortführte. Welche Gewandtheit diese Chronisten in der lateinischen Sprache besessen, zeigen die Distichen, womit sie das Leben der einzelnen Aebte ausschmückten, und von denen mehrere an Form und Inhalt klassisch genannt zu werden verdienen.

34. Everhard Schallenberg (1713—1729; Abt 1729—1756).

Der Nachfolger des Pfarrers Anselmus war Everhard Schallenberg, geboren im Jahre 1672, ein Pfarrkind von St. Mauritius, aus angesehener Familie, welche in der Nähe von St. Pantaleon zwischen dem Weidenbach und der Weiherstraße wohnte. Er trat in den Orden 1692 und zeichnete sich durch theologische Kenntnisse so sehr aus, daß er schon bald als Lector und Licentiat der Theologie nach der Abtei Siegburg geschickt wurde. In sein Kloster zurückgekehrt, verwaltete er daselbst das Amt des Cellerarius und wurde 1713 im Alter von 41 Jahren als Pfarrer von St. Mauritius investirt. Als der Nachfolger des Abtes Kochem, Reinoldus Bahnen, nach zwölfjähriger Regierung 1729 starb, wurde Schallenberg an seine Stelle gewählt. Die Chronik spendet ihm großes Lob. „Er war gleich ehrwürdig durch Alter und Ernst; vor Schwierigkeiten schreckte er nicht zurück, und die vielen Widerwärtigkeiten seiner langen

Regierung ertrug er mit Ruhe und Gleichmuth." Besonders rühmt sie an ihm den Eifer zur Hebung des öffentlichen Gottesdienstes. „Die Ceremonien handhabte er auf's genaueste; im Chor und beim Officium erbaute er durch seine Andacht und pünktliche Beiwohnung; jede Verunstaltung des Choralgesanges war ihm unerträglich. Außerdem war er musterhaft in seinem Umgange, nüchtern, würdevoll und gemessen in seiner ganzen Erscheinung." Wie sehr der Kurfürst ihn hochschätzte, beweist, daß er ihn zum Geheimrathe ernannte und ihm sogar gestattete, 1748 am 14. Juni sein Jubiläum in der kurfürstlichen Kapelle zu Poppelsdorf in Gegenwart des Hofes und vieler andern Großen zu feiern. In demselben Jahre wurde auch das Ordens=Capitel der Bursfelder Congregation in St. Pantaleon abgehalten.

Die Abteikirche verdankt dem Abte Schallenberg mehrere Verschönerungen. Zunächst errichtete er neue Grabmäler für die Gebeine des Erzbischofes Bruno und der Kaiserin Theophania; dann baute er eine neue Kanzel und einen neuen Hochaltar. „Auch ließ er das frühere Geländer, welches aus zwölf großen metallenen Leuchtern und einem großen metallenen Kreuze mit sieben Armleuchtern bestand und zwischen dem Mittelschiffe und dem Presbyterium angebracht war, wegräumen." (v. Mering.)

Allein, „nemo sine Naevo" bemerkt die Chronik, das heißt: Keiner ohne Makel. Wegen zu großer Liberalität, Gastfreundschaft und Prachtliebe auf der einen Seite, und wegen zu großer Strenge in der Zurechtweisung der Untergebenen auf der andern, entstand zwischen dem Abte und den Brüdern ein langwieriger Streit, welcher „durch Inquisition, Visitation und verschiedene Anordnungen des Erzbischofes und der Nuntiatur" dem Kloster sehr große Unkosten verursachte. Einige Mönche wurden versetzt, andere aus Brauweiler und Gladbach als Prior und Novizenmeister nach Köln berufen. Nachdem der Friede wieder hergestellt war, kehrten jene nach St. Pantaleon und diese in ihre frühern Klöster zurück.

Von Alter gebeugt, zog Schallenberg sich zuletzt auf die Villa zu Badorf zurück, wo er als 84jähriger Greis am 19. December 1756 sanft im Herrn entschlief.

35. Anselmus Benölgen (1729—1745).

Geboren zu Köln 1678, legte er das Klostergelübde am 29. Sept. 1697 ab, wurde am 15. Juli 1703 zum Priester geweiht und verwaltete zwölf Jahre hindurch das Amt eines Novizenmeisters und Subpriors, wurde 1718 Kaplan von St. Mauritius und, nachdem der Pfarrer Schallenberg am 17. December 1729 zum Abte gewählt war, dessen Nachfolger im Pfarramte. Seine Einführung fand am 13. Febr. 1730 statt; sein Todesjahr ist nicht gewiß. Den Kloster-Annalen gemäß blieb er Pastor bis zum 6. Febr. 1750; allein dem widerspricht der nachfolgende Bericht aus dem alten Rentbuche der Pfarre über die schon 1745 erfolgte Einführung seines Nachfolgers:

36. Caspar Albenbrück (1745—1754).

„1745 den 31. mey sind die Herren Kirchmeister Henrich Seefahrer, Christian Krakamp und Hermann Hack der Pfarre St. Mauritius von dem hochwürdigsten Herrn Prälaten Eberhard Schallenberg durch den Gaffeldiener Mirrenbach in die Abtei St. Pantaleon invitirt worden und sämmtlich erschienen und von da mit vier Kutschen nach St. Mauritius gefahren an die Pastorat, und dann mit gesammter Hand in die Kirche gegangen, wo der Herr Prälat eine Lesemesse hielte. Vor der Messe that er dem neuen Pastor Caspar Albenbrück die Stola umlegen. Nach beendigter Messe gingen wir Alle, der Abt mit Mitra, Chorkappe und Stab, der Herr Pastor und sämmtliche Kirchmeister nach der Kirchenthüre des Klosters zu" (an der Südseite der Kirche), „wo die Thüre geschlossen war und Herr Secretair Schmitz eine kleine Vorrede hielt mit Ablesung eines Briefes (die Ernennungs-Urkunde). Darauf nahm der hochwürdigste Herr Prälat die Schlüssel und gab sie dem Pastor, die Thüre zu öffnen; darnach gingen wir an den Hochaltar" ... es folgen nun die

Seite 125 bereits angegebenen Handlungen in derselben Ordnung. „Nach beendigter Feier gingen wir alle zu gleicher Hand zur Pastorat und haben dort das Mittagsmahl eingenommen, wo alles kostbar eingericht und der Tisch mit 26 Personen verzieret war. Viel Geld ist unter die Pfarrgenossen geworfen worden."

Wann Aldenbrück in's Kloster eingetreten, ist nicht angegeben; auch über seine Wirksamkeit wissen wir nichts anderes, als daß er vor seiner Ernennung nach St. Mauritius Pfarrer in Oberembt war. Er starb am 13. April 1754.

37. Quirinus Klew (1755—1766; Abt 1766—1776).

Quirinus war geboren in Paffendorf bei Bergheim. Im Kloster wurde er in rascher Folge Cantor, Novizenmeister und Subprior; darauf war er sechszehn Jahre hindurch Cellerarius und zuletzt Prior. Nach dem Tode Aldenbrück's wurde er zum Pfarrer von St. Mauritius ernannt und am 22. Januar 1755 vom Abte Schallenberg in gewohnter Weise installirt. Wie bereits angeführt, starb Letzterer im December des darauffolgenden Jahres in Badorf, und der Kölner, Johannes Felten, welcher bis dahin die Kaplanei von Badorf versehen hatte, wurde zum Abte gewählt am 31. December 1756. Von ihm wird berichtet, daß er mit Strenge die Zucht im Kloster aufrecht hielt und daß er durch Sparsamkeit die Schulden zu decken bemüht war, welche sein Vorgänger durch allzu großen Aufwand zurückgelassen hatte. Den Thurm der Pantaleonskirche ließ er höher aufführen, wurde aber an der Vollendung desselben durch den Tod gehindert. Er starb am 8. März 1766 und die Wahl des neuen Abtes fiel auf unsern Pfarrer Quirinus Klew. Zehn Jahre verwaltete dieser sein neues Amt. Unter ihm wurde der Ausbau des Thurmes bis zur Spitze vollendet (ad pinnam usque perfecit). Im Jahre 1770 assistirte er der Consecration des Weihbischofes Karl Aloys von Königsegg zu Bonn. Am 27. October 1776 verschied er.

38. Bruno Schmitz (1766—1775).

Er war auf Quirinus als Pfarrer von St. Mauritius gefolgt. Die Annalen berichten uns von ihm nichts weiteres, als daß er früher Subprior im Kloster St. Pantaleon gewesen, darauf als Kaplan von St. Mauritius und später als Pfarrer daselbst ernannt worden, daß er aber 1775 diese Stelle niedergelegt und sich in das Kloster zurückgezogen habe, wo er 1780 starb.

39. Leonard Cosmas Klew (1775—1809).

Er war der letzte Pfarrer, welcher von dem Abte des Klosters St. Pantaleon in sein Amt eingesetzt wurde. Gleich seinem Verwandten Quirinus Klew war auch er, und zwar im Jahre 1734, in Paffendorf geboren und in das Kloster St. Pantaleon eingetreten. 1759 zum Priester geweiht, bekleidete er das Amt eines Lehrers der Theologie und wurde 1775 vom Abte Johannes Felten an die Stelle des resignirten Bruno Schmitz zum Pfarrer von St. Mauritius ernannt. Hier wirkte er 33 Jahre lang mit rastlosem Eifer, von Allen geehrt und geliebt, und vom Pfarrercollegium zu seinem Präses ernannt, bis er in Folge eines bösartigen Nervenfiebers am 13. März 1809 im 75. Jahre seines Lebens und im 50. seines Priesterthums dem Herrn entschlief.

Er sah den völligen Umsturz aller alten Verhältnisse, den Untergang der Abtei, dieser herrlichen Schöpfung Bruno's, welche länger als 800 Jahre die wechselvollsten Geschicke an sich hatte vorübergehen sehen.

Nach dem Tode des Abtes Quirinus war am 12. November 1776 Aemilianus Elberz, ein Kölner, an dessen Stelle gewählt worden. Dieser baute den Neuenhof in der Sülz und war noch mit andern baulichen Einrichtungen an Kloster und Kirche beschäftigt, als die französische Revolution ausbrach und ihre zerstörenden Wogen immer näher dem Rheine zuwälzte. Die siegreichen Gefechte bei Eschweiler und Aldenhoven, wodurch Prinz Coburg und Erzherzog Karl 1793 die ersten republicanischen Truppen zurückschlugen, füllten die Stadt Köln mit Verwundeten. Auch das Kloster St. Pantaleon war zu einem Lazareth eingerichtet worden, und sechs Mitglieder des Ordens starben in Folge des Lazarethfiebers. Leider gingen im Jahre 1794 die glänzenden Erfolge des vorangegangenen Jahres durch die Unentschlossenheit der deutschen Heerführer wieder verloren. Die Franzosen drangen von allen Seiten her siegreich vor. Die kaiserlichen Truppen vermochten ihrer wilden Begeisterung nicht zu widerstehen und zogen sich in den ersten Tagen des October bei Düsseldorf, Mülheim, Köln und Bonn auf das rechte Ufer des Rheines zurück. Das linke war dem Feinde preisgegeben und schon am 6. October zogen die ersten Republicaner in die Stadt Köln ein, nachdem eine Deputation des städtischen Magistrates dem französischen General Championnet die Schlüssel der Stadt bis Melaten entgegen getragen hatte.

Der Kurfürst Max Franz hatte die Ankunft der Franzosen nicht abgewartet. Er mochte wohl einsehen, daß eine neue Zeit herangebrochen sei, welche die bisherigen Institutionen nicht mehr zu ertragen vermöge, und daß die geistlichen Fürsten zuerst die Beute derselben werden würden. „Mit segnender Hand" hatte er seine Residenz verlassen, um nie mehr in dieselbe zurückzukehren. Er begab sich über Münster und Frankfurt nach Wien. Seine Bibliothek und seine Kostbarkeiten waren nach Hamburg in Verwahr gebracht worden. Das Domcapitel hatte sich mit dem Domschatz nach Arnsberg geflüchtet.

Auf dem Neumarkte zu Köln wurde der Freiheitsbaum aufgepflanzt. Während die gutgesinnten und bedächtigen Bürger in den republicanischen Gestalten die Vorboten einer unheilvollen Zukunft erblickten, ergaben sich die Unzufriedenen und Alle, welche in dem Umsturze der bestehenden Verhältnisse ihre Rechnung zu finden hofften, dem Rausche der neuen Freiheits-Ideen und der geträumten Gleichheit aller Stände. Die Enttäuschung ließ nicht lange auf sich warten. Das Eigenthum der Stadt und aller geistlichen und weltlichen Corporationen wurde inventarisirt; das reiche Vermögen aus den Stiftungen für Arme und sonstige wohlthätige Zwecke mit Beschlag belegt und eine drückende Steuer den Schultern der Bürger aufgebürdet. Das baare Geld verschwand und das Land wurde mit werthlosen Assignaten überschwemmt.

„Noch in demselben Jahre 1794 wurde dem Kloster St. Pantaleon verboten, neue Novizen aufzunehmen; bald darauf mußte die Abteikirche mehrere Monate hindurch als Pferdestall dienen. Als erste französische Einquartierung erhielt das Kloster 75 Mann. Doch war dieses nicht das Maximum; denn zu andern Zeiten hatte es zuweilen 100 und noch mehre Mann zu beköstigen. Der ehrwürdige Abt starb nach einer bis in's 23. Jahr, ungeachtet seiner zwanzigjährigen Kränklichkeit, rühmlichst vollführten Regierung im 86. Jahre seines Lebens am 24. November 1798." (Forst, Beiträge.)

Ihm folgte als letzter Abt Hermann Joseph Braun aus Endenich, ein Mann von großer Gelehrsamkeit, der nicht bloß in mehrern neuern Sprachen, sondern auch in der griechischen, hebräischen und arabischen wohl bewandert war. Nachdem er vorher Secretair, Archivar und zuletzt Prior des Klosters gewesen, wurde er am 30. November 1798 zum Abte gewählt und am 13. Januar 1799 consecrirt. Aber schon am 9. Juni 1802 erschien das Decret der französischen Regierung, welches die geistlichen Corporationen der rheinischen Departements aufhob, und in den ersten Tagen des Juli wurde das Vermögen derselben unter Siegel gelegt. — In der letzten Hälfte des August erfolgte die Auflösung der Klostergemeinde von St. Pantaleon. Die ansehnliche Bibliothek war bereits versiegelt und durchmustert und dann der Rest in die Räume des Schulcollegiums gebracht worden. Der Abt erhielt ein Canonicat in dem neu errichteten Domcapitel in Aachen, wo er am 7. April 1818 im Alter von 61 Jahren starb.

Die prächtige Abteikirche wurde dem Gottesdienste erhalten und der neu gebildeten Pfarre St. Pantaleon zur Pfarrkirche überwiesen.

Die weitläufigen Klostergebäude fielen theilweise der Zerstörung anheim, zum Theil blieben sie spätern fiscalischen Zwecken vorbehalten. Der große Garten der Abtei sammt ihrem Weinberge, von dem Weidenbache an, dem ganzen Gerberbach entlang bis zum Perlengraben, wurde von dem Gastwirthe Stupp zu „den vier Rittern" auf der Weiherstraße 1805 gekauft und unter folgende sieben Gerber: Constantin Nelles, Heinrich Schallenberg sen., Joseph Schmitz, Georg Hamacher, Georg Schallenberg, Johann Baptist Firmenich und Arnold Joseph Wachendorf zu gleichen Theilen vertheilt. Nur die Familie Schallenberg ist noch im Besitze ihrer Parzelle; das übrige Terrain ist im Laufe der Zeit zu Bauplätzen abgegeben worden.

Fünftes Capitel.
Die Kapläne von St. Mauritius.

Der erste Kaplan von St. Mauritius, dessen Name uns mitgetheilt ist, war **Wilhelm Dingen**. Er lebte zur Zeit des Abtes Andreas Küchler und des Pfarrers Johannes Luninck um das Jahr 1487, also am Beginne unseres Zeitabschnittes, und war aus den Klostergeistlichen von St. Pantaleon genommen. Später wurde er als Kaplan nach Süchteln versetzt und unternahm von dort aus eine Wallfahrt nach St. Jago di Compostella in Spanien, wo er 1503 im Hospitale starb. — Ihm folgte nach den Kloster-Annalen ein Ecclesiasticus, d. h. ein Priester, welcher nicht dem Ordensstande, sondern dem Weltklerus angehörte, und von da an blieben solche Ecclesiastiker im Besitze der Stelle bis zum Jahre 1666. So begegnete uns schon zur Zeit des abgesetzten Pfarrers Johann Glessen der Ecclesiast **Daniel Ruhen**, welcher 1510 starb, und nach ihm **Heinrich Goldlin**, dem Papst Julius II. selbst die Verwaltung der Pfarre übertrug, weil der genannte Pfarrer gegen seine Absetzung in Rom protestirt hatte und diese Angelegenheit der Entscheidung des apostolischen Stuhles entgegensah. (Seite 146.) In einer Urkunde aus dem Jahre 1604 (im Staats-Archiv), zur Zeit des Pfarrers Vinkenberg, wird ein Kaplan Martinus Horcher genannt.

Die Namen der andern Kapläne sind von dem Kloster-Chronisten nicht aufgezeichnet worden, wahrscheinlich, weil sie keine Ordensgeistlichen waren. Der letzte von ihnen, Laurentius Axator, welcher am 14. Januar 1666 „in seinem Häuschen auf St. Mauritii Steinweg" starb, wird auch Vicar von St. Aposteln genannt, scheint also auch diesem Stifte angehört und beide Stellen zugleich verwaltet zu haben. Von ihm heißt es: „daß er nach alter Gewohnheit mit den Brüdern an dem gemeinsamen Klostertische in St. Pantaleon Theil genommen und bei öffentlichen Processionen dem Abte den Stab vorgetragen habe, was von seinen Nachfolgern bis auf den heutigen Tag fortgesetzt werde".

Als Axator gestorben war, verlangten die Kirchmeister von St. Mauritius wieder einen Weltgeistlichen zum Kaplan und beriefen sich auf die mehr als hundertjährige Gewohnheit. Allein dies Mal standen sie einem Manne gegenüber, dessen eiserner Wille die Gewohnheit durchbrach. Es war der Abt Aegidius Romanus. Hören wir den Bericht der Annalen über diese Angelegenheit:

„Nach dem Tode des Laurentius Axator wurde von dem hochwürdigsten Herrn Abte Aegidius Romanus einer aus unsern Klostergeistlichen, nämlich Gregor Bullinger, als Kaplan ernannt und eingeführt. Dieser hatte ungefähr zwei Jahre lang zur Zufriedenheit Aller das Amt eines Beichtvaters im Kloster versehen. Die Kirchmeister von St. Mauritius aber weigerten sich, ihn anzunehmen und beanspruchten, daß ihnen ein Weltgeistlicher oder Ecclesiasticus als Kaplan gegeben werden müsse. Aegidius ließ sich nicht darauf ein, sondern behauptete, es stehe ganz in seinem freien Ermessen, ob er ihnen einen Ordensgeistlichen oder, wie sie ihn nannten, einen weltgeistlichen Kaplan gebe. Das Klostercapitel hielt dafür, gerade jetzt diesem Widerspruche gegenüber an dem bestehenden Rechte fest zu halten; wenn der Abt bei dieser Gelegenheit nachgäbe, so würde das Kloster für immer des Rechtes beraubt sein, einen Ordensgeistlichen als Kaplan anzustellen, und der Kirchenvorstand würde nächstens seine Ansprüche auch auf die Anstellung des Pfarrers ausdehnen. Um diesem vorzubeugen, hatte man vor allem von dem Official die Handhabung im Besitze (manutenentia) nachgesucht, da die Kirchmeister nicht undeutlich gedroht hatten, mit Hülfe des Senates den von ihnen Präsentirten im Amte festzuhalten. Letzterer kam jedoch, während die Sache schwebte, nicht in die Kirche; auch würde der Abt ihm den Zutritt zu derselben nicht gestattet haben. Am 20. Januar wurde den Kirchmeistern die Besitzhandhabung des Officials zugestellt und am 17. April erschienen sie endlich in der gewöhnlichen Audienz und machten durch ihren Sachwalter Mies geltend, daß sie von unvordenklicher Zeit her im Besitze des Rechtes seien, einen Weltgeistlichen als Kaplan zu erhalten. Der Abt bedeutete ihnen dagegen, aus dem Umstande, daß seine Vorgänger ihnen einen Weltgeistlichen zum Kaplan gegeben, könne noch nicht das Recht des Besitzes hergeleitet werden, da es denselben ja frei gestanden hätte, sowohl einen Weltgeistlichen als auch einen Ordensgeistlichen ihnen zu geben. Es blieb also unser Kaplan im Besitze der Stelle."

Daß das Capitel sich in Betreff der Ansprüche des Kirchenvorstandes bei der Anstellung des Pfarrers nicht getäuscht hatte, bewies im darauffolgenden Jahre der Widerstand, den derselbe gegen die Ernennung des Pfarrers Verbers versuchte und dessen wir bereits früher gedacht haben. (Seite 124.)

Von Bullinger an sind bis zur Aufhebung der Klöster 1802 alle Kapläne aus den Ordensgeistlichen der Abtei St. Pantaleon genommen. Einige hatten vorher schon ansehnliche Aemter im Kloster bekleidet; sie waren Cellerarier und sogar Subprioren gewesen. Dies könnte auffallen und als eine Degradation angesehen werden. Allein dem war nicht so. Jeder Mönch trat, wenn die Zeit, für welche er zu irgend einem Amte gewählt war, ihr Ende erreicht hatte, wieder als einfacher Klosterbruder in die Reihe der übrigen zurück; es sei denn, daß er von neuem zu derselben Stelle gewählt worden.

Wir lassen nun das Verzeichniß der Kapläne folgen, so wie die Kloster-Annalen es uns überliefert haben, indem wir einige Ergänzungen und die Namen der Pfarrer hinzufügen, unter denen sie ihr Amt verwalteten.

Gregor Bullinger, geboren zu Köln 1626, trat in den Orden 1648, wurde zum Priester geweiht 1650, war Sänger, Custos und Beichtvater im Kloster St. Pantaleon und wurde unter dem Pfarrer Pantaleon Immendorf im Februar 1666 in der oben beschriebenen Weise als Kaplan von St. Mauritius eingeführt. Allein schon am 9. October desselben Jahres fiel er als Opfer seines Seeleneifers an der Pest.

Rudolph Engelskirchen, ebenfalls ein Kölner, geboren 1632, Mitglied des Ordens seit 1652, Priester 1656, folgte als Kaplan noch in demselben Monate und starb 1678 am 7. Juni. Seine zwölfjährige Wirksamkeit fällt in die Zeit der Pfarrer Ververs und Brauweiler.

Placidus Connesius aus Kempen, wurde gleich nach ihm zum Kaplan ernannt. Er war geboren 1651, in's Kloster getreten 1669 und 1675 zum Priester geweiht worden. „Von einem Schlage getroffen, starb er am 19. Januar 1707 im Kloster und wurde in der Kirche St. Pantaleon in dem Grabe seiner Mutter beigesetzt." Sein Pfarrer war Anselmus Krott. Auf Connesius folgte

Damian Wülfrath, geboren in Kaiserswerth 1664, Ordensmann 1684, mehrere Jahre hindurch Festprediger, dann Subprior und Cellerarius, zuletzt Kaplan von St. Mauritius unter Anselmus Krott. Sein Todesjahr ist nicht bekannt.

Joseph Holtzappel, sein Nachfolger, wurde 1718 in das Kloster zurückgerufen, um das Amt des Cellerarius zu übernehmen; darauf wurde er Pfarrer in Süchteln.

Anselmus Benölgen, war von 1718 bis 1730 Kaplan von St. Mauritius unter dem Pfarrer Everhard Schallenberg. Als dieser am Ende des Jahres 1729 zum Abte erhoben wurde, folgte Anselmus ihm in dem Pfarramte. An seine Stelle trat als Kaplan

Christian Kreudener, bisher Vicar in Boisheim; er wurde aber schon nach zwei Monaten zum Prior gewählt, als der Pastor Karl Lehner von Badorf gestorben und der bisherige Prior Ignatius Paffrath an dessen Stelle ernannt worden war. Der Pfarrer Lehner war ein bedeutender Kanzelredner und gab im Jahre 1719 seine Predigten unter dem Titel: „turtur sacer" (Die heilige Turteltaube) in Druck.

Albinus Kaiser, früher Subprior in St. Pantaleon, wurde 1730 Kaplan von St. Mauritius. Wie lange er diese Stelle bekleidete, ist nicht angegeben. Er stand unter dem Pfarrer Anselm Benölgen.

Bruno Schmitz war ebenfalls vorher Subprior im Kloster St. Pantaleon gewesen. Wann er als Kaplan von St. Mauritius eintrat, wissen wir nicht; allein er blieb es bis zum Jahre 1766, wo sein Pfarrer Quirinus Kleu zum Abte und er an dessen Stelle als Pastor von St. Mauritius gewählt wurde.

Ambrosius Richrath, vorher Pfarrer von Elstorf, wurde nun Kaplan an unserer Kirche und starb am 29. Mai 1773.

Bernardus Metternich wurde von der Kaplanei in Boisheim nach St. Mauritius berufen, starb aber auch schon nach kurzer Zeit am 6. November 1776 unter dem Pfarrer Cosmas Kleu.

Quirinus Sutorius, zuerst Küchenmeister (culinarius), dann Festprediger und zuletzt Kaplan von St. Mauritius, starb am 22. September 1778.

Benedict Lingen, Kaplan von 1778 bis 1784. Ihm folgte

Bruno Bonn, welcher aber nur wenige Monate diese Stelle versah.

Albinus Brauweiler, früher Novizenmeister, wurde am 30. Mai 1785 vom Abte Elbertz zum Kaplan von St. Mauritius ernannt und verwaltete sechs Jahre lang sein Amt.

Beda Zingsheim folgte ihm am 9. Mai 1791, wurde aber 1797 nach dem Tode des Pfarrers Eichen von Esch dorthin als Pfarrer versetzt.

Cosmas Büttgen, vorher zwölf Jahre Kaplan in Boisheim, trat an seine Stelle. Er blieb in St. Mauritius bis zur Aufhebung des Klosters St. Pantaleon.

Sechstes Capitel.
Das Kloster St. Mauritius und seine Vorsteherinnen.

Nach ursprünglicher Anordnung „sollte die Mutter oder geistliche Vorsteherin des Klosters nicht Aebtissin, sondern Priorin genannt werden". (Vergl. Seite 40.) Diese Bezeichnung scheint aber sehr wenig in Gebrauch gekommen zu sein, denn schon die zweite Oberin, Blithildis, wird 1198 als Magistra angeführt. Nur in einer Urkunde (1253) findet sich meines Wissens eine priorissa an der Spitze des Klosterconventes (Ennen und Eckertz II, 332). Ebenso reden auch nur zwei Urkunden, aus den Jahren 1380 und 1393, von einer „Aebbissen und den Junfern des Convents und Goßhuis zo St. Mauritius in Cöllen". (Staats-Archiv.) Sonst begegnet uns in den lateinischen Urkunden fast ausschließlich der Ausdruck magistra und in den deutschen entweder Meisterin oder Frau zur Bezeichnung der Vorsteherin. Dagegen wird schon früh eine Priorin als der Meisterin untergeordnet genannt. So heißt es in einer Urkunde von 1380: „Meistersche, Priorissa und gemeyn Convent" des Klosters St. Mauritius.

Ueberhaupt war die Organisation der Benedictinerinnen ganz den männlichen Klöstern dieses Ordens nachgebildet. Wie hier der Abt, so stand dort die Meisterin an der Spitze des Klosters; auf sie folgte die Priorin, die Kellnerin (celleraria) und die Schaffnerin (spindaria, Scheiffmeistersche).

Wir haben das Kloster St. Mauritius schon bald nach seiner Gründung im Besitze großer Güter gesehen. Dies kam wohl daher, daß in den ersten Zeiten meist Damen aus reichen und vornehmen Familien dort eintraten und ihren Vermögens=Antheil dem Kloster zubrachten. Im Laufe der Zeit erweiterte sich der Grundbesitz des= selben sowohl außerhalb als innerhalb der Stadt. Besonders war es die Oberin Sophia von Stommel (1412—1449), welche den Wohlstand des Klosters zu vermehren sich angelegen sein ließ. Sie kaufte von einem Knappen Goedart Unbescheiden zu Palmersdorf (Höfe bei Brühl) 16 Morgen Land; erwarb 1414 von Conrad Me= rode ein Weingut von 22 Morgen vor dem Weiherthor und von Wilhelm Cusin vom Wolf (Wolferhof) eine Erbrente von 18 Mark. (Vergl. Seite 108.) „Im Jahre 1438 verkauften die Eheleute Göbell Struys der genannten Oberin zu Gunsten des Kreuzaltars im Chor der Mauritiuskirche sieben Viertel freies Land, den Morgen zu 15 Kaufmannsgulden." (Urkunde im Staats=Archiv.) Nach ihrem Tode fiel das ganze Vermögen, welches sie bei der Theilung erlangt hatte, dem Kloster zu. Außerdem werden unter den Klostergütern noch aufgezählt ein Wald bei Zons, mehrere Häuser in der Stadt und das sogenannte „Mauritiusfeld", welches nach einer Urkunde von 1593 aus Haus und Hof und aus sechs Morgen Weinberg und Gartenland bestand und in der Nähe des Klosters gelegen war.[1] Selbst „Bürgermeister, Rath und Bürgerschaft der Stadt" nahmen das reiche Kloster in Anspruch, indem sie 1636 gegen eine Summe von 1200 Rthlr. demselben eine jährliche Erbrente von 48 Species= Rthlr. verkauften. (Urkunde im Staats=Archiv.)

Wie Sophia von Stommel für die äußere Wohlfahrt, sorgte Helena von Lülsdorf (1464—1497) für den innern Fortschritt des Klosters. Bis dahin hatten die Nonnen noch ohne Clausur ge=

---

[1] In einer Urkunde aus dem Jahre 1524 wird ein „Hof Hemmerzbach nahe beim Mauritiussteinweg nach St. Aposteln zu" genannt. Sollte dies vielleicht der spätere Rinkenhof gewesen sein?

lebt. Nachdem aber in dem Kloster Weiher eine strengere Ordens=
regel eingeführt worden war und das Stift St. Pantaleon die Burs=
felder Reform angenommen hatte, durfte auch das Kloster St. Mau=
ritius nicht länger zurückbleiben. Helena, welche Bucelinus die
preiswürdigste Vorsteherin nennt, führte 1483 zuerst die Clausur ein
und schloß sich bald darauf mit dem Convente der Bursfelder Congregation an. (Vergl. Seite 122.) Von ihrer Nachfolgerin, Elisabeth
Taverkausen († 1517), heißt es, daß sie das Werk der Erneue=
rung mit aller Strenge fortgesetzt und vollendet habe.

Uebrigens geben uns die Urkunden des Klosters, von denen eine
beträchtliche Anzahl im Staats=Archive zu Düsseldorf aufbewahrt
wird, fast gar keinen Aufschluß über das innere Leben der Genossen=
schaft oder über sonstige denkwürdige Begebenheiten im Schooße der=
selben. Sie enthalten nur Pachtbriefe, Rentenverschreibungen und
äußere geschäftliche Angelegenheiten. Von geschichtlichem Interesse
sind sie nur in so weit, als sie uns in den Stand setzen, die Namen
der Vorsteherinnen und die Zeit, worin sie gelebt, urkundlich fest=
zustellen. Wir besitzen ein ziemlich vollständiges Verzeichniß der
letztern in der Germania sacra des Gabriel Bucelinus (Ulm 1662,
pars II, fol. 228). Allein seine Angaben stimmen, namentlich in
den ersten Zeiten, vielfach mit den vorhandenen Urkunden nicht
überein. Wir geben deshalb die Namen der Vorsteherinnen bis zur
Helena von Lülsdorf in doppelter Reihenfolge nach Bucelinus, dem
auch v. Mering in seiner Geschichte der Kirchen und Klöster der Stadt
Köln gefolgt ist, und nach der Zusammenstellung, wie sie sich aus
den Urkunden ergibt. Bei der letztern bezeichnen die beigefügten
Zahlen nicht Anfang und Ende der Zeit des Vorsteher=Amtes, son=
dern die Jahre, in denen die betreffenden Oberinnen Urkunden aus=
gestellt haben, oder doch in solchen erwähnt sind. Wo diese Urkun=
den sich in der Sammlung von Ennen und Eckertz finden, ist es
ausdrücklich bemerkt; die übrigen Jahreszahlen beziehen sich auf Ur=
kunden im Staats=Archive. Von Helena von Lülsdorf an stimmen
die urkundlichen Nachrichten in Betreff des Namens, der Zeit und

der Reihenfolge der Vorsteherinnen mit Bucelinus überein. Nur die zuletzt von ihm genannte Helena Segens († 1672), seine Zeitgenossin, findet sich in den Urkunden des Stadt=Archivs nicht vertreten. Diese zeigen aber gerade um ihre Zeit eine Lücke von 38 Jahren, von 1654—1692, wodurch ihr Fehlen erklärt wird. Die spätern Vorsteherinnen sind alle urkundlich festgestellt; die beigefügten Jahreszahlen bezeichnen seit Helena von Lülsdorf die Zeit der Verwaltung des Vorsteheramtes bis zum Tode der Oberin.

Nach Bucelinus:	Nach den Urkunden:
Alverada, 1140, „kam mit den ersten Jungfrauen aus dem Kloster Nonnenwerth".	
Blithildis.	Blithildis, 1198. (Ennen und Eckertz I, 612.)
Beatrix. „Diese drei leiteten das Kloster bis zum Jahre 1200."	
Sophia von Stave, „Nichte des Fundators, stand dem Kloster 36 Jahre rühmlichst vor". [1200—1236.]	Hadewigis, 1230. (Ennen und Eckertz, II, 125.)
Elisabeth, erwählt 1236, regiert bis 1264.	Jutta, 1245.
	Gertrudis, priorissa 1253. (Ennen und Eckertz, II, 332.)
	Sophia, 1262.
Hadewigis, starb 1270.	Elisabeth, 1264—1283.[1]

---

[1] Es kann wohl kaum einem Zweifel unterliegen, daß die beiden hier genannten Vorsteherinnen Sophia und Elisabeth dieselben sind, welche Bucelinus fast 30 Jahre früher ansetzt. Da nämlich Hadewigis urkundlich 1230 magistra war, so konnte Sophia von Stave dieses Amt nicht von 1200 bis 1236 bekleidet haben. Ferner kann die Hadewigis des Bucelinus nicht bis 1270 Vorsteherin gewesen sein, da Elisabeth von 1264—1283 in den Urkunden vorkommt. Hier hat offenbar eine Verschiebung der Personen statt=

Nach Bucelinus:	Nach den Urkunden:
Blithildis Schiderich, st. 9. Dec. 1293.	
Sophia von der Mühlengasse, st. 1300.	Sophia, 1293.
Catharina, bis 1230.	
Isabella, st. 1317.	
Cunigundis, bis 1336.	Christina, 1325—1327.
Blitza von Stave, „regiert vortrefflich bis 1348".	Blitza von Stave, 1348—1349.
Agnes, st. 2. Oct. 1359.	Agnes, 1359.
Paitza von Horn, stand 34 Jahre dem Kloster vor.	Johanna von Horn, 1408 bis 1411.
Blitza II., starb um 1412.	
Sophia von Stummel, war 37 Jahre lang Vorsteherin, bis 1449.	Sophia von Stummel, 1419 bis 1449.
Wilhelma Hompesch von Lowenberg, starb 1464.	Wilhelma von Louwenberg, 1451 bis 1461.
	Wilhelma von Hompesch, 1461.

Helena von Lülsdorf, 1464—1497, eine der ausgezeichnetsten Vorsteherinnen des Klosters.

Elisabeth von Daverkausen, 1497—1518.

Margaretha Sudermann, stirbt 1532, am Feste Margaretha.

Eva von Reidt, 1532—1579, ein Vorbild der Demuth und Geduld, lenkte das Kloster, obgleich zuletzt ganz erblindet, doch in ersprießlicher Weise.

Anna Schall von Bell, 1579—1609, eben so vornehm von Geburt, wie ausgezeichnet durch ihre Tugenden.

---

gefunden und Hadewigis muß, wie die Urkunden angeben, vor Sophia resp. vor Jutta hinaufrücken.

Adelheidis Hack, 1609—1635, ebenfalls erblindet, starb, von Krankheiten ganz aufgerieben, 1635.

Anna Greuters von Süchteln, 1635—1660, von Allen gerühmt und geliebt wegen ihrer Anspruchslosigkeit, Bedachtsamkeit und Klugheit. Sie starb am 7. Mai 1660.

Helena Segens, 1660—1672. Bucelinus sagt von ihr, daß sie einstimmig zur Oberin gewählt worden und zu seiner Zeit dem Kloster mit großer Klugheit vorstehe.

Anna Maria Broicher, 1672—1694.

Anna Gertrud Aubels, 1694—1726.

Anna Maria Junkersdorf von Wichterich, 1726—1733.

Anna Margaretha Junkersdorf, 1733—1758.

Anna Francisca de Groote, 1758—1774, 29. März.

Maria Ursula Johanna von Hilgers, 1774—1781, 13. Jan.

Maria Anna Schumachers, 1781—1802; sie starb 1806.

In letzterer Zeit scheint der Ernst und die Strenge des klösterlichen Lebens abgenommen zu haben. Den Nonnen genügte ihr altes, ehrwürdiges Klostergebäude nicht mehr; sie bauten 1735 ein neues, nach dem Geschmacke der Zeit — das jetzige Alexianerkloster. Allein die geistlichen Obern fanden dasselbe so wenig der Einfachheit und den Zwecken eines Ordenshauses entsprechend, daß sie den Schwestern den Einzug in dasselbe untersagten.

Im Jahre 1802 wurde das Kloster durch die französische Revolution aufgehoben und säcularisirt. Die Oberin Maria Anna überlebte das schmerzliche Ereigniß nicht lange; sie starb im Jahre 1806. Die letzte Priorin, Maria Ursula von Caspers, welche 15 Jahre ihrem Amte vorgestanden hatte, war bereits am 13. Januar 1801 aus diesem Leben geschieden. Ueber die weitern Schicksale des Klosters berichtet der folgende Abschnitt.

Siebentes Capitel.

Die Barfüßer-Carmeliterinnen (Discalceaten) im Kloster zur Schnurgasse.

Durch die h. Theresia und ihren erleuchteten Seelenführer, den h. Johannes vom Kreuz, hatte der Carmeliter-Orden einen neuen Aufschwung genommen. Eine Gefährtin der h. Theresia, Anna von Jesu, brachte denselben nach Brüssel und unter den Ersten, welche dort den Schleier nahmen, war eine Hofdame der Infantin Isabella, die Gräfin Violante von Croy. In Köln bestand bereits ein Mönchskloster der unbeschuhten Carmeliter im „Tau", dem jetzigen Militair-Magazin. Auch hatte sich im Jahre 1630 von Herzogenbusch aus eine Genossenschaft der Carmeliterinnen in Köln niedergelassen und das Haus in der Kupfergasse gegründet. Allein dieser Zweig des Ordens folgte nicht in allen Punkten der strengen Regel der heiligen Theresia, wie sie in Brüssel beobachtet wurde. Auf Betreiben der Klosterherren im Tau sollte deshalb von da aus eine neue Genossenschaft von der strengern Observanz zu Köln in's Leben gerufen werden.

Anfangs widerstand der Magistrat diesem Vorhaben; später aber, als Kaiser Ferdinand II., ein besonderer Gönner der Carmeliter, sich persönlich für die beabsichtigte Niederlassung verwendet hatte, gab jener 1635 seine Einwilligung. Die Gräfin Violante, im Orden Theresia von Jesu genannt, wurde zur Gründung des neuen Klosters auserwählt; die Schwester Isabella vom h. Geiste aus dem Kloster zu Antwerpen begleitete sie. Am 5. Nov. 1637 langten beide zu Köln an. Dort hatte bereits ein Mitglied des Ordens im Tau, aus der Familie von Lyskirchen, ein passendes Haus miethweise erworben — es war Eigenthum des Bürgermeisters Rottkirchen, im spätern sog. Stein'schen Garten, der jetzigen Kirche zur Schnurgasse gegenüber, gelegen.

Am 8. November wurde das neue Kloster feierlich eingeweiht in Gegenwart des Bürgermeisters der Stadt und des hohen Rathes, des apostolischen Protonotars Stravius, des Weihbischofs, als Vertreters des Kurfürsten, des Provincials der Carmeliter und einer großen Menge Volkes. Schon am ersten Tage ließen sich drei Schwestern aus der Kupfergasse, unter ihnen die Subpriorin, in die neue strengere Genossenschaft aufnehmen; bald darauf wurde die Tochter des Bürgermeisters eingekleidet; ihr folgte in wenigen Wochen die Nichte des Weihbischofs mit noch drei andern Fräulein aus den vornehmsten Familien. Theresia von Jesu stand dem Kloster vor, jedoch anfangs nur als Stellvertreterin der Oberin des Mutterklosters; im Jahre 1639 wurde sie jedoch zur wirklichen Vorsteherin oder Priorin gewählt. Leider sollte sie schon nach zwei Jahren ihrer jungen Pflanzung entrissen werden. Als 1641 in Brüssel die Oberin starb, wurde sie als Nachfolgerin derselben ausersehen und von ihrem Provincial von Köln abberufen. Am 16. November nahm sie Abschied von ihrer kleinen, aber auserwählten Gemeinde; an ihre Stelle trat die bisherige Subpriorin Isabella vom h. Geist. In demselben Jahre kam die aus Frankreich vertriebene unglückliche Königin Maria von Medici, Mutter Ludwig's XIII., nach Köln, um hier ihre letzten Tage zu verleben. In dem Umgange mit den Carmeliterschwestern, deren erste Priorin Theresia sie in Brüssel kennen gelernt hatte, fand sie ihren liebsten Trost in den schweren Heimsuchungen ihres kummervollen Lebens. Zum Danke dafür schenkte sie bei ihrem Tode 1642 dem Kloster das kostbarste Kleinod, das sie besaß: „Mein großes Bild von dem heiligen Holze unserer lieben Frau zu Scharfenhövel vermache ich den barfüßigen Carmeliterinnen zu Köln." Es ist das berühmte Gnadenbild der heiligen Mutter Gottes zur Schnurgasse, welches noch jetzt in so großer Verehrung beim Volke steht. „Während ihres Aufenthaltes in Brabant hatte die Königin aus einem Stücke von dem heiligen Holze der Eiche zu Scharfenhövel, das sie in der Schatzkammer des Cardinal-Infanten gefunden, ein Muttergottesbild machen lassen, das immer vor ihr stand, wenn sie in ihrer Hauskapelle ihre Andacht verrichtete. Wie ihre Gebete sich immer an dies Bild knüpften, so brachte sie auch die Erhörung derselben mit ihm in Verbindung und in diesem Sinne war es für sie ein Gnadenbild." [1])

Am Vorabende des Festes der h. drei Könige 1643 wurde das Bild aus der Wohnung der Verstorbenen in das Kloster übertragen; es war die Zeit, wo der päpstliche Nuntius zu Köln, Fabio Chigi, nach Münster abreiste, um dort die ersten Unterhandlungen anzuknüpfen, welche nach langjährigem, blutigem Kriege dem verwüsteten Vaterlande den von Allen ersehnten Frieden wiederbringen sollten. Als Vorbote der glücklichen Erreichung dieses Zieles erhielt das Bild den Namen der Königin des Friedens. — Im Volke wurde es von dem schwarzbraunen Holze, aus dem es geschnitzt war, "die schwarze Mutter Gottes" genannt. [2])

Sechs Jahre lang hatten die Schwestern in ihrem ersten Hause gewohnt. Es hatte manche Unbequemlichkeiten; aber dadurch war es den Bewohnern nur um so theuerer geworden; wächst doch die

---

[1]) Hennes, Geschichte der Stiftung des Klosters der Carmeliterinnen in der Schnurgasse zu Köln. Mainz 1850. S. 36.

[2]) Scharfenhövel (Scherpenheuvel, Montaigu), früher ein bloßer Hügel, jetzt ein viel besuchter Wallfahrtsort bei Sichem an der Demer, nicht weit von der Stadt Diest in Brabant. Dort stand eine uralte Eiche mit einem Muttergottesbilde, dessen Verehrung sich bis in's vierzehnte Jahrhundert zurück nachweisen läßt. Im Jahre 1602 wurde zuerst eine kleine Kapelle daselbst errichtet. Dieselbe reichte aber schon bald für die wachsende Menge der Pilger nicht mehr aus und es wurde 1609 vom Erzherzog Albrecht, Statthalter der Niederlande, und von seiner frommen Gemahlin Isabella von Spanien der Grund zu einer großen Kirche gelegt. Als die alte Eiche zusammen zu stürzen drohte, wurde sie umgehauen und die Infantin ließ ein Stück davon in ihrer Schatzkammer niederlegen. Nach ihrem Tode kam es in den Besitz des Cardinal-Infanten Ferdinand von Spanien und dieser verehrte es der schwergeprüften Königin Maria, welche aus dem ehrwürdigen Holze sich durch einen Brüsseler Künstler das Bild der h. Gottesmutter anfertigen ließ. Dies ist dasselbe Bild, welches unter dem Titel „Maria vom Frieden" noch jetzt in der Kirche zur Schnurgasse aufbewahrt wird.

Liebe um so mehr, je größere Opfer man ihr bringt. „Es sind einige von den Schwestern — so heißt es in einem spätern Berichte — die noch jetzt diese süßen, stillen Plätzchen nicht vergessen können, die sie von ganzem Herzen den schönsten Häusern und allen Palästen der Könige dieser Erde vorziehen würden; da sie es durch ihre eigene Erfahrung bestätigt fanden, was unsere heilige Mutter in ihren Schriften sagt, daß sie überall mehr innern Geist gesehen, wo der Körper seine ganze Bequemlichkeit nicht hatte." — Plötzlich wurde ihnen die weitere Miethe gekündigt. Zwar gelang es den bringenden Vorstellungen der Oberin, die Kündigung rückgängig zu machen und den Miethvertrag auf fernere sechs Jahre auszudehnen, allein dieser Vorfall mahnte doch daran, auf den Bau eines eigenen Hauses Bedacht zu nehmen. In den Weingärten, dem bisherigen Kloster gegenüber, fand man eine geeignete und willkommene Stelle, und schon am 16. Juli 1643 wurde unter großer Festlichkeit der erste Stein zur neuen Klosterkirche gelegt. Der Kurfürst Ferdinand wohnte selbst der Feier bei. Der Carmelit Franz Joseph von der heiligen Maria, aus dem Geschlechte von Lyskirchen, hatte das Grundstück zur neuen Kirche geschenkt. Seine Verwandte, die im Rufe der Heiligkeit gestorbene Maria von Lyskirchen, welche mit den ersten in das Kloster eingetreten war, vermachte dem letztern ihr ganzes Vermögen. Auch von Andern wurde der Bau kräftig unterstützt. Nach sechs Jahren, am 14. October, dem Vorabende des Festes der h. Theresia, konnten die Schwestern das neue Kloster beziehen. Die einsame, stille Lage desselben, so recht zum Beten geeignet, vor allem aber die große Verehrung der Königin des Friedens, machten bald die Kirche der Carmeliterinnen in der Schnurgasse zu einer der beliebtesten und gesuchtesten Andachtsstätten der ganzen Stadt.

Unter den Gönnern des neuen Klosters zählte auch der schon genannte ehemalige päpstliche Nuntius Chigi. Nachdem der westfälische Frieden zu Stande gekommen, kehrte er nach Rom zurück, wurde Cardinal und bestieg im Jahre 1655 als Alexander VII. den päpstlichen Stuhl. Zum Zeichen seines fortdauernden Wohlwollens übersandte er der Vorsteherin sein emaillirtes, mit kostbaren Edelsteinen reich verziertes Portrait mit der Bitte, dasselbe an dem Bilde der heiligen Gottesmutter anzuhängen. Dieser Schmuck ist leider bei der Aufhebung des Klosters verloren gegangen. Letztere erfolgte im Jahre 1802. Die Kirche blieb jedoch zur Freude aller Bewohner der Stadt als Gotteshaus bestehen und wurde später, als der Fiscus die Kirche St. Pantaleon für die Garnison in Anspruch nahm, zur Pfarrkirche der neu errichteten Pfarre St. Pantaleon erhoben.

Achtes Capitel.
Aus dem kirchlichen Leben.

Die große Menge von Klöstern mit ihren verschiedenen Ordens= festen, die reichen Stiftskirchen mit ihrem prachtvollen Gottesdienste, der zahlreiche Klerus, welcher die Entfaltung der kirchlichen Liturgie in ihrer ganzen Fülle gestattete, der lebendige Glaube, welcher alle Stände durchdrang und allen Verhältnissen ein religiöses Gepräge aufdrückte — dies alles verlieh dem kirchlichen Leben zu jener Zeit einen Glanz und eine Mannchfaltigkeit, wie wir es jetzt wohl nir= gendwo mehr finden. Hierzu kam noch die officielle Theilnahme der höchsten staatlichen und bürgerlichen Behörden an den kirchlichen Feierlichkeiten. Diese Theilnahme diente nicht bloß zur Vermehrung des äußern Gepränges; sie war eine feierliche Kundgebung der gläu= bigen Gesinnung, eine öffentliche Huldigung, welche die weltliche Macht der Religion darbrachte, und ein Zeugniß von dem engen Anschluß derselben an die Kirche.

Es ist nicht unsere Aufgabe, ein Gesammtbild des frühern kirch= lichen Lebens in unserer Stadt zu entwerfen; wir beschränken uns nur auf die gemeinsamen Kundgebungen desselben, welche in näherer Beziehung zu unserer Pfarre standen, und auf die besondern kirch= lichen Festlichkeiten im Bereiche unserer Gemeinde. Zu den erstern zählen wir die feierlichen Gottestrachten und das vierzigstündige

Gebet, welches, von Kirche zu Kirche wandernd, den ganzen Zeitraum eines Jahres ausfüllte.

I. Die feierlichen Gottestrachten.

1. **Die kleinere, aber älteste.** Sie wurde von dem h. Erzbischofe Heribert († 1021) zur Abwendung der Pest und Hungersnoth angeordnet (Breviar. Colon. 13. März), ging anfangs am zweiten Freitage nach Ostern aus und nahm ihren Weg um die alte römische Stadtmauer. Als man später die große Procession um die neue erweiterte Stadtmauer führte, blieb der ältere Bittgang zwar bestehen, wurde aber auf den vierten Freitag nach Ostern verlegt. Der Zug bewegte sich vom Dome aus unter Taschenmacher, über den Altenmarkt und Heumarkt, längs dem Malzbüchel, den Bach hinauf „langs der alten Statt Rynmauir, die Marcus Agrippa vurmals umb die Statt Cöln hatte doin machen", weiter an dem Kloster der weißen Frauen und St. Pantaleon vorbei über den „Veldbach" nach St. Mauritius und St. Aposteln. Hier wurde das Hochamt gehalten, dann zog die Procession weiter über die alte Mauer nach St. Clara und durch die „Schmierstraße" (Comödienstraße) wieder in den Dom zurück. Alle Stifter und Collegien der Stadt, die ehrsamen Bürgmeister, Rentmeister und Rathsherren sammt den Stadtdienern mit ihren Stäben, nahmen Theil an dieser Procession. Bei derselben wurde das Haupt des h. Papstes Sylvester, welches die selige Irmgardis dem Dom zum Geschenke gemacht hatte, von zwei Domkaplänen getragen; auch fand bei dieser Gelegenheit in der Nähe der St. Mauritiuskirche die Ueberreichung der farbigen Wachskränze an die Bürgermeister und Rathsherren statt, von welcher wir bei einer frühern Veranlassung gesprochen haben. Vergl. Seite 62.

2. **Die große Gottestracht** ging aus am zweiten Freitage nach Ostern „op den Dagh der Wapen unseres Herrn", d. i. am Feste der Lanze und der Nägel des Herrn. Der Erzbischof oder sein Stellvertreter, der Weihbischof, trug das hochwürdigste Gut vom

Dom an den Rhein bis zum Rheingaſſenthor; von da ab wurde es von den Aebten und Prälaten der Stadt weiter am Rheine vorbeigetragen bis zum Bayen, dann über den äußern Graben rings um die Stadt bis nach St. Cunibert und von da längs dem Ufer bis wieder zum Dome zurück. Stationen wurden gehalten: am Hauskrahnen, an der Rheingaſſe, am Bayenthurm, an der Bachpforte, an der Schafenpforte, an dem Ehrenthore, zu Reuſchenberg, am Cunibertsthurm, an der Neugaſſe und zuletzt im Dom.

Nach der Abbildung von Goffarth ging die Proceſſion in folgender Ordnung: zuerſt Frauen in „Todskleidern", dann die Kinderlehr und der Bürger-Aufzug mit ſeiner Fahne. Darauf folgten die Capuciner und Obſervanten mit ihren Paſſionskreuzen, die Kreuzbrüder, Auguſtiner, Carmeliter, Minderbrüder und Dominicaner mit ihren Fahnen, dann die beiden Abteien St. Martin und St. Pantaleon. Nach ihnen kamen unter Vortragung ihrer Kreuze die Stiftsherren von St. Georg, Mariengraben, St. Apoſteln, St. Andreas, St. Cunibert, St. Severin und St. Gereon; hierauf folgten das hohe Domſtift mit den Domgrafen, die Sacramentsbruderſchaft mit Fackeln, 44 Gaffelkerzen und 12 Rathskerzen, die Dechanten und Stiftspröpſte und die infulirten Aebte, dann Knaben (Engel) mit Symbolen und Weihrauchfäſſern, die Domſänger, Stadt-Spielleute und die Gewaltsrichter. Jetzt kamen die biſchöflichen Kapläne mit Stab und Mitra und nach ihnen das hochwürdigſte Gut unter dem Baldachin, begleitet von den regierenden Bürgermeiſtern der Stadt. Hinter dem Allerheiligſten gingen die Stadtrentmeiſter, die abgegangenen Bürgermeiſter und der hochweiſe Rath. Den Schluß bildete wieder ein Bürger-Aufzug; dann folgten die Soldaten und die „Nachtsreuter zu feldt" zum Schutze der ganzen Proceſſion.

3. Außer dieſen beiden gab es noch eine dritte feierliche Gotteſtracht, welche am Pfingſtbinstage von St. Pantaleon ausging, alſo zunächſt dem Pfarrbezirk von St. Mauritius angehörte. Sie nahm ihren Weg zuerſt durch einen Theil der Stadt, über den Gerberbach, an dem Kloſter der weißen Frauen vorbei über den

Blaubach, durch die Kirche St. Georg, an St. Johann und St. Catharina vorüber, zur Weiherstraße und durch das Weiherthor nach Sülz. Hier wurde in der Ortskapelle das Hochamt gefeiert. Nach der Zerstörung der Kapelle im burgundischen Kriege, 1474, schlug man auf der Stelle, wo sie gestanden, ein Zelt auf, errichtete einen Altar, auf welchem das Sanctissimum mit den übrigen Heiligthümern niedergesetzt wurde, und der Abt von St. Pantaleon, welcher auch das hochwürdigste Gut getragen hatte, celebrirte das Hochamt. Nach Beendigung desselben kehrte die Procession durch das Weiherthor nach St. Pantaleon zurück.

Zwei Bürgermeister oder Rentmeister der Stadt begleiteten das Allerheiligste. Arbeiter aus dem Kloster trugen den Baldachin, Gerber vom Bach (pelliones ex rivulo) die Statue des h. Mauritius, vier Jungfrauen das Bild der h. Mutter Gottes. Außerdem wurden noch die Statuen des h. Servatius, der h. Magdalena und des h. Jodocus mitgenommen. Die Klosterherren vom Weidenbach („unsere Vasallen" nennt sie die Kloster-Chronik) nahmen Theil an der Procession und erhielten zur Erquickung 26 Amphora rothen Wein. Der Küster von St. Mauritius wurde im Refectorium des Klosters zum Frühstücke eingeladen. „Um dieselbe Zeit zogen alle Gaffeln binnen der Stadt, welche den Vogel geschossen haben, mit ihren Königen in ihrem Harnisch, mit Trommeln und Pfeifen, ebenso die Stadtsoldaten in ihren Waffen, mit andern Bürgern aus in das Feld, um die Procession zu schirmen und zu bewahren." [1]

---

[1] Kloster-Chronik von St. Pantaleon. — v. Mering, Kirchen und Klöster der Stadt Köln, S. 8. — Man hat die Procession nach Sülz mit der sog. Holzfahrt zu Ehren des sagenhaften Helden Marsilius in Verbindung gebracht. Allein, mag dieser festliche Aufzug nun wirklich auf eine geschichtliche Thatsache sich zurückbeziehen oder nur das allerorts gebräuchliche Maienfest der herangewachsenen Jugend gewesen sein — mit unserer Procession hat derselbe nichts gemein, als daß er zwei Tage später, am Donnerstag nach Pfingsten, stattfand.

II. Das vierzigstündige Gebet.

Wie in unserer Zeit das ewige Gebet im Laufe eines jeden Jahres seinen Rundgang durch die ganze Erzdiöcese hält, so reichten vor der französischen Umwälzung die Kirchen und Kapellen der Stadt Köln allein aus, um das vierzigstündige Gebet bis auf wenige Tage das ganze Jahr hindurch fortdauern zu lassen. Es begann:

1. im Dom am 3., 4. und 5. November; dann folgten
2. die zehn Stiftskirchen: St. Gereon, St. Severin, St. Cunibert, St. Andreas, St. Aposteln, Mariagraden, St. Georg, St. Maria im Capitol, St. Ursula und St. Cäcilia;
3. die beiden Abteien: St. Pantaleon (6., 7. und 8. Dec.) und St. Martin;
4. die neunzehn Pfarreien: St. Columba, klein St. Martin, St. Laurenz, St. Alban, St. Peter, Lyskirchen, St. Lupus, St. Jakob, St. Johann auf der Severinstraße, Maria Ablaß, St. Paulus, Severinspfarre, St. Brigida, St. Mauritius (17., 18. und 19. Januar), Apostelpfarre, Cunibertspfarre, St. Christophorus, St. Johann auf dem Domhofe und St. Maria im Pesch;
5. fünf Ordenskirchen: St. Antonius (jetzt die evangelische Kirche), St. Catharina (Deutsch-Ordensherren), St. Johannes und Cordula, gewöhnlich Jacorden genannt (Malteser), Herrn-Leichnam und St. Michael auf dem Weidenbach (16., 17. und 18. Febr.);
6. zwölf Klosterkirchen: Carthäuser, Dominicaner, Minderbrüder, Carmeliter, Augustiner, Kreuzbrüder, Jesuiten, Observanten, Capuciner, Syoniter, Discalceaten (unbeschuhte Carmeliter im Tau) und Alexianer;
7. 37 Nonnenklöster, unter ihnen das Kloster St. Mauritius (24., 25. und 26. März), St. Reinold (am 5., 6. und 7. April);
8. 33 Kapellen.

Im Ganzen waren es also 119 Kirchen und Kapellen, welche das Privilegium des vierzigstündigen Gebetes besaßen.

III. Besondere Feste.

Hauptmittelpunkt des feierlichen Gottesdienstes blieb die Abteikirche St. Pantaleon. Da ihr Abt, seitdem er die Inful trug, zu den höchsten kirchlichen Würdenträgern der Stadt gehörte, erhielten auch die Klosterfeste einen erhöhten Glanz. Die Pfarrkirche St. Mauritius war ebenfalls reich an Festen; denn weil sie zugleich als Klosterkirche diente, traten zu den feierlichen Veranlassungen der Pfarre auch noch die besondern Festtage der Benedictinerinnen. Im Allgemeinen aber schlossen sich die Geistlichen und Pfarrgenossen von St. Mauritius den Feierlichkeiten in St. Pantaleon an und das Directorium dieses Klosters blieb nach Angabe der Chronik zugleich maßgebend für die Pfarrkirche.

Es würde uns zu weit führen, den ganzen Festkalender der damaligen Zeit, insoweit er unsere Pfarre betrifft, hier anzuführen; wir heben aus demselben nur einiges hervor, worin sich der Charakter der Zeit und der kirchlichen Gebräuche besonders abspiegelt.

1. Am grünen Donnerstage wurden in der Abtei 24 Arme gespeist. „Jeder empfing durchgeschlagene Erbsen (pisa attrita), eingemachten Kappis mit Häring und Stockfisch; dann einen Becher Wein und so viel Bier, als Jeder trinken mochte, und beim Weggehen vier Fettmännchen (etwa 8 Pfennige) und ein Stück Brod." Der Kaplan von St. Mauritius brachte an demselben Tage den neugeweihten Chrysam mit dem h. Oele aus dem Dome und erhielt dafür eine Collation mit Wein und drei Kuchen für sich und den Küster.

2. Ostern. Nach der Complet sang der Schullehrer von St. Mauritius mit seinen Scholaren die Sequenz: Victimae paschali laudes und später in gleicher Weise das Regina coeli. Darnach führte er die Schüler zum Cellerar oder Spindar in die Küche und Jeder empfing ein Kuchenplätzchen und zwei Ostereier. Der Lehrer

wurde auch wohl einige Male zum Abendessen eingeladen, ohne jedoch hierauf einen Anspruch zu haben. „Seit einigen Jahren", bemerken die Kloster-Annalen im Jahre 1688, „werden Kuchen und Eier dem Lehrer zur Vertheilung in die Schule geschickt, weil viele Knaben aus andern Pfarren sich unter die Schüler von St. Mauritius gemischt hatten."

3. St. Marcus, am 25. April. „Die Procession zieht aus um 8 Uhr, nachdem im Chore stehend der Antiphon Exurge (Erhebe dich!) gesungen worden. Voran gehen die Kinder der Mädchenschule von der Weiherstraße, dann die Schulknaben von St. Mauritius, darauf die Fahnen-, Kreuz- und Reliquienträger, von denen jeder vier Albus (3 Pfennige) erhält. Der Abt begleitet den Klosterconvent in seiner Amtstracht (Floccus), ihm folgt der Kaplan von St. Mauritius mit der Stola und trägt den Abtsstab. Die Procession zieht nach St. Severin, wo der Hebbomadar das Hochamt celebrirt."

4. Christi Himmelfahrt. An diesem Tage fand eine Procession um die Mauern der Abtei statt. Bei derselben wurde die Tumba oder der Schrein des h. Maurinus getragen, und zwar von den Handwerkern des Klosters, dem Kürschner, Schreiner, Schmiede, Maurer, Faßbinder und Buchbinder. War der Zug dem Kloster der weißen Frauen gegenüber angekommen, so wurde die Tumba incensirt. Außer den Reliquien des h. Maurinus wurden noch die Häupter des h. Pantaleon und des h. Quirinus von Laienbrüdern oder jungen Klerikern des Klosters getragen, ferner die Statuen des h. Mauritius und der h. Mutter Gottes. Das hochwürdigste Gut wurde nicht mitgenommen. Der Pfarrer von St. Mauritius begleitete die Procession.

5. Pfingstdinstag ging die große Procession nach Sülz, von der wir oben bereits gesprochen haben.

6. Frohnleichnam war nach dem Hochamte feierliche Procession mit dem hochwürdigsten Gute in derselben Weise, wie am Pfingstdinstage; nur beschränkte sich der Weg auf die nähere Um-

gebung der Abtei; auch wurden die Bürgermeister der Stadt und die Gaffeln nicht eingeladen, wohl aber der Pfarrer und die Kirchmeister von St. Mauritius, welche an diesem Tage mit dem Abte zu Tische speisten.

7. Das **Dedicationsfest** der Pfarrkirche fiel auf den 12. Juli; das Fest des h. Mauritius wurde am 22. September, das des h. Dionysius am 9. October, beide damals wie jetzt mit vollkommenem Ablasse, gefeiert. Am 10. October ging von der Pfarrkirche aus eine Bittfahrt nach Gleuel, wo der h. Dionysius besonders verehrt wurde. Wann und aus welchem Grunde die Verehrung dieses Heiligen in unserer Kirche eingeführt worden, ist mir unbekannt. Derselbe besaß früher eine besondere Kapelle über der alten bischöflichen Hofkirche St. Johann auf dem Domhofe; dieselbe wurde aber bei Erneuerung der letztern abgebrochen.[1]

---

[1] v. Mering, Kirchen und Klöster der Stadt Köln, II, 283.

Vierter Abschnitt.

Von der neuen Pfarr-Organisation bis zur Gegenwart.
(1802—1878.)

Erstes Capitel.
Die neue Pfarre St. Mauritius.

In Folge des Concordates, welches die französische Republik mit Papst Pius VII. am 15. Juli 1801 abschloß, und der hierauf erlassenen neuen Erectionsbulle vom 29. November desselben Jahres wurden die bisherigen kirchlichen Verhältnisse des linken Rheinufers völlig umgestaltet. Der härteste Schlag traf den altehrwürdigen, erzbischöflichen Stuhl in Köln; er sollte für immer aus der Geschichte verschwinden — ein bitterer Lohn für die Sympathie, welche der Kurfürst Max Heinrich zur Zeit Ludwig's XIV. für die französische Nation kundgegeben hatte. An die Stelle des Erzbisthums wurde ein neues Bisthum in Aachen errichtet. Der erste Bischof desselben war Marcus Antonius Berdolet, geboren zu Rougemont im Elsaß 1740, und Landdechant in der Nähe von Colmar; am 25. Juli 1802 nahm er Besitz von seinem bischöflichen Stuhle.

Durch ein Decret des Cardinal-Legaten Caprera in Paris waren am 9. April 1802 „alle Pfarrkirchen, welche in den neu errichteten Diöcesen sich vorfanden, und in denen die Seelsorge durch irgend welchen Priester ausgeübt wurde, mochte derselbe nun Pfarrer, Rector, Vicarius perpetuus, oder sonst wie genannt werden, mit ihren

Titeln, ihrer Seelsorge und Jurisdiction, ein und für alle Mal als aufgehoben" erklärt worden. Jedoch sollten die Inhaber der Stellen einstweilen die Verwaltung fortführen, bis eine neue Verordnung diese Angelegenheit definitiv regeln werde. — Am 3. Juli 1803 erschien Bischof Berdolet im Dome zu Köln; eine neue Pfarr-Eintheilung wurde verkündigt und die neu ernannten Pfarrer legten in Gegenwart des Stadtcommandanten, des Unterpräfecten und des Maire den Eid der Treue ab. Mehrere alte Pfarreien der Stadt wurden unterdrückt, andere in die zunächst gelegenen größern Stifts- und Klosterkirchen verlegt.

Auch unsere Pfarre erlitt eine vollständige Umwandlung; ihr District wurde unter drei Pfarreien vertheilt: St. Mauritius, St. Pantaleon und St. Maria zur Schnurgasse. Allerdings hatte bisheran die kleine Pfarrkirche am äußersten Ende des weit ausgedehnten Pfarrbezirkes gelegen; nach Aufhebung des Pantaleonsstiftes war also eine Abhülfe dieses Uebelstandes dringend geboten. Es wurde deshalb die Klosterkirche St. Pantaleon zur Pfarrkirche erhoben und die Grenze dieser neuen Pfarre durch die Waisenhausgasse, das enge Gäßchen, welches den Blaubach mit der alten Mauer am Bach verband, durch die Kaigasse über den großen Griechenmarkt, durch die Schemmergasse, den kleinen Griechenmarkt, den Mauritiussteinweg (westliche Seite) und durch die Huhnsgasse bis zum Weiherthore gezogen; die Zahl der Bewohner betrug 3500 Seelen; es war das Herz der alten Mauritiuspfarre.

Die zweite neue Pfarre zur h. Maria in der Schnurgasse umfaßte die andere Seite der Waisenhausgasse, den halben Perlengraben bis zur Severinstraße, dann diese in ihrer westlichen Hälfte bis zum Thore; von da an ging die Grenze über den Wall bis zur Waisenhausgasse zurück. Diese Pfarre zählte etwa 1500 Seelen.

Der neuen Pfarre St. Mauritius blieb nur ein kleiner Theil ihres frühern Bezirkes: das Mauritiuskloster mit der alten Pfarrkirche und dem Pfarrhause, dann die östliche Hälfte des Mauritiussteinweges, welche aber ganz unbebaut war, die halbe Huhnsgasse und der Rinkenpfuhl. Alles übrige, was jetzt zu ihr gehört, die Hahnenstraße, die Schaafenstraße, der Marsilstein, das Laach und das ganze Viertel, welches von der südlichen Seite des Neumarktes, der Fleischmengergasse, dem Peterspfuhle, dem kleinen Griechenmarkte und der alten Römermauer eingeschlossen ist, wurde von der Pfarre St. Aposteln abgenommen und ihr zugewiesen. Die ganze Seelenzahl war 1520.

Es zeigte sich bald, daß die neue Eintheilung der Pfarreien, welche sich meist an die Polizei- und Friedensgerichts-Bezirke anlehnte, große Unbequemlichkeiten mit sich führte. Ein kaiserliches Decret vom 12. Juli 1806 ordnete deshalb mehrere Veränderungen an, unter andern auch die Unterdrückung der eben erst neu gegründeten Pfarre zur Schnurgasse; ihr District wurde zwischen St. Severin und St. Pantaleon in der Weise getheilt, daß die Ulrichsgasse im Süden und die Straße Siebenburgen im Westen die Grenze bildeten. Als jedoch im Jahre 1820 die Kirche St. Pantaleon in den Dienst der Garnison überging, wurde der Pfarrgottesdienst wieder in die Kirche zur Schnurgasse verlegt. Leider wiederholt sich seitdem für die Pfarre St. Pantaleon derselbe Uebelstand, welcher früher in St. Mauritius bestand — die Pfarrkirche liegt am äußersten Südende der Pfarre, während diese mit ihrer nördlichen Spitze bis dicht an die Kirche St. Mauritius vordringt.

Ueber die unserer Pfarre neu zugewachsenen Straßen mögen folgende geschichtliche Bemerkungen hier Platz finden.

Eigenthümlich ist zunächst, daß sämmtliche Straßen, welche von außen in unsere Pfarre hineinführen, den Namen von Thieren tragen: die Hahnenstraße, die Schaafenstraße mit ihrer Verlängerung, dem früher sogenannten Eselsmarkte, die Taubengasse und die Huhnsgasse. Man hat dies mit dem Umstande in Verbindung gebracht, daß der Neumarkt vormals zum städtischen Viehmarkte benutzt worden sei. Allein die jetzigen Namen der Straßen bieten keinen zuverlässigen Anhaltspunkt mehr für die geschichtliche Herleitung ihres Ursprunges, sie sind im Laufe der Zeit zu oft verändert worden.

In Urkunden aus den Jahren 1227 und 1253 wird das Hahnenthor porta Hanonis (versus leprosos, auf Melaten hin) und um dieselbe Zeit auch haninporcen genannt (Ennen und Eckertz II, 115, 332); in einer Urkunde von 1365 heißt die Straße haynenstrasse (Ennen und Eckertz IV, 488). Deshalb soll auch ihr Name „weder von den Hähnen, noch von dem h. Anno, sondern von jener Fahrt nach dem Haine herrühren", welche jährlich unter dem Namen Holzfahrt durch das Hahnenthor nach dem Ossendorfer Wäldchen stattfand.[1]

Das Schaafenthor erscheint in einer Urkunde von 1238 als Schaporcen (juxta domum Tipoldi de novo foro); unter demselben Namen auch 1291.[2] Ennen leitet den Namen von Gerardus Scaf, scafel ab (Gesch. der Stadt Köln, I, 669), indeß kommt auch schon früh der Name porta ovilis vor.

Dem jetzigen Schaafenthore scheint vor dem Baue der letzten Mauer ein älteres Thor desselben Namens auf der Ecke zwischen dem Marsilstein und der Benesisstraße entsprochen zu haben, welches den Eingang zu der westlichen Vorstadt bildete. (Ennen, Geschichte der Stadt Köln I, 650.)

Die Schaafenstraße war bis vor wenigen Jahren fast ausschließlich von Gärtnersleuten, den sogenannten Kappusbauern, bewohnt; früher bildeten sie eine eigene Bauerbank, jetzt sind die meisten nach außen verzogen. — Bei der ehemaligen großen Gottestracht wurde am Schaafenthore eine Station gehalten; dort findet sich noch jetzt ein altes Crucifix unter dem Thorbogen, an welches sich eine sonderbare Begebenheit anknüpft. In der französischen Zeit lebte dahier ein Commissar Br., welcher sich ganz besonders in der Entfernung aller religiöser Bilder und Embleme an Häusern und Straßen hervorthat. Trotz aller Bitten und Einwendungen der benachbarten

---

[1] Düntzer in den Jahrbüchern des Vereins von Alterthumsfreunden, IX, 51.

[2] Ennen und Eckertz, Urk. II, 188, III, 314.

Bewohner ließ der Commissar auch das Crucifix unter dem Schaafen=
thore durch seine Untergebenen wegnehmen, und man erreichte nur
so viel, daß das Bild einer alten Frau Junkersdorf, der Eigen=
thümerin des frühern Hofes Kleingedank, übergeben wurde. Diese
nahm es mit den Worten: „Ich will es in meiner Schlafstube auf=
bewahren, bis das Strafgericht Gottes diesen Frevler erreicht hat;
dann soll es an seine alte Stelle wieder zurückkehren". Nicht lange
darauf wurde in der Löhrgasse die St. Rochuskirmeß gefeiert. Wie
immer schmückte man die Häuser mit Guirlanden, stellte Heiligen=
bilder in die Fensternischen, errichtete Triumphbögen auf der Straße
und anderes. Allein auf den Befehl des unerbittlichen Commissars
mußte alles wieder weggeräumt werden. Nur ein Mann leistete
Widerstand. Als Jener Gewalt anwenden wollte, rottete sich die
erbitterte Volksmenge zusammen; es kam zum Handgemenge und der
Commissar wurde so sehr mißhandelt, daß er auf einer Bahre nach
Hause gebracht werden mußte. Die Sache gelangte zur Anzeige;
es drohte ein Monstreproceß, denn die ganze Löhrgasse war bethei=
ligt. Da erschien von höchster Stelle, anstatt lobender Anerkennung
für den mißhandelten Beamten, eine scharfe Rüge seines unbesonnenen
Eifers und der Befehl, man solle dem Volke seine religiösen Feste
lassen, wofern nur keine polizeilichen Ausschreitungen stattfänden.
Die Anklage wurde niedergeschlagen und der Commissar nahm sich
aus Verdruß hierüber das Leben. Das Crucifix kehrte an seine alte
Stelle wieder zurück und wird bis heute noch an den Kirmeßabenden
durch zahlreiche Lampen festlich beleuchtet, ohne daß die Behörde da=
gegen einen Widerspruch erhoben hätte.

Der Eselsmarkt trug seinen Namen entweder davon, daß bei
dem Viehmarkte hier die Esel ihren Standort hatten, oder weil an
dieser Stelle der hölzerne Esel sich befand, auf dessen spitzem
Rücken die kölnischen Funken ihre Strafe wegen Subordination ab=
sitzen mußten.[1] — Allein, wie in neuester Zeit die allbekannte, in

---

[1] Düntzer, Jahrbücher der Alterthumsfreunde, IX, S. 52.

der Culturgeschichte unserer Stadt nicht unbedeutsame Löhrgasse dem vornehmen Namen Agrippastraße hat weichen müssen, so wurde der Eselsmarkt von dem Helden Marsilius verdrängt, dessen Denkmal, der Marsilstein, hier in der Nähe gestanden hatte. Es war ein römischer Bogen, welcher nach Aldenbrück (de religione antiquorum Ubiorum p. 100) „außerhalb der Stadt nahe bei den alten Thoren zwischen St. Aposteln und dem Reinolduskloster stand, aber im Jahre 1566 in der Nacht nach dem Feste des h. Matthias (24. Februar) zusammenstürzte, so daß nur noch eine Säule übrig blieb, welche einen ungeheuer großen steinernen Sarg trug. Als der Magistrat kurze Zeit vor 1749 die Straße hier reguliren und deshalb das Monument niederlegen ließ, wurde leider durch die Unvorsichtigkeit der Arbeiter der Sarkophag zerbrochen." — Ob hier wirklich ein Sarkophag anzunehmen sei, oder ob der Bogen nur der Ueberrest einer römischen Wasserleitung und das vermeintliche Grab nur der Canal oder die Wasserrinne war; ob ferner der Name „Marsillenstein" von einer ähnlich lautenden Inschrift des Monumentes, etwa Martialis, Marcellus, M. Coelius oder von Marcus Quilius herrühre, oder von dem Kölner Helden Marsilius, welcher die Stadt durch Ueberlistung von dem belagernden Feinde befreit haben soll; oder endlich, ob man an einen Denkstein des Marsi, gleichbedeutend dem germanischen Kriegsgotte Odin, zu denken habe: diese Fragen überlassen wir den Alterthumsforschern zur endgültigen Entscheidung.[1]

Ein anderer eben so fraglicher Punkt ist das Thor in der römischen Stadtmauer, welches aus dem Laach in die innere Stadt führte. Gelenius nennt es das alte Janusthor; vielleicht hat er sich durch den gleichklingenden Namen Hahnenthor auf diese Combination hinführen lassen. Ob aber hier ursprünglich ein Thor gewesen oder später eine Oeffnung in die Römermauer gebrochen worden sei, ist

---

[1] Düntzer a. a. O., Seite 49. — Winheim, sacrar. Agripp., p. 2. — Ennen, Gesch. der Stadt Köln, I, 17.

nicht entschieden. In der Marsiliussage heißt es, dieser Held habe bei der Belagerung der Stadt durch die Menapier und Eburonen nach dem Tode Nero's, ein großes Loch in die Stadtmauer brechen lassen, um durch einen unerwarteten Ausfall die Feinde abzuschlagen. Auch in den Schreinsbüchern wird, wie v. Mering uns berichtet, jene Thoröffnung mit foramen (Loch) oder porta fracta bezeichnet, was alles auf einen spätern Durchbruch hindeutet. Da im Munde des Volkes das Laach auch das Loch genannt wird, so bleibt es zweifelhaft, ob diese Straße ihren Namen von lacus, Pfuhl, oder von dem Loch in der Stadtmauer herleitet. — Bis in die letzten Jahre stand hier noch ein runder Mauerthurm, dessen rautenförmige Verzierung ihn ganz dem Römerthurme an St. Clara ähnlich machte. Bei seinem Abbruche hätte man constatiren können, ob gegen das Laach hin ein früherer Maueransatz an ihm zu erkennen gewesen und ob unter der Straße her das Fundament der alten Mauer bis zum Thurme sich fortgesetzt habe oder nicht. In letzterm Falle wäre dann die Frage zu Gunsten eines ursprünglichen Thores entschieden gewesen. Noch sei bemerkt, daß die Römermauer am Laach zwischen den beiden in die Straße vorspringenden Häusern bis an die vordere Giebelwand sich fortzieht und hier bis vor wenigen Jahren schwere eiserne Thorringe durch eine gewaltige Masse von Blei in dem römischen Gußmauerwerk befestigt waren.

Unmittelbar an dem Aufstieg zur alten Mauer lag der frühere Edelhof der Schall von Bell, zur Zeit die Wohnung des Stadtcommandanten von der Lund. Das Haus wurde mit seinen kleinen Thürmchen im Jahre 1875 abgebrochen und der Garten theilweise zur Anlage der neuen Baumstraße verwendet. Einige lassen hier den berühmten Jesuiten und Missionar J. A. von Schall im Jahre 1591 geboren sein. Er brachte das Christenthum nach China und stieg wegen seiner astronomischen Kenntnisse am Hofe zu Peking so hoch im Ansehen, daß er mit der Würde eines Mandarinen bekleidet wurde. Die Stadt Köln hat das Andenken des berühmten

Mannes dadurch geehrt, daß sie die Statue desselben in der Reihe ihrer hervorragenden Männer am Museum mit anbringen ließ.

An das Laach schließt sich die **Lungengasse** an. Sie führt ihren Namen von einem Hause, welches eine Lunge auf seinem Schilde führte und darum **zu der Lunge** (ad pulmonem) genannt wurde. In dieser Straße, sowie auch in der nahen **Fleischmengergasse** hatten sich, wegen des Viehmarktes auf dem Neumarkte, vorzüglich die Metzger und Fleischhändler niedergelassen. Dem Hause „zu der Lunge" gegenüber lag das frühere Kloster der Alexianer, welche deshalb auch Lungenbrüder hießen, ein Name, der sich bis auf unsere Tage beim Volke erhalten hat. Ihre Kirche reichte bis zum Neumarkte.

Die größte und volkreichste Straße des neuen Theiles der Pfarre war die **Thieboldsgasse**. Der jetzige Name stammt von Tipoldus her, welcher in einer Urkunde von 1238 als Bewohner eines Hauses auf dem Neumarkte (an der Ecke der genannten Straße) bezeichnet wird. Die gleichzeitigen Urkunden kennen jedoch die Straße unter ihrem heutigen Namen nicht. Im Jahre 1241 heißt sie **Difgacce**, 1269 **Divegasse**, 1318 **Devengasse** (darin lag „Herrn Chenshaus") und im Jahre 1345 **Deyvengasse**[1]) — was offenbar so viel als tiefe Gasse bedeutet. Das Volk nennt sie heute noch die **Depegaß**. Nach einer Schreinsnotiz aus dem vierzehnten Jahrhunderte hatte der Kölnische Narr oder Geck in der Tiefengasse seine Wohnung.[2])

Aus der Thieboldsgasse führt die enge **Bayardsgasse** an der **Ortmannsgasse** vorbei zur **Petersstraße** oder zum **Peterspfuhl**. Der Name Bayardsgasse erinnert an den heiligen Reinoldus und sein tapferes Schlachtroß Bayard. Die Ortmannsgasse hieß früher **Ortwinsgasse** und verdankt ihren Namen einem dortigen Hausbesitzer Ortwin. Schon im Jahre 1269 spricht eine Urkunde von der

---

[1]) Ennen und Eckertz, II, 228, 557, III, 52, 295.
[2]) Ennen, Geschichte der Stadt Köln, III, 921.

„Ortwinsgaszen, nahe dem Hause Ortwin's auf das Griechenthor zu" (prope domum Ortwini versus portam graecorum); ebenso erwähnt eine Urkunde aus dem Jahre 1295 „dreier hölzerner Häuser unter einem Dache in der Ortwinsgasse" (infra vicum qui Ortwinsgassen vocatur) und bemerkt zugleich, daß sie zur Pfarre St. Aposteln gehörte.[1)]

Auf dem Petersphuhl, dem Bürgerhospitale gegenüber, lag der Hof der Herren von Gudenau. Ihr Stammsitz war das Schloß Gudenau bei Villip, zwischen Bonn und Meckenheim. Sie waren zugleich Herren von Drachenfels und des sogenannten Ländchens. In der Geschichte der Stadt Köln begegnen sie uns im Jahre 1420 auf Seiten des Erzbischofes Dietrich II. von Mörs in dessen Fehde mit der Stadt. Dagegen fand sein Nachfolger, Ruprecht von der Pfalz, in seinen Streitigkeiten mit den Adeligen des Stiftes sie in der Reihe seiner Gegner, und Pfalzgraf Friedrich, dessen Bruder, zwang 1469 den Ritter Claus von Drachenfels und Gudenau zum Verzichte auf einen Theil seiner Güter und zum beständigen Ritter- und Hofdienste des Erzbischofes.[2)] — Die weitläufigen Gebäude mit ihrem großen Garten gingen in letzterer Zeit in den Besitz der Familie Jacoby über, welche dort eine Dampfmühle anlegte. Jetzt ist der Raum theilweise zur Tapetenfabrik von Flammersheim, theilweise zur Errichtung einer ganzen Reihe prächtiger Häuser verwendet worden.

Zweites Capitel.
Die Alexianer und das Mauritiuskloster.

Seit dem Jahre 1803 gehörte das ehemalige Alexianerkloster in der Lungengasse zu unserer neuen Pfarre. Wenn auch die frühere Geschichte dieser Genossenschaft über die Grenze unserer Auf-

---

[1)] Ennen und Eckertz, Urk. III, 405.
[2)] Lacomblet, IV, 343.

gabe hinausliegt, so möge es dennoch gestattet sein, dieselbe hier nachzuholen, da nicht bloß die erste Niederlassung der Alexianer in unserer alten Pfarre stattfand, sondern auch ihr jetziges Kloster in geschichtlicher Beziehung an eines der ältesten Institute derselben, an das frühere Mauritiuskloster, anknüpft.

Die Alexianer, so genannt von ihrem Ordenspatron, dem h. Alexius, gehörten dem Orden der Celliten oder Zellenbrüder an und hießen anfangs auch Beggarden, die armen Brüder, oder Brüder der freiwilligen Armuth. Sie bildeten eine Art von klösterlicher Genossenschaft und widmeten sich, außer ihren religiösen Uebungen, noch besonders den Werken christlicher Nächstenliebe und Barmherzigkeit: sie besuchten und pflegten die Kranken, namentlich die ansteckenden, trugen die Todten, reiche wie arme, zu Grabe und begleiteten die Verurtheilten zur Richtstätte. Das Kloster besitzt noch das Crucifix, welches sie den Unglücklichen vor dem letzten Augenblicke zum Kusse darreichten. Anfangs trugen sie ein graues Habit mit grauer Kopfbedeckung und legten das dreifache Gelübde der Armuth, der Keuschheit und des Gehorsams ab, jedoch nur für die Zeit, wo sie dem Kloster angehörten.

Nach Gelenius traten sie in Köln vor dem Ende des dreizehnten Jahrhunderts auf und wohnten zuerst auf dem Kirchhofe von St. Mauritius. Wegen allzu beschränkten Raumes zogen sie von da nach der Fleischmengergasse in zwei kleine, der Mauer des Stiftes Cäcilia angebaute Häuser, bis sie um 1300 in der Lungengasse ein größeres Gebäude erwarben, das entweder selbst den Namen „zur Lunge" führte, oder doch diesem Hause gegenüber lag. v. Mering führt eine Schreinsnotiz aus dem Jahre 1306 an, wonach ein Priester Johannes von Creyfeld dem Beggarden Nicolaus ein Haus, was früher „Erklenz" genannt wurde und dem Hause „zur Lunge" gegenüber lag, für den Gebrauch der Beggarden überließ.[1] — Im Jahre 1317 wählten sie den Bruder Gottfried von Wineburg zu

---

[1] v. Mering, Gesch. der Kirchen und Klöster, I, 308.

ihrem Vorsteher oder Procurator, jedoch so, daß derselbe durch Beschluß der Mehrzahl der Brüder auch wieder abgesetzt werden konnte. 1321 war Nicolaus von Myssenä Vorsteher.

Die gemeinnützige Thätigkeit der Alexianer fand bald die verdiente Anerkennung; es fehlte aber auch nicht an Feinden der Genossenschaft. Der Magistrat der Stadt stellte ihnen im September 1423 ein öffentliches empfehlendes Zeugniß aus; im Jahre 1428 verhieß er „zum Lob und zur Ehre Gottes und der heiligen Maria den armen Brüdern, die zur Zeit in dem Hause zur Lunge wohnten und Tag und Nacht den Armen wie den Reichen im Leben und Sterben willig ihre Dienste leisteten", seinen besondern Schutz und verbot den übrigen Krankenwärtern und Leichenträgern, das den Lungenbrüdern gemeinsame Kleid zu tragen. Im Jahre 1487 überließ er ihnen das neben ihrem Kloster gelegene Haus zum Leoparden unter der Bedingung, daß sie sich verpflichteten, die oben angeführten Werke der Barmherzigkeit fortzuüben, „gegen die Kirche sich gehorsam zu erweisen, der Geistlichkeit aber nicht weiter, als von Alters her gebräuchlich sei, sich zu unterwerfen".[1]

Wie aus einer Urkunde des Erzbischofs Rupert aus dem Jahre 1469 (im Archiv des Alexianerklosters) hervorgeht, hatte schon sein Vorgänger Dietrich von Mörs, wie so vielen andern Klöstern, auch den Alexianern, in Ausführung eines päpstlichen Commissoriums, am 20. Juni 1462 eine neue Einrichtung gegeben. - Allein die Brüder scheinen mit dessen Anordnungen nicht zufrieden gewesen zu sein, sondern die Privilegien eines approbirten kirchlichen Ordens gewünscht zu haben. Sie baten deshalb den Erzbischof Rupert, er möge ihnen kraft seiner bischöflichen Gewalt gestatten, daß sie 1. die strengere Regel des h. Vaters Augustinus annehmen und die Gelübde der Armuth, der Keuschheit und des Gehorsams gegen ihren Vorsteher einfach und ausdrücklich ablegen dürften, ohne die bisherige Clausel: „so lange ich in diesem Hause oder in dieser Congregation

---

[1] Ennen, ‚Köln. Stadtanzeiger' vom 6. Februar 1878.

bleibe, aber nicht länger", hinzuzufügen; es sollten jedoch diejenigen aus ihnen, welche schon lange vorher eingetreten und wegen Alters oder sonstiger Gebrechlichkeit zur Befolgung der neuen Regel nicht im Stande seien, im Kloster verbleiben können, wofern sie friedlich und ehrbar mit den übrigen Brüdern leben und denselben kein Hinderniß bereiten wollten; 2. sollte die Ablegung der Gelübde im Oratorium des Klosters, während der h. Messe stattfinden und zwar in die Hände des zeitigen Visitators, welcher deshalb die Erlaubniß erhalten möchte, auf einem tragbaren Altare bloß für diesen Zweck in dem Oratorium zu celebriren. (Das Kloster kam erst später in den Besitz einer eigentlichen Kapelle.) Die Formel des Gelübdes sollte lauten: „Ich Bruder N. verspreche und gelobe Gott und Seinen Heiligen und dem Pater Procurator dieses Hauses Armuth, Enthaltsamkeit und Gehorsam nach der Regel des h. Augustinus, mit dem festen Vorsatze, die gesetzmäßigen und vorgeschriebenen Anordnungen und Einrichtungen dieses Hauses zu beobachten"; 3. sollten die Brüder, wenn die Stelle ihres Visitators erledigt sei, innerhalb sechs Monaten einen andern frommen Mann aus einem erneuerten Orden als Nachfolger dem Erzbischofe oder Official präsentiren dürfen, und dieser solle dann die Vollmacht erhalten, so oft es ihm beliebe, längstens aber alle zwei Jahre, mit einem andern Priester und dem Procurator eines ähnlichen Ordenshauses im Namen des Erzbischofs Visitation abzuhalten, Uebelstände zu beseitigen, Zurechtweisungen zu ertheilen und Widerspenstige oder Unverbesserliche der geistlichen Oberbehörde zur Einschließung zu überweisen.

Der Erzbischof ging auf die meisten Vorschläge ein und gewährte außerdem noch einzelne Begünstigungen, welche mit der Ausübung der Ordenspflichten in Verbindung standen; nur konnte er dem Wunsche der Brüder, die Regel des h. Augustinus annehmen zu dürfen, nicht willfahren, so gerne er auch wollte, weil der apostolische Stuhl in dem Breve vom 4. Idus Mai 1431 in Betreff der Celliten oder der Brüder von der freiwilligen Armuth klar und ausdrücklich erklärt hätte, daß er durch die ihnen gewährten Indulte keineswegs beabsichtige, sie als einen eigentlichen kirchlichen Orden zu approbiren. Indessen ermahnt er sie, ihre jetzige Regel so treu zu beobachten und die Pflichten ihres Berufes so gewissenhaft zu erfüllen, daß später das Oberhaupt der Kirche desto eher zu größern Gnaden sich bereit finden lasse. (Gegeben zu Poppelsdorf 2. Jan. 1469.)

Die Alexianer ruhten aber nicht. Durch Vermittelung des Herzogs Karl von Burgund erlangten sie vom Papste Sixtus IV. im Jahre 1472 eine Bulle, worin er die Celliten beiderlei Geschlechts als religiöse Orden anerkennt und bestätigt, sie gleich andern Orden von der Jurisdiction des Bischofs eximirt und ihnen gestattet, einen Generalvisitator zu wählen, so wie die feierlichen Klostergelübde in die Hände eines Ordensgeistlichen abzulegen. Am Feste des h. Antonius 1473 erneuerten die Lungenbrüder ihre Gelübde, der sixtinischen Bulle gemäß, in feierlicher Weise. Papst Sixtus hatte den Celliten gleichzeitig mit der Approbation ihres Ordens und unter lobender Anerkennung ihrer verdienstlichen Wirksamkeit gestattet, über ihren Häusern oder Kapellen ein niederes Kirchthürmchen mit einer kleinen Glocke zu errichten und einen Kirchhof für die Klostergemeinde anzulegen; ferner einen eigenen Rector oder Seelsorger anzustellen, welcher die Befugniß hätte, im Kloster die h. Messe zu lesen und die Sacramente auszuspenden; alles jedoch unter Vorbehalt der Rechte des betreffenden Pfarrers.

Diese Privilegien scheinen aber auf Widerspruch oder auf sonstige Schwierigkeiten gestoßen zu sein; denn im Jahre 1476 besaß das Kloster der Alexianer noch keine Kirche und keinen Altar. Wir entnehmen dies aus einem Decrete vom 24. April des genannten Jahres, wodurch der päpstliche Legat für Deutschland, Alexander Bischof von Forli, den Alexianern aus dem Grunde, „weil sie noch keine Kapelle und keinen Altar in ihrem Hause besäßen", gestattete, zur Zeit des Interdictes in allen Kirchen und Klöstern der Stadt der h. Messe und dem übrigen Gottesdienste beizuwohnen, auch die h. Sacramente zu empfangen, jedoch nur bei verschlossenen Thüren, ohne vorangegangenes Glockenzeichen und mit Ausschluß der Anwesenheit eines Excommunicirten. (Urkunde im Alexianerkloster.)

Erst im Jahre 1518 am 15. Mai kam in Betreff der Ausführung der sixtinischen Bulle eine Vereinbarung zwischen den Alexianerbrüdern und dem Pfarrer Johannes Spoirenmacher von St. Aposteln, welcher zugleich Canonicus des dortigen Stiftes war, zu Stande. Das hierüber aufgenommene Protokoll theilt v. Mering in seiner Geschichte der Kirchen und Klöster der Stadt Köln (I, 312), mit; der Inhalt desselben ist vollständig übergegangen in die Bulle Leo's X. vom 23. August 1518, worin auf Ersuchen des Pfarrers und der Klosterbrüder das geschlossene Uebereinkommen seine endgültige Bestätigung fand.

Hiernach sollte den Alexianern gestattet sein:

1. in ihrer Kapelle, über welcher inzwischen ein niederes Kirchthürmchen mit einer kleinen Glocke errichtet war, drei consecrirte Altäre zu besitzen, in derselben, und zwar bei offenen Thüren, von Welt- und Klostergeistlichen nach Belieben die h. Messe lesen zu lassen, das allerheiligste Sacrament, so wie die hh. Oele aufzubewahren und, so oft sie es wünschten, die h. Communion zu empfangen;

2. bei ihrem Kloster einen geweihten Kirchhof anzulegen und auf demselben die Leichen der Brüder und derjenigen Gläubigen zu bestatten, welche in ihrem Hause gestorben seien oder doch daselbst ihre letzte Ruhestätte sich ausgewählt hätten;

3. für diejenigen Verstorbenen, welche auf ihrem Kirchhofe ruhten, die Exequien und das erste Anniversar zu halten, jedoch mit der nähern Bestimmung, daß, wenn ein solcher zur Pfarre St. Aposteln gehörte, dem dortigen Pfarrer die Hälfte des Opfers und des Wachses zukomme, wenn aber der Verstorbene einer andern Pfarre angehörte, der Pfarrer dieser Gemeinde die Hälfte erhalten, die andere Hälfte zwischen dem Pfarrer von St. Aposteln und dem Kloster getheilt werden sollte;

4. an den vier Hauptfesten des Jahres sollten die Brüder dem Pfarrer von St. Aposteln von dem eingegangenen Opfer drei Albus und bei dem Tode eines Bruders eine Mark und als Opfer vier Albus entrichten.

Endlich mußten die Priester, welche den Klostergottesdienst besorgten, eidlich versprechen, auf keine Weise in die Parochialrechte des Pfarrers von St. Aposteln einzugreifen und über den Bereich des Klosters hinaus Niemanden die h. Sacramente zu spenden. (Urk. im Archive des Alexianerklosters.)

Die Alexianer beschränkten ihre Dienstleistungen nicht auf die Glaubensgenossen allein, sie trugen auch die Leichen der Protestanten vom Sterbehause bis zum nächsten Thore. Im Jahre 1636 verbot ihnen solches der Magistrat, nahm aber doch bald sein Verbot wieder zurück. Auch als der päpstliche Nuntius im Anfange des achtzehnten Jahrhunderts das Verbot erneuerte, wurde auf des Kaisers Befehl den Alexianern die Fortsetzung ihres bisherigen Verhaltens gestattet. Die furchtbare Pest im Jahre 1665 gab den Brüdern eine zu reiche Gelegenheit, ihren christlichen Opfermuth zu beweisen. Wir haben schon gesehen (Seite 161), wie in den sechs letzten Monaten dieses Jahres nicht weniger als zweiundzwanzig Ordensbrüder ihrem Berufe erlagen und das Kloster dem Aussterben nahe war. Von den neu Eingetretenen fielen wiederum sechs in dem folgenden Jahre als Opfer der schrecklichen Seuche. Allein die christliche Liebe füllte die Lücken immer wieder aus. Während im Jahre 1667 nur zwei Brüder starben, verzeichnet das Nekrologium des Klosters im Jahre 1668 wieder drei Professen und zwei Novizen unter den Verstorbenen.

In der zweiten Hälfte des vorigen Jahrhunderts scheint der Eifer und die Disciplin unter den Brüdern abgenommen zu haben, denn der General-Vicar Horn-Goldschmidt erließ am 15. Juli 1786 eine Verfügung, wodurch er den Canonicus Aegidius Schmitz von St. Aposteln zum erzbischöflichen Commissar über die Alexianer ernannte und ihn bevollmächtigte, „alle Jahre oder auch noch öfter, wenn er es für nöthig erachte, das Kloster zu visitiren, das Leben der Brüder und die treue Erfüllung ihrer Berufspflichten zu überwachen, eingeschlichene Mißbräuche nach Vorschrift der Klosterregel, so wie nach den Bestimmungen des Concils von Trient und der Synodalstatuten der Erzdiöcese zu beseitigen, der jährlichen Rechnungsablage beizuwohnen und in erheblichen Fällen an Se. kurfürstliche Durchlaucht zu berichten. Auch sollte Keiner zum Eintritte in den Orden zugelassen werden, es sei denn, daß er vorher nach erzbischöflicher Verordnung examinirt und als tauglich befunden worden.[1]) Durch diese Verfügung kam das Alexianerkloster, trotz seiner eximirten Stellung, wieder unter die unmittelbare Aufsicht der erzbischöflichen Behörde.

Der Sturm der französischen Revolution ging an dem Institute der Brüder des h. Alexius vorüber, weil ihr Orden dem Dienste der Kranken sich widmete. Nachdem unter preußischer Herrschaft die Diöcese Köln wieder hergestellt und die kirchlichen Angelegenheiten geordnet waren, gab der Erzbischof Ferdinand August am 4. Febr. 1826 dem Kloster ein neues Statut, welches am 14. October desselben Jahres die Genehmigung der Minister des Cultus und des Innern erhielt und bis jetzt noch zu Recht besteht. Hiernach ist die Genossenschaft in allen geistlichen Dingen unter den Erzbischof resp. unter dessen Commissar gestellt; was aber die äußere Verwaltung und die vermögensrechtlichen Verhältnisse betrifft, steht sie zugleich unter der Aufsicht der städtischen Armenverwaltung.

Von dieser letztern kauften die Brüder am 17. Juni 1829 das ehemalige Kloster St. Mauritius zum Preise von 15,500 Thlrn. und kehrten so an jene Stätte wieder zurück, in deren Nähe sie vor länger als fünfhundert Jahren zuerst ihre Wohnung aufgeschlagen hatten. Nach Aufhebung der geistlichen Corporationen hatte ein Kaufmann Wülfing aus Elberfeld das Kloster erworben und eine Wollfabrik und Färberei dort angelegt. Aber das Klostergut brachte keinen Segen;

---

[1]) v. Mering, Geschichte der Kirchen und Klöster. I, 316.

der Eigenthümer fallirte und das stattliche Gebäude mit seinem großen Garten gelangte am 19. Januar 1827 in den Besitz der Armenverwaltung, welche es zwei Jahre später den Alexianerbrüdern überließ und dadurch seiner ursprünglichen, klösterlichen Bestimmung wieder zurückgab.

Im Jahre 1854 wurde die jetzige Klosterkapelle vollendet. Als es sich darum handelte, für die neue St. Mauritiuskirche den nöthigen Raum zu gewinnen, traten die Alexianer zu diesem Zwecke ihre alten Oekonomiegebäude mit einem Theile des Klostergartens an die Stadtgemeinde ab und wurden durch eine entsprechende Erweiterung ihres Gartens an der Südseite entschädigt.

Der Anbau eines neuen Klosterflügels brachte nicht bloß Ersatz für die abgegebenen Gebäude, sondern gestattete auch in seinen obern Räumen die Anlage einer größern Zahl von Zimmern für Kranke und Altersschwache, so daß die Brüder gegenwärtig zwar noch wie früher in einzelnen bringenden Fällen die Pflege auswärtiger Kranken übernehmen, ihre Hauptthätigkeit aber den Pensionären im Hause gewidmet ist. Ihre ehemalige Berufspflicht, die Todten zu begraben, beschränkt sich darauf, daß sie diejenigen Leichen, welche nach altem kirchlichen Gebrauche während der Exequien in der Kirche beigesetzt werden, aus dem Sterbehause dorthin tragen; indeß werden diese Fälle, wegen der polizeilichen Anordnungen, immer seltener, und was ursprünglich der Hauptberuf der Alexianer war, wird über nicht lange Zeit wohl gänzlich aus ihrer Thätigkeit verschwunden sein.

Drittes Capitel.

Die Pfarrer von St. Mauritius seit 1802.

Als im Jahre 1802 die alten Pfarreien aufgelöst wurden, blieb der damalige Pfarrer Leonard Cosmas Klew im Besitze seiner Stelle, welche er schon seit 1775 bekleidete. Er starb am 13. März 1809 und hinterließ ein gesegnetes Andenken in seiner Gemeinde und unter seinen Amtsbrüdern. Ihm folgte sein Kaplan Kemmling, welcher beim Tode des Kaplans Büttgen 1803 an dessen Stelle getreten war.

40. Johann Heinrich Balthasar Kemmling (1809—1815).

Er war geboren zu Frankeshoven am 8. Juni 1769, legte die Ordensgelübde in der Abtei St. Pantaleon 1787 den 28. October ab, ward Priester 1792 den 15. Juli, Kaplan an der Kirche St. Mauritius am 22. Juli 1803 und seit dem 14. März 1809 Pfarrer daselbst. „Wie er ehedem im gemeinschaftlichen Klosterleben durch seinen friedlichen Charakter sich die Liebe und Freundschaft Aller erworben hatte, so gewann er sich in seinem Hirtenamte durch Zuvorkommenheit und Gefälligkeit das volle Zutrauen seiner Pfarrgemeinde; er war im wahren Sinne des Wortes ein guter Hirt, unermüdet im Kirchendienste, unverdrossen in der Krankenpflege, mitleidig gegen die Armen, sanft und herablassend im Unterrichte der Kleinen." Nach vorangegangenen mancherlei Leiden und einer darauffolgenden sehr schmerzlichen Krankheit endete er, mehrmals mit den heiligen Sacramenten versehen, am 6. November 1815, Morgens 5 Uhr, sein rastloses Leben.

41. Johann Anton Lützenkirchen (1815—1845).

Alle wichtigen Momente seines Lebens knüpfen sich in seltener Weise an unsere Pfarre und ihren h. Patron. Am 7. Juli 1760 als Kind der Pfarre geboren, wurde er am 18. September 1784 zum Priester geweiht und celebrirte am 22. September, dem Feste des h. Mauritius, in seiner Pfarrkirche die erste h. Messe. Dann wurde er zuerst Vicar und Lehrer zu Godorf, darauf Kaplan an der Pfarre St. Johann in Köln und 1815 Pfarrer von St. Mauritius. Beinahe 30 Jahre lang verwaltete er als treuer Hirt diese Stelle, feierte 1834 das seltene Fest seines 50jährigen Priester-Jubiläums und erhielt in Folge dessen das Diplom der philosophischen Doctorwürde, sowie den rothen Adlerorden. Eine Brustentzündung nahm den rüstigen Greis hinweg und zwar am Feste des h. Mauritius, am 22. September 1845, so daß, wie sein Leben, auch sein Tod mit seinem heiligen Pfarrpatron in innigster Verbindung stand.

Lützenkirchen war der Typus eines echten Kölners, treuherzig und ungeschminkt in seinem Benehmen, ehrlich und offen gegen Vorgesetzte und Untergebene, voll witziger Einfälle und doch harmlos, so daß sich nicht leicht Jemand von ihm verletzt fühlte, wohlthätig gegen die Armen, aber ebenso derb gegen Alle, welche die Arbeit scheuten und Andern zur Last fielen. An seinen Rechten hielt er mit unbeugsamer Entschiedenheit fest — das erfuhr der Kirchenvorstand, als er, gegen den Willen des Pfarrers, die Anstellung des bisherigen Unterküsters als Küster durchzusetzen suchte und dabei auf das Decret von 1809 sich berief. Die erzbischöfliche Behörde entschied, daß die Anstellung des Küsters vom Pfarrer ausgehe und nicht vom Kirchenvorstande. In der Gesellschaft war Lützenkirchen beliebt wegen seines seltenen, manchmal freilich etwas saftigen Humors, der ihn auch im hohen Alter nicht verließ und eine Menge Anekdoten von ihm in's Leben rief.

Am 1. November 1833 taufte er den Sohn des Obersten von Niesewand. Dieser hatte den damaligen Kronprinzen, spätern König Friedrich Wilhelm IV. als Pathen eingeladen und Letzterer war persönlich erschienen, um der Taufhandlung beizuwohnen. Bei dieser Gelegenheit soll der Pfarrer den hohen Gast mit den Worten angeredet haben, er hoffe, daß Gott aus diesem Kinde einen eben so tapfern und christlichen Helden machen werde, wie der Pfarrpatron St. Mauritius gewesen, welcher gewußt habe, dem Kaiser zu geben, was dem Kaiser gebühre, aber auch Gott, was Gott gebühre. Der Kronprinz fand herzliches Wohlgefallen an den schlichten Worten des würdigen Greises und behielt die St. Mauritiuskirche in besonderm Andenken.

Beinahe siebenhundert Jahre hatte diese Pfarrkirche gestanden, als sich namentlich an dem schwerfälligen Hauptthurme so bedenkliche Risse zeigten, daß eine Reparatur unmöglich erschien und die Regierung befahl, denselben wenigstens bis auf den untern Theil, welcher sich im Besitze des Alexianerklosters befand, abzubrechen. Die Pfarre war zu arm, um die Kosten eines neuen, stilgerechten Thurmes zu erschwingen; der Kirchenvorstand wandte sich am 31. Juli 1831 in einer gedruckten Denkschrift an die Bürger der Stadt und forderte zu Beiträgen auf. Mit Hülfe derselben wurde denn auch ein nothdürftiger, hölzerner Thurm aufgeführt, welcher wenigstens dem Geläute den nöthigen Schutz bot.

Aus der genannten Denkschrift geht hervor, daß St. Mauritius damals zu den ärmsten Pfarreien der Stadt gehörte, und daß 65 Eheleute, 112 Wittwer und Wittwen, 44 ledige Personen und 160 Kinder unter 15 Jahren aus dem öffentlichen Armenfonds unterstützt wurden. Der Kirchenvorstand macht darauf aufmerksam, daß an eine gedeihliche Fortentwickelung der Pfarre nicht gedacht werden könne, so lange die eine Hälfte derselben von der andern durch die alte Römermauer getrennt und dadurch zugleich von dem Verkehre mit dem Innern der Stadt so gänzlich abgeschnitten sei. Er bringt deshalb bei der städtischen Verwaltung in Vorschlag, man möge an der Bobstraße (früher Jobbgasse) die alte Mauer durchbrechen und die Straße bis zum Mauritussteinweg durchführen; es würde dadurch nicht bloß der bevölkertste Theil der Pfarre seiner Kirche näher gebracht, sondern auch eine directe Verbindungsstraße zwischen dem Rheinthore und dem Weiherthore durch die Rheinstraße, Sternengasse, Bayardsgasse, Bobstraße und Huhnsgasse geschaffen. Zur leichtern Ausführung dieses Projectes erwarb der Kirchenvorstand im December 1831 von dem Garten-Eigenthümer Junck ein Grundstück von der Größe eines Morgens und achtzehn Ruthen, um es der Stadt zum Zwecke der Durchführung der Bobstraße anzubieten. Der Rest wurde später zum Bau eines neuen Schulgebäudes in Aussicht genommen. Die Pfarre gewann nun bald eine andere Physiognomie, besonders da nicht lange darauf eine zweite Oeffnung in der alten Mauer, der Huhnsgasse gegenüber, den Mauritussteinweg mit der übrigen Stadt in noch lebhaftere Verbindung brachte. Es dauerte nicht lange, und diese letztere Straße, welche bis dahin wegen ihrer Abgelegenheit ein Schlupfwinkel des Lasters gewesen, fing an, mit Häusern sich zu schmücken und eine der schönsten Straßen der Stadt zu werden.

Je mehr aber die Bevölkerung sich hob, desto lebhafter empfand man den Mangel einer zweckmäßig gelegenen Schule und die Unzulänglichkeit der kleinen und dazu noch baulosen Kirche.

Was die Schule betrifft, so befand sich zwar in der Lungengasse ein gemiethetes Schullocal; aber es genügte dem Bedürfnisse der Pfarre nicht mehr und lag außerdem am äußersten Ende derselben. Die Bemühungen des Kirchenvorstandes zur Erlangung eines zweckmäßigen, der Pfarrkirche näher gelegenen Schulgebäudes ziehen sich durch eine ganze Reihe von wiederholten Eingaben an die städtische Verwaltung während der Jahre 1832 bis 1839. Trotzdem man der letztern schon am 5. Juni 1832 den der Pastorat gegenüberliegenden, von dem Gärtner Junck abgetretenen Raum für einen geringen Preis zum Bau eines neuen Schulhauses überlassen und die Schulbehörde nicht bloß das Bedürfniß einer neuen Schule, sondern auch die Zweckmäßigkeit dieser Lage anerkannt hatte, führten dennoch die Verhandlungen nicht zum gewünschten Ziele — die Stadt fand es zweckdienlicher, für die vereinigten Pfarreien St. Mauritius und St. Pantaleon ein gemeinsames Schulgebäude in der großen Telegraphenstraße zu errichten.

Auch in Betreff des Kirchenbaues stieß der Kirchenvorstand auf unerwartete Schwierigkeiten. Hier galt es, einem doppelten Nothstande abzuhelfen. Zunächst befand sich die Kirche in einem so trostlosen Zustande, daß sie einer durchgreifenden Reparatur dringend bedurfte; dann aber war sie auch für die immer mehr anwachsende Gemeinde viel zu klein geworden. Der Kostenanschlag für die Reparatur erreichte eine Summe, welche für die arme Gemeinde fast unerschwinglich war. Man wandte sich an die Regierung, um einen Zuschuß aus Staatsmitteln zu erlangen; der Antrag blieb ohne Erfolg. Die von der Stadt zu hoffende Beihülfe war so gering, daß man den Muth nicht hatte, Hand an's Werk zu legen. Es wurde ein Mauritius-Reparaturbau-Verein gegründet, um durch Wochenbeiträge allmälig in den Besitz der nöthigen Geldmittel zu gelangen; allein die Sammlungen gaben ein so dürftiges Resultat, daß der Anfang des Baues in weite Ferne hinausrückte.

Leichter glaubte der Kirchenvorstand die Erweiterung der Kirche bewerkstelligen zu können; es brauchte nur die geräumige Thurmhalle, welche im Besitze der Alexianer war, zur Kirche hinzugezogen zu werden, und letztere wäre um ein Drittel ihres bisherigen Raumes gewachsen. Es kann keinem Zweifel unterliegen, daß diese Halle, welche das Untergeschoß des Thurmes bildete, ursprünglich zur Kirche gehörte, mit der sie auch auf gleicher Bodenhöhe lag. Allein die Klosterschwestern hatten schon vor langen Jahren diesen Raum dadurch abgeschlossen, daß sie die Bogenöffnungen nach der Kirche hin bis auf ein Gitterfenster zumauerten und eine Kapelle für ihren Privatgebrauch dort herrichteten. So fanden wir schon im Jahre 1402 eine besondere Stiftung für den Michaels-Altar in der Krypta der St. Mauritiuskirche, wie man auch später noch die Thurmhalle zu nennen pflegte. (Siehe S. 108.)

Die französische Regierung zog das Kloster zu den Domainen und verkaufte es mit Garten und Oekonomiegebäuden an den Fabrikherrn Hübens aus Elberfeld, von dem es später in den Besitz des Kaufmannes Wülfing überging. Die Kirche mit dem Thurme wurde der Pfarrgemeinde überwiesen. So lange das Kloster bestanden, hatte dieses die Glocken des Hauptthurmes benutzt, während man den gewöhnlichen Pfarrgottesdienst mit einem Meßglöckchen in einem kleinen Dachthürmchen einläutete. Letzteres wurde nun beseitigt und der Kirchenvorstand, in der sichern Voraussetzung, daß mit dem Thurme auch die Thurmhalle in das ausschließliche Eigenthum der Kirche übertragen worden, ließ die Thüre, welche aus derselben in den Klostergarten führte, zumauern. Der Klosterbesitzer widersetzte sich und die Sache kam zu Gericht; der Richter erachtete das Zumauern der Thüre als eine Neuerung und verurtheilte den Kirchenvorstand wegen Störung des Besitzes zur Wiederherstellung des frühern Zustandes. Darauf ging der Kirchenvorstand zur petitorischen Klage über, indem er geltend machte, daß die sog. Krypta mit dem Kloster in keiner Verbindung stehe, daß in der Verkaufs-Affiche sämmtliche mit dem Kloster ausgebotenen Oekonomiegebäude speciell mit Namen angeführt seien, von dieser Gruft aber mit keinem Worte Erwähnung geschehe, daß ferner die Kirche an der einen Seite als Grenze des verkauften Terrains angegeben werde, mithin doch selbst nicht mit einem integrirenden Theile zum Verkaufsobjecte gehört haben könne. Es erfolgte eine präparatorische Entscheidung; indessen scheint man, nach geschehener Ortsbesichtigung, wahrscheinlich, um die Kosten zu ersparen, von der weitern Verfolgung dieser Angelegenheit Abstand genommen zu haben.

Erst bei dem Abbruche des Thurmes und als die Erweiterung der Kirche immer dringender nothwendig geworden war, kamen auch die Ansprüche derselben auf die Thurmhalle wieder zur Sprache. Das Kloster war inzwischen Eigenthum der Alexianer geworden und wie die frühern Besitzer die Halle zur Färberei benutzt hatten, so diente sie nun den Klosterbrüdern zur Aufbewahrung der Gemüse und zu andern Zwecken der Oekonomie. Neue Verhandlungen wurden angeknüpft und der Kirchenvorstand, an dessen Spitze seit 1834 der Justizrath von Bianco, Besitzer des Wolfer-Hofes, stand, legte in einer sehr eingehend motivirten Vorstellung das rechtliche Verhältniß auseinander. Allein dem klaren Rechte auf der einen Seite stand der langjährige Besitz auf der andern gegenüber. Da eine gerichtliche Entscheidung von zweifelhaftem Erfolge war, zog man den Weg der Einigung vor. Die Alexianer verlangten eine Entschädigung von 200 Rthlr. und auf dem Doxal einen abgesperrten Raum für 20 Klosterbrüder. Das erstere wurde bewilligt; gegen das letztere aber protestirte der Pfarrer, weil er darin eine Veranlassung zu dauernden Mißhelligkeiten fürchtete. Endlich am 25. Nov. 1836 kam eine Vereinigung zu Stande zwischen dem Präsidenten der Armenverwaltung, v. Groote, als dem Vertreter des Alexianerklosters, dem erzbischöflichen Commissar, Pfarrer Geistmann, und dem Kirchenvorstande, wonach die Alexianer sich mit der verlangten Entschädigung von 200 Rthlrn. zufrieden geben sollten. Dieser Vergleich wurde von der königl. Regierung und dem erzbischöflichen Stuhle genehmigt, kam aber nicht zur Ausführung, weil der Oberpräsident ihm die Bestätigung versagte. Die Klosterbrüder, welche mit dem Resultate der Verhandlungen nicht zufrieden waren, hatten sich beschwerend an ihn gewendet und dadurch die Aufhebung des Vertrages bewirkt. Der Kirchenvorstand sah sich nun zum zweiten Male genöthigt, den Rechtsweg einzuschlagen, wurde aber durch Urtheil des Landgerichtes vom 19. Febr. 1841 auf Grund der Verjährung mit seiner Klage abgewiesen; die Berufung an die zweite Instanz hatte keinen günstigern Erfolg. So war auch diese Hoffnung gescheitert und es verdient gewiß lobende Anerkennung, wenn nach so vielen vergeblichen Anstrengungen der Kirchenvorstand nicht ermüdete und die Angelegenheit der Reparatur und Erweiterung der Kirche immer wieder von neuem in Anregung brachte.

Wie Schule und Kirche nach Abhülfe des Nothstandes verlangten, so war auch der Bau einer neuen Vicarie und einer neuen Küsterwohnung unabweisbares Bedürfniß geworden. Hier wurde ein besserer Erfolg erzielt. Der Pfarrer verzichtete auf einen Theil seines Gartens, um das nöthige Terrain zu beschaffen. Mit Beihülfe eines Legates des Freiherrn von Sierstorf im Betrage von 1000 Rthlr. zu diesem Zwecke und dem Ertrage der alten verkauften Küsterwohnung wurden beide Häuser in kurzer Zeit fertig gestellt. Von dem Verkaufe der alten, räumlich sehr beschränkten Kaplanei im Laach Nr. 4 nahm man Abstand, theils weil das volle Dispositionsrecht der Kirche über dieselbe zweifelhaft war, theils weil man sie einstweilen dem Unterküster, später aber einem in Aussicht genommenen zweiten Kaplan zur Wohnung reserviren wollte.

Am 20. September 1841 war der hochselige Cardinal v. Geissel, damals noch Bischof von Speier, zum Coadjutor des Erzbischofs Clemens August erwählt worden. An ihn wandte sich der Kirchenvorstand von St. Mauritius nach der ungünstigen Entscheidung der Appell-Instanz mit der Bitte, seine hohe Vermittelung bei den Alexianern zur Erlangung der Thurmhalle eintreten zu lassen. Allein die Brüder beharrten auf ihrer ersten Forderung eines abgesonderten Raumes auf dem Doxal, und dem Kirchenvorstande blieb nichts übrig, wollte er endlich zum Ziele gelangen, als diese Bedingung anzunehmen. Nun zeigte sich aber, daß die Instandsetzung der Halle und ihre Verbindung mit der Kirche in so innigem Zusammenhange mit der Restauration der letztern stand, daß eines ohne das andere kaum vorgenommen werden konnte. Der Kirchenvorstand erneuerte deshalb, unter Hinweisung auf die architektonische Bedeutung der alten Kirche, seine Anträge auf Unterstützung bei der Stadt und bei der Regierung; er wandte sich sogar an höchste Stelle um ein Gnadengeschenk. Neue Kosten-Anschläge wurden gefordert und eingereicht, die Reparaturen auf das Nothwendigste beschränkt und die erforderlichen Mittel auf die Summe von 2020 Rthlr. herabgemindert. Daß der Kirchenvorstand diesen Betrag, welcher durch den von der Stadt in Aussicht gestellten Zuschuß von 500 Rthlr. noch um ein Viertel verringert wurde, der Pfarrgemeinde nicht zumuthen zu dürfen glaubte, zeugt von der sehr großen Armuth ihrer Bewohner oder von dem allzu geringen Vertrauen auf ihre Opferwilligkeit. Wie es scheint, wurde an hoher Stelle der letztere Grund angenommen, denn auf alle Anträge erfolgte ein ablehnender Bescheid. Hierzu kam noch, daß der Reparaturverein seine eigenen Wege ging und sogar gegen den Kirchenvorstand bei dem Oberbürgermeisteramte vorstellig wurde. Dies gab die Veranlassung zu einem weitläufigen Memorandum, worin der Kirchenvorstand alle seine Bemühungen aufzählt und zugleich bittere Klagen über deren Mißerfolg erhebt.

Dies Actenstück, datirt vom 4. September 1845, war das letzte, welches der hochbetagte Pfarrer Lützenkirchen unterschrieb; wenige Tage nachher erfolgte eine heftige Brust-Entzündung, welche ihn am 22. September, an demselben Tage, wo er vor 61 Jahren sein priesterliches Amt angetreten hatte, in die Ewigkeit abrief. Unter seinem Nachfolger nahm die Angelegenheit des Kirchenbaues eine ganz neue Wendung.

42. Matthias Wilhelm Stoff (1846—1852).

Geboren zu Harperscheid, im Kreise Schleiden, am 4. Febr. 1809, vollendete er seine Gymnasialstudien in Düren und widmete sich auf der Universität zu Bonn dem Studium der Theologie. Mit welchem Eifer und Erfolg er seine wissenschaftliche Ausbildung betrieb, davon zeugt seine Lösung der theologischen Preis-Aufgabe und die später erlangte Würde eines Licentiaten der Theologie. Am 16. September 1834 wurde er zum Priester geweiht und zuerst als Kaplan bei der Pfarrkirche zur h. Maria in Lyskirchen zu Köln angestellt. Bald darauf trat er als Religionslehrer an die dortige Bürgerschule und übernahm gleichzeitig den Religions-Unterricht an der Taubstummen-Anstalt und an der höhern Töchterschule des Consistorial-Assessors Schmitz. Eine große Zahl von Schülern und Schülerinnen tragen noch in dankbarem Herzen das verehrungswürdige Bild ihres ehemaligen Religionslehrers und Seelenführers, welcher durch sein reiches und klares Wissen ihnen das Verständniß der Heilswahrheiten aufschloß und durch sein edeles, theilnehmendes Gemüth, durch seinen milden Ernst und seine freundliche Herablassung es wie Wenige verstand, die Liebe und Verehrung Aller sich zu gewinnen.

Im Jahre 1846 wurde er zum Pfarrer von St. Mauritius ernannt. Hier öffnete sich ihm ein reiches Feld seelsorglicher Wirksamkeit. Rastlos in seinem Eifer und unermüdet in der Ausübung seiner Berufspflichten, suchte er Allen Alles zu sein und wurde im wahren Sinne des Wortes ein Vater seiner Gemeinde, überall und zu jeder Zeit bereit, zu rathen und zu helfen, wo die Noth es erforderte. An Gelegenheit dazu konnte es in einer Pfarre nicht fehlen, welche zu den ärmsten der Stadt gehörte. Was er als Dirigent der Armenpflege, was er im Beichtstuhle und am Krankenbette, als Katechet und Prediger geleistet, scheint fast die Kraft eines einzelnen Mannes zu übersteigen; aber Arbeiten war ihm Bedürfniß, und die Abwechslung in seiner verschiedenartigen Thätigkeit seine einzige und liebste Erholung. Zum Glücke erfreute sich Stoff einer starken Constitution und einer kräftigen Gesundheit, und so vermochte er neben seiner angestrengten Wirksamkeit in der Pfarre nicht bloß einen Theil seines frühern Neben-Unterrichtes beizubehalten, sondern als Assessor des erzbischöflichen Metropoliticums und als Mitglied der Schulverwaltung neue Lasten auf sich zu nehmen. Hierzu kam noch die von seinem Vorgänger übererbte Angelegenheit des Kirchenbaues.

Der Kirchenvorstand war von dem frühern Plane einer nur auf das Nothdürftigste beschränkten Reparatur abgegangen, da bei dem baulosen Zustande der alten Kirche das Ungenügende einer solchen sich immer deutlicher herausstellte. Zu einer vollständigen Wiederherstellung aber waren nach dem Kostenanschlage, ohne den Thurmbau, 16,300 Thlr. erforderlich. Da nach den bisherigen Erfahrungen auf Beihülfe von außen nicht zu rechnen war, entschloß sich der Kirchenvorstand im Einverständnisse mit dem neuen Pfarrer, so viel von dem Pastorats-Garten und dem sonstigen Grundbesitze der Kirche zu verkaufen, daß die erforderliche Summe wenigstens annähernd erreicht werde. Dieser Beschluß wurde auch dem erzbischöflichen Generalvicariate zur Genehmigung mitgetheilt. Allein, wenn es schon bedenklich erscheinen mußte, das ohnehin so schwache Kirchenvermögen auf diese Weise noch mehr zu verkürzen, so trat der Ausführung dieses Planes auch noch die Befürchtung entgegen, daß bei der raschen Steigerung der Seelenzahl in der Gemeinde die alte Kirche, selbst wenn sie mit der Thurmhalle vereinigt wäre, doch sehr bald dem Bedürfnisse der Pfarre nicht mehr genügen möchte. Der Gedanke an den Bau einer ganz neuen, größern Kirche fing an, den Plan einer so kostspieligen Reparatur in den Hintergrund zu drängen, und heute begrüßen wir es als ein großes Glück für die Pfarrgemeinde, daß gegen die Wiederherstellung der alten Kirche immer wieder neue Schwierigkeiten sich erhoben.

Der Pfarrer mußte die Gemeinde für die neue Idee zu begeistern; seine weitverzweigte Verbindung mit so vielen Familien der Stadt und die Verehrung, welche er überall genoß, ließ eine allgemeine, lebhafte Betheiligung hoffen; ein neuer Bauverein wurde gegründet und eine Wochencollecte in's Leben gerufen. Der Stadtbaumeister Harperath, ein Pfarrgenosse, fertigte einen Plan für die neue Kirche in romanischem Stile mit zwei Hauptthürmen an, dessen Ausführung auf 80,000 Thlr. veranschlagt war. Um bei den Bewohnern der Pfarre das Interesse für den Bau stets lebendig zu erhalten, wurde das Bild der neuen Kirche am Eingange der alten aufgehangen. Leider blieb das Jahr 1848 nicht ohne lähmenden Einfluß auf diese Angelegenheit; sie wurde aber mit neuem Eifer ergriffen, als die Wogen der aufgeregten Zeit sich allmälig wieder zur Ruhe legten.

Daß auch bei der größten Opferwilligkeit zur Erschwingung einer so großen Bausumme eine geraume Zeit erforderlich sei, lag am Tage. Deßhalb wurde das nördliche Seitenschiff, welches am meisten Gefahr drohte, abgestützt und die Kirche überhaupt in einen für die nächste Zukunft wenigstens erträglichen Zustand versetzt.

Inzwischen traten neue Fragen in's Leben. Das alte Pfarrhaus, dessen vorderer Theil der Pfarrer Immendorf schon vor 200 Jahren hatte restauriren lassen, befand sich in einem solchen Zustande, daß es durch ein neues ersetzt werden mußte. Ebenso machte die beinahe auf 5000 Seelen herangewachsene Pfarrgemeinde die Anstellung eines zweiten Kaplans nothwendig. Die alte im Laach gelegene Vicarie sollte demselben zur Wohnung dienen; dieses Häuschen war aber räumlich so beschränkt und dabei so feucht und unwohnbar geworden, daß man einem Geistlichen um so weniger zumuthen konnte, es zu beziehen, da der Küster in einem neugebauten Hause wohnte. Man entschloß sich daher, das alte Gebäude zu verkaufen, dem zweiten Kaplan die neue Küsterwohnung zu überweisen und dem Küster ein neues Haus auf dem Pastoratsgarten an der Seite des Rinkenpfuhls zu bauen. Allein neue Schwierigkeiten! Der letzte Besitzer der alten Vicarie, Cornelius Blum, hatte dem

Kirchenvorstande nur das dominium utile, zum Zwecke einer Vicariewohnung, übertragen, während das dominium directum auf die Erben des Testators übergegangen war. Der Kirchenvorstand bot den Letztern eine Summe von 150 Rthlr. für Abtretung ihres Eigenthumsrechtes an; allein da Minorennen vorhanden waren, so wurde der Antrag abgewiesen. Erst nach vielen Umständen und auf Grund einer landgerichtlichen Entscheidung kam der Erwerb zu Stande.

Nun begannen die Verhandlungen mit der Stadtgemeinde in Betreff der neuen Pastorat. Die Stadtverordneten beschlossen, die Baukosten des Hauses auf das städtische Budget zu übernehmen; dagegen bot der Kirchenvorstand der Stadt die auf den Mauritiusplatz vorspringende Ecke des Pastorat-Gartens und einen Streifen desselben zur Erbreiterung des Rinkenpfuhles, im Ganzen über 5700 Cu.-Fuß unentgeltlich an unter der Bedingung, daß später im Falle des Neubaues der Kirche der nöthige Raum von dem Mauritiusplatze eben so unentgeltlich von der Stadt wieder zurückgegeben werde. Am 23. Juli 1850 wurde der Grundstein zur neuen Pastorat gelegt, im Herbste 1851 war sie vollendet. Gleichzeitig wurde das neue Küsterhaus gebaut, und so war denn nach dieser Seite hin allen Bedürfnissen abgeholfen. Es fehlte jetzt nur noch die neue Kirche. Ihr Bau sollte dem Nachfolger Stoff's vorbehalten bleiben.

Wie die Pfarre in ihren äußern Verhältnissen immer mehr aufblühte, so nahm auch das innere religiöse Leben einen sichtbaren Aufschwung. Durch die Anstellung eines dritten Pfarrgeistlichen erlangte die Seelsorge einen kräftigen Zuwachs; der Gottesdienst wurde vermehrt und konnte mit größerer Feier abgehalten werden. Das Volk fühlte sich mehr zur Kirche angezogen und der zahlreiche Besuch der h. Sacramente gab das beste Zeugniß von dem geistigen Fortschritt, welcher in der Gemeinde stattgefunden hatte. Auch die Schulverhältnisse waren durch den Bau der neuen Schule in einen besser geordneten Zustand gekommen. Alles schien sich zum Glücke der Pfarre umgestalten zu wollen, da wurde der Pfarrer nach kaum sechsjähriger, aber segensreicher Wirksamkeit im Jahre 1852 abgerufen und als geistlicher Regierungs- und Schulrath in Aachen angestellt. Mit großem Schmerze sah die Gemeinde ihn scheiden; sie mochte wohl fühlen, wie schwer es sei, einen so unermüdlichen, pflichtgetreuen und opferwilligen Seelenhirten zu ersetzen.

Auch in seiner neuen Stellung gewann Stoff sich die Herzen Aller, mit denen er in Verkehr trat. Seine Ernennung als Canonicus der Stiftskirche brachte ihn wieder in nähere Verbindung mit seinen frühern, ihm so lieb gewordenen Berufspflichten; er nahm Theil an den Predigten und besonders am Beichtstuhle, der bald zu den besuchtesten der Stadt gehörte. Leider begannen jetzt die Folgen seiner all zu sehr angestrengten Beschäftigung sich zu offenbaren. Ein unheilbares Leiden zehrte langsam an den Kräften dieses einst so rüstigen und starken Mannes. Der wiederholte Besuch der Bäder zu Vichy in Frankreich brachte nur vorübergehende Erleichterung, aber keine Heilung. Auch eine Reise nach Rom, welche er im Jahre 1859 mit dem Verfasser dieser Schrift, seinem Nachfolger in Köln, unternahm, ließ diesen nach einer schweren Krankheit gekräftigt zurückkehren, blieb aber bei Stoff ohne nachhaltige Wirkung. Letzterer hatte noch die Freude, am 16. Mai 1861 die Feier der Grundsteinlegung zur neuen Kirche in seiner geliebten Pfarre St. Mauritius mitzubegehen. Gerne übernahm er die Festpredigt bei dieser Gelegenheit; es war das letzte Mal, daß er in Köln erschien; die Vollendung der Kirche sollte er nicht mehr erleben. Schon einen Monat später, am 18. Juni, wurde er durch einen raschen Tod aus diesem Leben abgerufen. In ihm war ein frommer und würdiger Priester, ein seeleneifriger Hirt, ein gewissenhafter Beamter, ein unermüdlicher Arbeiter im Weinberge des Herrn heimgegangen.

43. Peter Adolph Thomas (seit 1853).

Der eben genannte Nachfolger des Pfarrers Stoff ist geboren zu Rheinbach am 1. September 1816; er besuchte das Gymnasium zu Münstereifel, bezog im Herbste 1835 die Universität Bonn, wo er zwei Jahre Jurisprudenz und eben so lange Theologie studirte, wurde am 5. September 1840 zum Priester geweiht und erhielt seine erste Anstellung als Kaplan an der Münsterkirche zu Bonn. Von hier aus im März 1848 als Religionslehrer an die Ritter-Akademie zu Bedburg berufen, wirkte er daselbst bis zum November 1852, wo ihm die Verwaltung der Pfarre Bickendorf bei Köln übertragen wurde. Am 15. Juni 1853 ernannte der hochselige Cardinal von Geissel ihn zum Pfarrer von St. Mauritius und am 6. Juli darauf wurde er von dem Stadt-Dechanten und Ehrendomherrn Schnepper in sein Amt eingeführt, das er mit Gottes gnädiger Zulassung noch heute bekleidet.

Eine schwere Aufgabe wartete auf ihn. Mit jedem Jahre stieg die Bevölkerung der Pfarre und damit zugleich das Bedürfniß eines neuen größern Gotteshauses. Die Wochen-Collecte hatte ein zu schwaches Ergebniß, als daß ihr Endresultat abgewartet werden konnte, und doch zeigte sich nirgendwo eine Aussicht auf anderweitige Hülfe. Da half Gott. Wie vor sieben Jahrhunderten ein Edler aus Köln, Hermann von Stave, die erste Pfarrkirche erbaute, so war es jetzt wiederum ein edeler Kölner Bürger, der Rentner **Franz Heinrich Nicolaus Franck**, welcher der Noth der Pfarrgemeinde mit einem Male ein Ende machte.

Schon im Jahre 1855 war dem Pfarrer die Absicht Franck's bekannt geworden und hatte der jetzige Baurath Vincenz Statz von diesem den Auftrag erhalten, in Betreff des Planes der neuen Kirche das Nöthige zu verabreden. Am 26. Januar 1856 überbrachte der Kaplan Frincken aus der Pfarre St. Maria im Capitol, wo der Geschenkgeber wohnte, den fertigen Plan mit dem Anerbieten von 80,000 Thlrn. zur Ausführung desselben. Wir lassen hier den Wortlaut des Schreibens folgen, wodurch das glückliche Ereigniß der Pfarrgemeinde angekündigt wird und welches den schlichten, edeln und frommen Sinn des großen Wohlthäters kennzeichnet.

"An den wohllöblichen Kirchenvorstand der Kirche zum h. Mauritius zu Köln.

"Im Jahre 1854 wurde ich von einer heftigen Krankheit heimgesucht. Ich errichtete damals ein Testament, worin ich der Kirche zum h. Mauritius zum Neubau einer Pfarrkirche die Summe von achtzig Tausend Thalern vermachte, und mag vielleicht zu jener Zeit von diesem Vermächtnisse etwas zur Kunde des einen oder andern Mitgliedes des Vorstandes gekommen sein. Von meiner Krankheit genaß ich so ziemlich, wurde indessen in dem darauffolgenden Jahre von einer zweiten, wohl nicht weniger heftigen befallen, und fange jetzt erst an, einer zu hoffenden vollständigen Besserung entgegen zu sehen. In dieser langen Krankheits-Periode ist nun der Gedanke bei mir aufgetaucht, ob es nicht schöner und Gott wohlgefälliger sein würde, wenn ich das Vorhaben, den Neubau der Kirche nach meinem Ableben zu bewerkstelligen, vielmehr zu meinen Lebzeiten in Angriff nehmen wollte. Zudem ist mir in diesen Tagen durch Gottes sichtbare Fügung die Gelegenheit geworden, ein Hofgut an die hiesige Armenverwaltung zu einem Kaufpreise von 50,000 Rthlr. zu veräußern. Um deshalb den so nothwendigen Neubau jener Kirche gleich beginnen zu können, mache ich einem wohllöblichen Kirchenvorstande zum h. Mauritius hierselbst die Eröffnung, daß ich demselben zum Neubau der Pfarrkirche einen Beitrag von achtzig Tausend Thalern hiermit anbiete, welche Summe ich, wie dieselbe zur Ausführung des Baues nöthig wird, vor und nach anweisen werde. — Es ist aber hierbei mein Wunsch und Wille, daß die fragliche neue Pfarrkirche nach beifolgendem Plane, welchen ich zu dem Ende von dem Baumeister Herrn V. Statz von hier habe anfertigen lassen, ausgeführt, und daß demselben Baumeister Herrn V. Statz die Bauleitung übertragen werde. Damit bleibt jedoch nicht ausgeschlossen, daß etwa nöthig befundene oder gewünschte kleinere Veränderungen stattfinden können.

"Als ich den Plan zur fraglichen Kirche in Auftrag gab, da wollte ich, daß die Kosten des Neubaues auf achtzig Tausend Thaler beschränkt bleiben und so die gebotene Summe zur Vollendung des ganzen Baues ausreichen möchte; jetzt aber, wo die Kosten des Baues jene Summe um ein Erhebliches übersteigen, da muß ich allerdings dem wohllöblichen Kirchenvorstande anheimgeben, ob derselbe unter den gegenwärtigen Umständen die Ausführung des Baues übernehmen wolle. Im Falle der wohllöbliche Kirchenvorstand geneigt ist, mein Anerbieten zu acceptiren, so ist es mein Wunsch, daß das Werk recht bald still und geräuschlos zur Ehre des Herrn begonnen und vollendet werde.

„Köln, den 26. Januar 1856.

Franz H. N. Franck."

Der Kirchenvorstand, voll Freude über dieses hochherzige Anerbieten, beeilte sich, dem Herrn Franck anzuzeigen, wie dankbar er sein Geschenk annehme. Der Kostenanschlag belief sich auf hunderttausend Thaler; der Kirchenvorstand ließ sich aber durch die noch fehlende Summe nicht abschrecken; er hoffte, im Laufe der Bauzeit würden noch andere Quellen sich öffnen, um das begonnene Werk nicht in Stocken gerathen zu lassen. Am 10. Februar wurde die Schenkungsurkunde ausgefertigt, am 21. ertheilte der Erzbischof Cardinal von Geissel, unter lobender Anerkennung des guten Werkes, seine Genehmigung; ihr folgte am 28. Mai die landesherrliche Genehmigung Seiner Majestät des Königs Friedrich Wilhelm IV.

Da der Schenkgeber den Wunsch ausgesprochen hatte, innerhalb dreier Jahre den Bau vollendet zu sehen, so schritt man rasch an's Werk. Das erste, was geschehen mußte, war der Abbruch der alten Kirche, um für die neue den nöthigen Raum zu gewinnen. Wer hätte denken sollen, daß jetzt von einer Seite her, wo man am wenigsten Einspruch erwarten konnte, neue und zwar, wie es schien, unübersteigliche Hindernisse dem Werke entgegen treten würden! Wegen der kunsthistorischen Bedeutung der alten Kirche, versagte das Ministerium den Abbruch derselben. In seiner Correspondenz mit dem Pfarrer äußerte der Conservator von Quast, daß er seinen ganzen Einfluß zur Erhaltung dieses interessanten Bauwerkes verwenden werde, und wirklich scheiterten alle Schritte, welche zur Abänderung des ministeriellen Bescheides geschahen. Vergebens wurde darauf hingewiesen, daß ein anderer Platz für die neue Kirche nicht erworben werden könne, daß also die Verweigerung des Abbruches der alten Kirche nichts anderes sei, als die Unmöglichkeit des Baues einer neuen; vergebens berief man sich auf den ruinösen Zustand des alten Gebäudes, für dessen Wiederherstellung keine Mittel vorhanden seien. Selbst der Oberbaurath Stüler, welcher in dieser Angelegenheit eigens von Berlin gekommen war, überzeugte sich, daß eine Restauration der Kirche damit beginnen müßte, sie bis auf die Grundmauern niederzulegen und dann wieder neu aufzubauen. Aber man hatte das Interesse des hochseligen Königs an der ihm liebgewordenen Kirche in die Sache hineingezogen und dieser entschied, daß die vordere Hälfte derselben erhalten, in ihrer ursprünglichen Gestalt wieder hergestellt, von allen spätern Anbauten befreit und als Ostchor mit der neuen Kirche verbunden werden sollte.

Nur schwer entschloß sich Franck zu dieser Aenderung, welche eigentlich eine Verstümmelung beider Kirchen in sich schloß. Allein im Interesse der Pfarre und aus Ehrfurcht vor dem Willen des Königs willigte er ein und beauftragte den Baumeister zur Anfertigung eines neuen Planes für dieses combinirte Bauwerk. Der König belohnte den edeln Schenkgeber für das gebrachte Opfer mit dem Titel eines Commercien-Rathes. Dadurch aber, daß die alte Kirche theilweise stehen bleiben sollte, reichte für den Anbau der neuen der vorhandene Raum nicht mehr aus; es mußte von dem Terrain des Alexianerklosters ein großer Theil mit den daraufstehenden Oekonomiegebäuden erworben werden. Die Unterhandlungen hierüber zogen sich in die Länge, da die Klosterbrüder außer einer entsprechenden Geldentschädigung für die abzutretenden Gebäude auch den verlorenen Gartenraum an einer andern Seite ersetzt haben wollten. Franck, welcher auf die Vollendung des Kirchenbaues so sehr sich gefreut hatte, sollte nicht einmal den Anfang desselben erleben. Er starb am 24. November 1857, nachdem er aus seinem reichen Nachlasse auch der Gemeinde Rodenkirchen eine neue Kirche gesichert und den Rest seines Vermögens für die vollständige Restauration und innere Ausschmückung seiner eigenen Pfarrkirche, St. Maria im Capitol, bestimmt hatte.

Zu derselben Zeit wo Franck durch seine großartigen Zuwendungen die kirchlichen Interessen seiner Vaterstadt in so unvergeßlicher Weise förderte, erwarb ein anderer Kölner sich um die Kunst ein unsterbliches Verdienst; es war Johann Heinrich Richarz, welcher der Stadt das prachtvolle Museum bauen ließ und dadurch den von Prof. Wallraf gesammelten Kunstschätzen ein würdiges Unterkommen bereitete. Ein solches Beispiel konnte nicht ohne mächtigen Einfluß auf die Gesinnung der übrigen Mitbürger bleiben. War überhaupt schon mit dem aufstrebenden Dom der Kunstsinn viel lebhafter wieder erwacht, so entflammte das großherzige Vorgehen solcher Männer, wie Franck und Richarz, zu muthigerm Selbstvertrauen und größerer Opferwilligkeit. Auch die städtische Verwaltung ehrte das Verdienst ihrer edeln Mitbürger dadurch, daß sie zur Ausführung ihrer Stiftungen bereitwilligst die Hand bot.

In Betreff der neuen Mauritiuskirche beschloß sie, das zum Bau und zur Freilegung derselben erforderliche Terrain von dem Alexianerkloster zu erwerben und zu diesem Zwecke ein gleich großes Stück Gartenland, welches von dem anschießenden Besitzthum des Schaaffhausen'schen Bankvereins noch erst gewonnen werden mußte, an den Klostergarten abzutreten. Der Kirchenvorstand sollte dann die Entschädigung für die überlassenen Oekonomiegebäude übernehmen. Der vierseitige Vertrag zwischen der Stadt, dem Kirchenvorstande, dem Kloster und dem Bankverein kam am 17. Mai 1858 zu Stande. Die Stadt zahlte zur Erwerbung des neuen Grundstückes 7615 Thlr., der Kirchenvorstand als Entschädigung für die abgetretenen Gebäude 5125 Thlr. Ehe jedoch dieser Vertrag zur

Ausführung kam, verstrich wiederum eine geraume Zeit unter Verhandlungen der verschiedensten Art. Endlich, am 22. November 1859, dem Feste der h. Cäcilia, konnte der Abbruch der westlichen Hälfte des altehrwürdigen Gotteshauses beginnen; zugleich wurde die neue Abschlußmauer zum Schutze der Osthälfte aufgerichtet. Nun aber zeigten sich auch in dieser letztern unter der abgeschlagenen Tünche, sowohl im Gewölbe, als auch im aufsteigenden Mauerwerk so weitklaffende, bedenkliche Risse, daß der Regierungsbaurath und Dombaumeister Zwirner sich veranlaßt fand, in einem neuen Berichte auf die Unmöglichkeit der Erhaltung dieser halben Ruine aufmerksam zu machen. Hierauf wurde von dem jetzigen Kaiser, welcher inzwischen als Prinzregent die Regierung des Staates übernommen hatte, der Abbruch der ganzen Kirche gestattet; jedoch sollte ein getreues Modell derselben in Gyps angefertigt und in dem städtischen Museum aufgestellt werden. So waren denn die letzten Hindernisse hinweggeräumt, welche sich dem Bau der neuen Kirche entgegengestellt hatten. Werfen wir jetzt einen letzten Blick auf das alte Bauwerk, welches von nun an bloß noch der Geschichte angehören sollte.

Die alte St. Mauritiuskirche war ursprünglich, wie die meisten Kirchen unserer Stadt, eine in Tuff gebaute dreischiffige Pfeilerbasilika in einfachem romanischen Stile. Zu beiden Seiten der Chorabside erhoben sich zwei schlanke, minaretähnliche Thürmchen, welche hoch über das Hauptschiff der Kirche emporragten. Das Westende bildete ein breiter, schwerfälliger Thurm, dessen Masse mit seiner geringen Höhe nicht im rechten Verhältnisse stand. — Die beiden Seitenschiffe hatten gleiche Länge mit dem Hauptschiffe und endigten, wie dieses, in halbrunden Chornischen. Unter dem Hauptthurme befand sich eine überwölbte Halle, gewöhnlich Krypta oder Gruft genannt, von schönen Säulen getragen. Die Bogenöffnungen zur Kirche waren indessen vermauert und der abgeschlossene Raum von den Klosterfrauen zu einer Privatkapelle mit besonderm Eingange hergerichtet. (Vergl. Seite 108.) Die beiden Eingänge zur Kirche lagen an der nördlichen und südlichen Seite; das

Westportal fehlte, da die Kirche an dieser Seite ganz von den Klostergebäuden umschlossen war.

Die ganze Länge der Kirche betrug ohne die s. g. Krypta 90, mit derselben 130 rh. Fuß; die ganze Breite war 52 rh. Fuß im Lichten, hiervon kamen 23 auf das Hauptschiff; die Höhe des letztern betrug 38 Fuß, die der Seitenschiffe nur 18 Fuß, jedoch lag der Sockel der Pfeiler beinahe 2 Fuß tief unter dem Belag; so hoch war im Laufe der Zeit der Boden um die Kirche gewachsen und in derselben erhöht worden. — Wie die Construction der Pfeiler zeigte, war die Kirche von Anfang an auf Ueberwölbung des Mittelschiffes angelegt, und dies gab ihr in baugeschichtlicher Hinsicht ein besonderes Interesse, da sie, nach von Quast, zu den ersten, sicher datirten Kirchen dieser Art gehörte.

Wahrscheinlich unter dem Pfarrer Benedict Kessel im 16. Jahrhundert (Seite 147) wurde an der Südseite ein zweites, aber kürzeres Nebenschiff im Spitzbogen angebaut; noch später, vielleicht unter Aegidius Romanus (Seite 156), führte man einen ähnlichen Anbau an der nördlichen Seite aus, jedoch mit platter Decke, so daß nun die Kirche fünfschiffig wurde, aber das schöne Ebenmaß ihrer ursprünglichen Gestalt vollständig einbüßte. Um diese Anbauten mit der Kirche in Verbindung zu setzen, mußten in die anfängliche Umfassungsmauer große Bogenöffnungen gebrochen werden. Ob hierdurch die Kraft ihres Widerstandes zu sehr geschwächt worden, oder ob schon früher die von keinem Strebewerk gestützten Seitenmauern den Druck des schweren Gewölbes nicht auszuhalten vermochten — genug, sie waren so sehr aus dem Loth gewichen, daß die Gurtbogen in der Mitte zusammen knickten und man sich genöthigt sah, um dem Einsturz vorzubeugen, schwere Ankerbalken quer durch die Kirche zu legen. Von Quast erblickte darin „italienisches Verankerungssystem"; allein die rohe Gestalt der Balken und ihre unregelmäßige Lage bewies hinlänglich, daß sie nur im Drange der Noth angebracht worden waren.

Die innere Ausstattung der Kirche stammte aus der Zeit der Renaissance und war ohne künstlerischen Werth. Auf dem Hochaltare standen die beiden Statuen des h. Benedictus und der h. Scholastica, welche jetzt im Eingange der neuen Kirche angebracht sind. Außerdem wurde noch das alte Crucifix aus dem ehemaligen Kreuzaltar aufbewahrt; alles Uebrige war unbrauchbar.

Durch die Ausführung des Vertrages mit dem Alexianerkloster und den vollständigen Abbruch der alten Kirche war ein großer schöner Platz für den Bau der neuen Kirche gewonnen worden. Hatte der erste Plan derselben, mit Rücksicht auf den damaligen beschränkten Raum, mehr den Charakter eines Centralbaues, ähnlich der Liebfrauenkirche zu Trier, so stand jetzt nichts mehr im Wege, dem Bedürfnisse der großen Gemeinde entsprechend, durch Hinzufügung von drei weitern Säulenstellungen der Kirche ihre heutige, ungleich schönere Gestalt zu geben. Freilich wuchsen dadurch die Kosten weit über den ursprünglichen Anschlag. Allein der glückliche Erfolg, welcher über eine so lange Reihe von Schwierigkeiten endlich errungen war, gab neuen Muth zu weitern Anstrengungen und kühnern Hoffnungen.

Am 12. Mai 1860 geschah der erste Spatenstich. „Der Kirchenvorstand mit dem Pfarrer und den beiden Kaplänen erschienen auf der Baustelle. Der Maurermeister Franz Erben überreichte dem Pfarrer zuerst den mit Rosen geschmückten und mit dem Spruche: »Aus meiner Hand in Gottes Hand« versehenen Spaten, indem er sprach: »Das Vertrauen des Kirchenvorstandes hat den Bau der neuen Kirche in meine Hand gelegt. Mit Gottes Hülfe hoffe und verspreche ich, denselben zu seiner Zufriedenheit auszuführen.« Während Alle, tief ergriffen von diesem wichtigen Momente, das Haupt entblößten, that der Pfarrer den ersten Spatenstich unter dem Segenswunsche: »Im Namen des dreieinigen Gottes, des Vaters, des Sohnes und des h. Geistes, zu Ehren der seligsten, allezeit reinen Jungfrau und Gottesmutter Maria, zu Ehren unserer heiligen Patronen, des h. Mauritius, des h. Dionysius und des h. Reinoldus beginne dieses Werk. Der Herr segne seinen Fortgang und lasse es glücklich vollendet werden zu Seiner Ehre und zum Heile unserer Pfarrgemeinde.« Dem Pfarrer folgte der Kirchenrathspräsident Advocat-Anwalt Wilhelm Birkhäuser, die übrigen Rathsmitglieder, die Kapläne und die anwesenden Bauleute." Protokoll vom 12. Mai 1860.

Am 15. Mai des darauffolgenden Jahres 1861 waren die Grundmauern des ganzen Gebäudes so weit fortgeschritten, daß an der Stelle des Hochaltares der Grundstein gelegt werden konnte. Es war ein herrliches Fest. Nachdem der hochwürdigste Herr Weihbischof, Dr. Baudri, unter Assistenz des hochseligen Cardinals von Geissel in der Kirche St. Aposteln ein feierliches Pontificalamt celebrirt hatte, setzte sich der Festzug in Bewegung, voran die sämmtlichen Bruderschaften und Gewerke der Stadt mit ihren Fahnen, dann das ganze Pfarrcollegium, nach diesem auf reich verzierter Bahre, von sechs Jünglingen der Pfarre getragen, der Grundstein, den der Patriarch Valerga von Jerusalem, auf Bitten des Pfarrers, aus der Todesangstgrotte am Oelberge genommen und hierher gesandt hatte. Dann folgten der Cardinal mit dem Weihbischofe und dem Domcapitel, der Regierungspräsident von Möller, der Polizeipräsident Geiger, der Oberbürgermeister der Stadt Justizrath Stupp, der Dombaumeister Zwirner, der Kirchenvorstand und eine große Menge anderer Honorationen. Auf der mit Flaggen und Guirlanden geschmückten Baustelle angelangt, vollzog der Cardinal die Weihe des Grundsteines und hielt bei dieser Gelegenheit eine von seinen herrlichen Reden über die Bedeutung des Festes und der katholischen Kirche überhaupt, die in jedem einzelnen Gotteshause ihr sichtbares Abbild finde; dann wurden die beiden folgenden Urkunden, in lateinischer Sprache und auf Pergament geschrieben und von den Anwesenden mit ihrem Namen versehen, in eine Glasröhre verschlossen und dem Grundsteine eingefügt. Die Hammerschläge auf den letztern dauerten noch einige Tage fort und waren von reichlichen Spenden zur Fortsetzung des großen Werkes begleitet.

I.

Joseph Valerga,

durch Gottes Erbarmung und des Apostolischen Stuhles Gnade Patriarch von Jerusalem, Großmeister des Ordens vom h. Grabe u. s. w.

Allen, welche dieses Schreiben zu Gesicht bekommen, versichern und bezeugen Wir, daß Wir, den Bitten des hochehrwürdigen Herrn Thomas, Pfarrers von St. Mauritius zu Köln in Preußen, gern willfahrend, diesen viereckigen, mit rothseidenem Faden umwundenen und mit Unserm Siegel auf rothem Wachse versehenen Stein von 27 Ctm. Länge, 19 Ctm. Breite und 16 Ctm. Dicke, aus jener hochheiligen und verehrungswürdigen Stätte haben ausbrechen lassen, welche Gethsemani genannt wird, wohin Christus, der Heiland des Menschengeschlechtes, mit seinen Jüngern nach dem Abendmahle und nach gesprochenem Hymnus, den Bach Cedron überschreitend, sich begab; wo er am Fuße des Oelberges, voll Bekümmerniß über unser Heil, sein Leiden anfing und die demüthigsten und inständigsten Gebete seinem himmlischen Vater für die Menschen darbrachte; wo er voll Todesangst inbrünstiger betete und sein Schweiß wie Blutstropfen auf die Erde herabrann; wo er zu seinen Jüngern sagte: „Meine Seele ist betrübt bis in den Tod, bleibet hier und wachet mit mir!" und wo er, ein wenig entfernt, auf sein Angesicht fiel und betend sprach: „Mein Vater, wenn es möglich ist, so gehe dieser Kelch von mir, doch nicht wie ich will, sondern wie Du willst!"

Ferner machen Wir bekannt, daß Wir diesen Stein, welcher dem hochheiligen und allberühmten Garten Gethsemani entnommen ist, dem genannten Pfarrer Thomas zugesandt haben, als Grundstein für die neue von ihm zu erbauende Kirche, und haben zur Versicherung dessen diese Urkunde mit unserer eigenen Hand unterschrieben und durch den Kanzler Unseres Patriarchates mit Unserm Siegel versehen lassen.

Gegeben zu Jerusalem am 14. September 1858.

† Joseph, Patriarch.

II.

Im Namen der Allerheiligsten und unzertheilten Dreifaltigkeit!

Nachdem die alte Pfarrkirche zum heiligen Mauritius, erbaut von dem Kölner Bürger Hermann von Stave um das Jahr 1140, und eingeweiht von dem Erzbischof Arnold I., durch ihr hohes Alter baufällig geworden war und zudem die stark angewachsene Zahl der Pfarrgenossen nicht mehr zu fassen vermochte, und nachdem abermals ein Kölner Bürger, Franz Heinrich Nicolaus Franck, sel. Andenkens, zur Erbauung einer neuen, größern Kirche zu Ehren des h. Mauritius an derselben Stelle mit der edelmüthigsten Freigebigkeit den größten Theil der Baukosten geschenkt hatte: wurde der Grundstein des neuen Gotteshauses, — den Se. Excellenz der Hochwürdigste Patriarch von Jerusalem, Herr Joseph Valerga, aus jener Grotte des Oelberges nehmen ließ, welche durch das demüthige und inbrünstige Gebet unseres göttlichen Heilandes Jesu Christi, durch seinen blutigen Angstschweiß und seinen schweren Kampf geheiligt worden, und den er auf Bitten des zeitigen Pfarrers von St. Mauritius, Herrn Adolph Thomas, hierhergesandt hatte — von Sr. Eminenz dem Hochwürdigsten Herrn Johannes, unter dem Titel des heil. Laurentius auf dem Viminal Cardinalpriester der h. röm. Kirche von Geissel, Erzbischof von Köln, des apostolischen Stuhles geborenen Legaten ꝛc. ꝛc. — gesegnet und gelegt unter dem flehentlichen Gebete zu Gott, daß dieses heilige Werk, welches durch den Frommsinn eines Mannes begonnen wurde, durch nacheifernde Opferwilligkeit der übrigen Bürger vollendet werden möge.

So geschehen im Jahre des Heiles 1861, im fünfzehnten des Pontificates Sr. Heiligkeit Papst Pius IX., im ersten Jahre der Regierung Sr. Majestät des Königs Wilhelm I. von Preußen, am 15. Mai, an welchem Tage die Pfarre zum h. Mauritius den Schluß der jährlichen Feier der sieben Freuden Maria's beging, unter der freudigen Theilnahme einer großen Menge von Geistlichen und Laien, aus denen die Folgenden diese Urkunde unterschrieben haben.

(Folgen die Unterschriften der oben genannten Männer und noch vieler Anderer.)

Der Bau der neuen Kirche wurde ohne Unterbrechung fortgesetzt und dauerte im Ganzen, mit Ausschluß des Thurmes, fünf Jahre. Während dieser Zeit wurde der Pfarrgottesdienst in der benachbarten kleinen Alexianerkapelle gehalten. Mit welcher Sehnsucht die zerstreute Gemeinde der Zeit entgegensah, wo sie sich im eigenen Gotteshause wieder versammeln könnte und mit welcher Freude sie deshalb den Tag der Einweihung der neuen, herrlichen Kirche begrüßte, läßt sich leicht begreifen. Unter großer Feierlichkeit fand die Consecration statt am 8. Juni 1865 durch den hochwürdigsten Herrn Weihbischof und Erzbisthumsverweser Dr. Baudri. Der Cardinal von Geissel, war am 8. September 1864 bereits in die Ewigkeit hinübergegangen. Acht Tage lang wurde das Fest der Kirchweihe in der Gemeinde fortgefeiert und an jedem Tage Dankgottesdienst mit Festpredigt gehalten.

Zum ewigen Andenken an dieses glückliche Ereigniß wurde folgende Urkunde in das Pfarrarchiv niedergelegt:

„Johannes Anton Friedrich Baudri, durch Gottes Erbarmung und des h. Apostolischen Stuhles Gnade Bischof von Arethusa i. p. i., Hausprälat und Thronassistent Sr. Heiligkeit Papst Pius IX., Weihbischof von Köln, Capitel-Vicar zur Zeit der Sedisvacanz ꝛc.

(Folgt zuerst die inhaltliche Wiederholung der Urkunde bei der Grundsteinlegung, dann heißt es weiter:)

„Das flehentliche Gebet des frommen Oberhirten, es möge das begonnene Werk durch nacheifernde Opferwilligkeit der Mitbürger bald vollendet werden, war von solchem Erfolge begleitet, daß schon nach vier Jahren, durch die veranstalteten Sammlungen und durch die Beihülfe der Stadtgemeinde das Werk beinahe vollendet und dem Dienste Gottes übergeben werden konnte. Gern haben wir deshalb den Bitten des

Pfarrers und seiner Pfarrgenossen willfahrt und am 8. Juni 1865, in Gegenwart des Klerus und des Magistrates der Stadt, die vorgedachte Kirche zugleich mit dem Hochaltare zu Ehren des h. Mauritius, nach dem Ritus der katholischen Kirche consecrirt und in der letztern die Reliquien des h. Apostels Matthias eingeschlossen; ebenso haben Wir zwei Seitenaltäre geweiht, den einen zu Ehren der schmerzhaften Mutter Maria, den andern zu Ehren des h. Joseph, und in dem erstern Reliquien aus der Genossenschaft der h. Ursula, in dem andern Reliquien des h. Martyrers Gregorius, B. von Spoleto, und anderer heiliger Martyrer niedergelegt. Zugleich haben wir den einzelnen Christgläubigen einen Ablaß von einem Jahre, und denjenigen, welche am Jahrestage der Einweihung diese Kirche besuchen, einen Ablaß von 40 Tagen, unter den von der Kirche vorgeschriebenen Bedingungen, verkündigt. Bei allem diesem flehten wir zu Gott dem Allmächtigen, er möge den Pfarrer und seine Nachfolger im Weinberge des Herrn, sowie die ihrer Obsorge anvertraute Heerde mit dem reichlichsten Segen seiner Gnade heimsuchen, stärken und befestigen in alle Ewigkeit. Amen.

Zur Bekräftigung dessen haben wir diese Urkunde mit unserer eigenen Hand unterschrieben und mit dem Siegel des Capitel-Vicars versehen lassen.

Köln, 19. September 1865.

Baudri, Ep. suffr."

Mit Gottes Hülfe war es gelungen, durch die freiwilligen Beiträge der Pfarrgenossen, durch Abhaltung einer Hauscollecte in den übrigen Theilen der Stadt, durch Vermächtnisse und andere Zuwendungen nicht bloß die Kirche und den Thurm bis zur Hälfte seiner Höhe zu vollenden, sondern auch mit der Ausstattung im Innern einen würdigen Anfang zu machen. Der Männer-Gesangverein, treu seinem Wahlspruche: „Durch das Schöne stets das Gute", veranstaltete mehrere Concerte und überwies den Ertrag dem Kirchenvorstande zur Anfertigung zweier gemalter Fenster im Hoch=

chore. Seinem Beispiele folgten Andere und bald schmückte eine Reihe von Glasgemälden aus den Werkstätten von Christian Rings und Fritz Baudri das schöne Gotteshaus. Unter den vielen andern Geschenken heben wir besonders hervor die reichgeschnitzte und mit Reliefs geschmückte Kanzel, ein Werk des Bildhauers Heinrich Bong, ehemaligen Pfarrgenossen von St. Mauritius.

Dem Hauptbedürfnisse der Gemeinde war nun abgeholfen; nur der unvollendete Thurm mahnte immer wieder an die Fortsetzung des Werkes. Allein die Hülfsmittel waren erschöpft und es wurden Stimmen laut, man möge den Thurm mit einem Nothdache versehen und seine Vollendung einer spätern Generation überlassen. Jeder weiß, wie schwer es ist, ein Werk wieder in Gang zu bringen, wenn es einmal zum Stillstand gekommen. Der Kirchenvorstand entschloß sich deshalb zu einem andern Mittel, wodurch die Last der Kosten wenigstens auf eine längere Reihe von Jahren vertheilt wurde. Er trat mit der Provinzial-Hülfskasse in Verhandlung und erlangte von dieser die Zusage der noch fehlenden Summe von 18,000 Thalern, gegen Zinsen von 4$^{1}/_{3}$ Procent und Amortisation der ganzen Schuld in 15 Jahren auf dem Wege einer jährlich zu erhebenden Kirchensteuer. Das Geschäft war abgeschlossen bis auf Aushändigung des Geldes; sämmtliches Baumaterial in Auftrag gegeben und Alles zur Weiterführung des Baues vorbereitet. Da brach unerwartet der Krieg von 1866 aus und die Regierung erklärte, unter den obwaltenden Umständen ihre Zusage zurücknehmen zu müssen. Es war eine höchst peinliche Situation; denn wie sollte nun der Kirchenvorstand seinen Verpflichtungen nachkommen? Da reiste der inzwischen zum Präsidenten des Kirchenrathes gewählte General-Advocat Saedt persönlich zum Oberpräsidenten nach Coblenz und erwirkte von diesem die Auszahlung der vorgenannten Summe. Rasch stieg der steinerne Thurmhelm nun in die Höhe und am 22. November 1866 — an demselben Tage, wo vor sieben Jahren der Abbruch des alten Kirchthurmes mit der Herabnahme des Hahnes begonnen hatte — wurde die 10 Fuß hohe, vom Bildhauer P. Fuchs nach einer Zeichnung von Steinle ausgeführte Statue des h. Mauritius auf die Spitze des neuen Thurmes emporgehoben, nachdem sie vorher in dem Atelier des Künstlers die feierliche Benediction empfangen hatte. Der Segenswunsch, welcher bei dem ersten Spatenstich ausgesprochen worden, war in Erfüllung gegangen. Gott hatte das Werk in seinen gnädigen Schutz genommen; kein Unglück trübte die Freude an seiner Vollendung. —

Anfangs September 1868 erhielt die Kirche zum Schmuck ihres Innern ein bedeutendes Kunstwerk — die von dem Bildhauer Karl Hoffmann zu Rom in carrarischem Marmor ausgeführte Pieta. Veranlassung zu diesem Bilde gab die Reise, welche der Pfarrer im Jahre 1859 zur Herstellung seiner Gesundheit nach Rom unternommen hatte. Dort fand er mit seinen Reisegefährten die gastfreundlichste und liebevollste Pflege in der Wohnung der Künstler-Familie Hoffmann-Overbeck; in ihrem Kreise verlebte er die sieben schönsten Wochen seines Lebens, überreich an großen Eindrücken und Erinnerungen. Der Wunsch, in seiner neuen, damals freilich noch nicht begonnenen Kirche ein schönes Bild der schmerzhaften Mutter Gottes zu besitzen, verbunden mit dem Gefühle der Dankbarkeit für die ihm zu Theil gewordene aufopfernde Liebe, ermuthigten den Pfarrer, das kostbare Werk in Auftrag zu geben. Der heilige Vater Papst Pius IX. sandte, auf besondere Bitte des großen Meisters Fr. Overbeck, seinen Segen für Alle, welche durch ihren Beitrag an dieser Zierde des Hauses Gottes sich betheiligen würden, und dieser Segen half alle Schwierigkeiten glücklich überwinden. Am 13. September wurde das Bild feierlich eingeweiht. —

Daß die herrliche Kirche der ganzen Umgebung zum Vortheile gereichen werde, war vorauszusehen. Die erste neue Straße, welche dort entstand, erhielt den Namen Franckstraße, zum ehrenden Andenken an den großen Wohlthäter der neuen Kirche. Bald darauf baute man in der Nähe die städtische Turnhalle und nannte die beiden Straßen, welche dorthin führen, Jahn- und Arndtstraße. Dem Hauptportale der Kirche gegenüber wurde in den Jahren 1867—1869 die neue **Gewerbeschule** errichtet, ein prachtvolles, palastähnliches Gebäude, in edelm Renaissancestil, und eine der schönsten Zierden der Stadt. Hätte doch der Magistrat zur Zeit sich entschließen können, den damals noch freien Platz zwischen der Kirche und der Schule anzukaufen und dadurch die herrliche Façade der letztern zur vollen Wirkung zu bringen.

Außer den genannten Straßen wurden noch neu angelegt die **Humboldtstraße** in dem Garten des ehemaligen Wolferhofes, die **Rubensstraße** in dem Besitzthum des frühern Posthalters Pauli, und die **Balduinstraße**, so genannt von dem Advocat Anwalt Balduin Trimborn, welcher das alte Gut Kleingedank auf der Schaafenstraße käuflich erwarb und diese Straße durch den Garten desselben hindurchführte. So wurde diese einst so öde Gegend zu einem der schönsten Theile der Stadt umgewandelt und die Bevölkerung, welche vor 25 Jahren sich kaum auf 5000 Seelen belief, ist jetzt beinahe auf das Doppelte angewachsen.

Viertes Capitel.
Die Kapläne von St. Mauritius seit 1802.

An die Stelle des Kaplans Cosmas Büttgen, welcher im Jahre 1803 starb, trat der Klostergeistliche aus St. Pantaleon

Johann Heinrich Balthasar Kemmling. Er verwaltete sein Amt vom 22. Juli 1803 bis zum 14. März 1809, wo er zum Nachfolger des verstorbenen Pastors Cosmas Klew an derselben Pfarrkirche ernannt wurde. (Seite 213.) Ihm folgte

Andreas Aemilianus Kupferschläger; er war Kaplan vom Jahre 1809 bis 1814 und starb als Pfarrer von Hemmersbach am 7. August 1825, in Folge der Abnehmungskrankheit im 49. Jahre seines Alters und im zwölften seiner Wirksamkeit als Pfarrer daselbst. Sein nächster Nachfolger als Kaplan an St. Mauritius konnte aus unsern Akten nicht ermittelt werden.

Franz Johann Nüster wurde 1821 zum Priester geweiht und als Kaplan an unserer Kirche angestellt, starb aber schon am 27. April 1825, nach achttägiger Fieberkrankheit, im blühenden Alter von 28 Jahren. „Die Kirche verlor an diesem jungen, vielseitig gebildeten Manne einen vielversprechenden Diener, die Pfarre einen eifrigen, von Allen verehrten Seelsorger."

Gerhard Wolf, geboren zu Horrem bei Dormagen am 14. Juni 1800, zum Priester geweiht am 28. Mai 1825, wurde sofort zum Kaplan von St. Mauritius ernannt und blieb an dieser Stelle bis zum 9. Januar 1832, wo ihm das Rectorat an der von Groote'schen Familienkirche im Elend übertragen wurde. Er starb daselbst schon am 22. März 1834.

Damian Meier, welcher ihm in St. Mauritius gefolgt war, wurde schon in demselben Jahre als Domvicar angestellt.

Bertram Hillebrand, geboren in Münstereifel am 5. April 1807, zum Priester geweiht am 6. September 1831, wurde zuerst als Kaplan in seiner Vaterstadt angestellt, dann aber im October des darauffolgenden Jahres nach St. Mauritius versetzt, wo er bis 1837 blieb. Seit dem 11. November 1845 ist derselbe Pfarrer in Rheidt, Dekanat Siegburg.

Johann Caspar Hubert Wiersteiner, in Düren am 14. October 1810 geboren, Priester seit dem 25. September 1837, war Kaplan an unserer Kirche vom October 1837 bis zum 10. Mai 1844, wo er als Kaplan nach St. Adalbert in Aachen versetzt wurde; er starb daselbst am 26. April 1877.

Johann Matthias Hubert Hack, aus Bürvenich, geboren 1808 am 25. Februar, zum Priester geweiht am 17. December 1836, darauf zuerst Vicar und Pfarrverwalter in Füssenich, dann acht Jahre lang, bis zum Herbste 1853, Kaplan an St. Mauritius, von hier als Pfarrer nach Steinkirchen berufen und seit dem 23. Mai 1865 als Pfarrer von Dürboslar angestellt.

Anton Schlösser, geboren in Ratingen 1821 den 5. März; er vollendete seine theologischen Studien auf den Universitäten Bonn und München, empfing im April 1848 die Priesterweihe, wurde zuerst als Erzbischöflicher Kaplan und am 10. November desselben Jahres als zweiter Kaplan in unserer Pfarre angestellt. Hier wirkte er, trotz seiner körperlichen Schwäche mit so freudiger Bereitwilligkeit, Demuth und kindlicher Frömmigkeit, daß Alle ihn liebten und über seinen frühen Tod die schmerzlichste Trauer empfanden. Er starb am 3. Juli 1857 in Folge eines langwierigen Nierenleidens.

Johann Matthias Hubert Hermkes aus Heerdt, geboren am 27. September 1826, wurde zum Priester geweiht am 2. September 1852; ein älterer Bruder war ihm in dieser Würde vorangegangen, zwei jüngere folgten ihm in derselben nach. Zuerst Vicar in Zons, trat er im Herbste 1853 an die Stelle des zum Pfarramte beförderten Kaplans Hack und blieb in unserer Pfarre bis zum 16. April 1866, wo ihm die Pfarrstelle zu Hubbelrath übertragen wurde.

Friedrich Könen, geboren zu Rheinbach am 1. Mai 1829, zum Priester geweiht am 4. September 1854, darauf Kaplan an der Pfarrkirche St. Alban in Köln und nach dem Tode des Kaplans Schlösser, 1857, nach St. Mauritius versetzt. Wegen seiner besondern musikalischen Begabung sandte ihn der hochsel. Cardinal von Geissel nach Regensburg, wo unter Mettenleiter, Proske und Witt die Kirchenmusik zu hoher Blüthe gelangt war, um sich in diesem wichtigen Zweige der kirchlichen Liturgie weiter auszubilden. Nach seiner Rückkehr wurde er zum Professor des Choral- und Kirchengesanges im Erzbischöflichen Klericalseminar ernannt und bekleidet gegenwärtig die Stelle des Domchor-Directors in der hohen Domkirche zu Köln.

Peter Joseph van Endert, in Kaiserswerth am 19. Juni 1836 geboren, Priester seit dem 3. September 1860, erhielt seine erste Anstellung an der Pfarre zum h. Kreuz in Aachen, kam aber schon um Ostern 1862 nach St. Mauritius. Seit dem 8. Juli 1871 wirkt derselbe als eifriger Seelenhirt zu Bergisch-Gladbach.

Wilhelm Schein aus Crefeld, geboren am 2. Mai 1840, erhielt die Priesterweihe am 2. September 1863, wurde zuerst als Kaplan in St. Andreas in Köln und am 23. April 1866 an unserer Kirche angestellt.

Christian Fr. Klausmann, geboren zu Latum, in der Pfarre Lanck, am 18. Juli 1839, wurde zum Priester geweiht am 7. April 1863, darauf zum Kaplan in Essen ernannt und am 8. Juli 1871 an die Pfarrkirche St. Mauritius berufen.

An dieser Stelle sei es gestattet, die Namen derjenigen Priester anzuführen, welche seit den letzten 25 Jahren aus unserer Pfarre hervorgegangen sind. Nachdem zuletzt im Jahre 1836 der nun verstorbene Kaplan Wilhelm Kuhl aus der Pfarre St. Mauritius geweiht worden war, folgten ihm nach siebenzehnjähriger Unterbrechung:

1. Johann Joseph Kocks, geweiht am 4. September 1853, jetzt Pfarrer in Kirchtroisdorf.
2. Peter Zaun, geweiht am 3. September 1855, jetzt Pfarrer in Lövenich.
3. Johann Ries, geweiht am 30. August 1856, jetzt Vicar in Eschweiler.
4. Johann Joseph Vogelbacher, geweiht am 3. August 1860, jetzt Pfarrer in Egen.
5. Andreas Acker, geweiht am 2. August 1861, jetzt Vicar in Gleuel.
6. Jakob Bong, geweiht am 2. August 1863, jetzt Rector des Klosters vom guten Hirten in Melaten.
7. Wilhelm Comans, geweiht am 18. November 1866, jetzt Kaplan in Crefeld.
8. Johann Schödrey, Dr. jur. utr., geweiht am 24. August 1870.
9. Anton Stelzmann, geweiht am 21. December 1870, jetzt Kaplan in Rheydt.

10. Peter Norrenberg, Dr. phil., geweiht am 24. August 1871, jetzt Kaplan in Viersen.
11. Johann Joseph Haupt, geweiht am 24. August 1872, jetzt Kaplan in Essen.
12. Johann Lövenich, geweiht am 24. August 1872, jetzt Rector in Haan.

Zwei von den Genannten sind bereits in die Ewigkeit hinübergegangen. Ries starb schon im ersten Jahre seiner priesterlichen Wirksamkeit am 28. Juli 1857. Schödrey hatte sich nach seiner Weihe zur Fortsetzung des Studiums des canonischen Rechtes nach Löwen und später nach Rom begeben. Zwar kehrte er mit der juristischen Doctorwürde geschmückt in seine Heimath zurück; aber allzugroße Anstrengung und das ungewohnte Klima hatten seine Gesundheit untergraben und die sorgfältigste Pflege vermochte ihn nicht wiederherzustellen. Er starb am 2. August 1878 im Alter von 35 Jahren.

Fünftes Capitel.

Schluß.

Am 21. October 1875 wurde die in Gemäßheit des Gesetzes vom 20. Juni 1875 neu organisirte kirchliche Vermögensverwaltung in unserer Pfarre eingeführt. Sie besteht aus einem Kirchenvorstande, welcher die Verwaltung führt, und aus der Gemeindevertretung, welche die Verwaltung controlirt und wichtigere Beschlüsse des Vorstandes zu genehmigen hat. Wenn auch diese neue Einrichtung den Geschäftsgang vielfach hemmt und erschwert, so hat sie doch das Gute, daß bei einer großen Anzahl von Pfarrgenossen das Interesse für die kirchlichen Angelegenheiten lebhafter angeregt und die Theilnahme an dem öffentlichen kirchlichen Leben, mehr wie früher, gehoben wird.

Am 7. Juli 1878 feierte der Pfarrer das Fest seiner 25jährigen Wirksamkeit in der Gemeinde St. Mauritius. In der langen Reihe seiner Vorgänger waren nur fünf, welche mit ihm dieses seltene Glück theilten. Der Rückblick auf die großen Wohlthaten, welche der Pfarrgemeinde durch Gottes gnädige Fügung während dieser langen Zeit zu Theil geworden, gestaltete das Fest zu einer gemeinsamen frohen Dankesfeier. Trotz der allseitigen lebhaften Betheiligung verlief dieselbe, im Hinblicke auf den Ernst der gegenwärtigen Verhältnisse, in der würdigsten, von keinem Mißton getrübten Weise. Gehoben wurde noch die festliche Stimmung durch den reichen Schmuck, womit man das Gotteshaus bei dieser Gelegenheit ausgestattet hatte. Ueber dem Hauptportale war gerade vorher das herrliche Relief eingesetzt worden, welches in der untern Abtheilung den h. Mauritius darstellt, wie er der Aufforderung des Kaisers Maximian, an dem Götzenopfer Theil zu nehmen, durch Hinweisung auf den wahren Gott dort oben standhaft widersteht; in der obern, wie er für diese Weigerung mit seinen christlichen Waffengefährten den Martertod erleidet und die Krone des ewigen Lebens erlangt — ein Werk des genialen Dombildhauers Peter Fuchs.

Im Innern schmückte die Kirche ein neuer prachtvoller Hochaltar, in fünf Reliefs die Geheimnisse des schmerzenreichen Rosenkranzes darstellend, von denen namentlich die Kreuzigungsgruppe ein Meisterstück christlicher Holzschneidekunst genannt werden darf. Auch dieses Werk stammt aus dem Atelier des Bildhauers Fuchs, während der architektonische Aufbau des Altares mit seinem reichen Schnitzwerke aus der Werkstätte des trefflichen Meisters Richard Möst hervorging. In demselben Stile und mit derselben Sorgfalt ausgeführt, wie der Hochaltar, ist auch der von Wittwe Gertrud Schallenberg, geb. Nargau, geschenkte Altar der schmerzhaften Mutter Gottes, welcher, noch nicht ganz vollendet, in der einen Nische die erste Aufopferung des göttlichen Kindes im Tempel zu Jerusalem, und in der andern die Vollendung des mütterlichen Opfers unter dem Kreuze enthalten wird. Ferner hatte der ehemalige Pfarrge=

Gosse und langjährige Kirchenrathspräsident, erster General=Advocat Otto Saedt der Kirche zwei prächtige, siebenarmige Candelaber in geschmiedetem Eisen geschenkt, deren geschmackvolle Zeichnung von Fuchs ebenso wie deren kunstfertige Ausführung durch den Schlosser=meister Pet. Jos. Koch die vollste Anerkennung verdienen. Dann erhielt das Marmorbild der schmerzhaften Mutter Gottes, die Pieta von Hoffmann, eine andere, für das Bild selbst und für die Beten=den viel angemessenere Stelle in einer besondern, durch ein schönes Eisengitter umfriedigten Kapelle. Hierzu trat noch die einfache, aber geschmackvolle Ausmalung des Chores mit seinen vier Seitenkapellen, wodurch die herrliche Architektur des ganzen Gebäudes in ihrer ganzen Schönheit hervortrat. Nach Vollendung der innern Decoration wird die Kirche von St. Mauritius, welche 200 Fuß in der Länge, 110 Fuß in ihrer größten Breite und 65 Fuß in der Höhe des Mittel=schiffes mißt, auf jeden Eintretenden den Eindruck eines kleinen Do=mes machen, und wir glauben nicht zu irren, wenn wir sie als eines der schönsten Bauwerke bezeichnen, welche aus der Hand des Bau=rathes Vincenz Statz hervorgegangen sind.

Der Verfasser schließt seine Arbeit mit der Hoffnung, daß recht bald kunstliebende und opferwillige Gönner sich finden werden, welche das Werk der innern Ausstattung der Kirche zur Vollendung bringen. Möge dann noch ein würdiges, volltönendes Geläute vom hohen Thurme herab der Gemeinde die Erfüllung ihrer letzten Wünsche verkünden!

www.ingramcontent.com/pod-product-compliance
Lightning Source LLC
Chambersburg PA
CBHW032148230426
43672CB00011B/2487